特殊儿童
英语课堂教学理论与实践

主　编　徐琴芳

副主编　刘海军　赵冬华　徐中锋

编　者（按姓氏笔画排序）

丁祖保　王吉星　王振环

王梦颖　刘艳芳　刘培云

花钰锋　吴晓芳　何艳群

张小勇　陈　刚　努尔亚·艾哈满提·江

季晓燕　单　楠　姚晓菊

常钰婧　谢育杰

南京大学出版社

图书在版编目(CIP)数据

特殊儿童英语课堂教学理论与实践 / 徐琴芳主编. 一南京：南京大学出版社，2024.2

ISBN 978-7-305-27025-3

Ⅰ. ①特… Ⅱ. ①徐… Ⅲ. ①英语课—儿童教育—特殊教育—课堂教学—教学研究 Ⅳ. ①G76

中国国家版本馆 CIP 数据核字(2023)第 092982 号

出版发行 南京大学出版社
社　　址 南京市汉口路 22 号　　　邮　　编 210093

书　　名 特殊儿童英语课堂教学理论与实践
TESHU ERTONG YINGYU KETANG JIAOXUE LILUN YU SHIJIAN
主　　编 徐琴芳
责任编辑 裴维维　　　编辑热线 025-83592123

照　　排 南京开卷文化传媒有限公司
印　　刷 常州市武进第三印刷有限公司
开　　本 787 mm×1092 mm 1/16 印张 13.75 字数 334 千
版　　次 2024 年 2 月第 1 版第 1 次印刷
ISBN 978-7-305-27025-3
定　　价 45.00 元

网　　址:http://www.njupco.com
官方微博:http://weibo.com/njupco
微信服务号:njuyuexue
销售咨询热线:(025)83594756

前　言

党的二十大报告提出，要加快各类特殊教育事业发展，强化特殊教育普惠发展，加快建设高质量教育体系，努力以更高程度的普及教育惠及全体特殊儿童。特殊儿童也有接受高质量英语教育的权利，以满足自身的语言能力需求，提升社会适应能力。我国“十四五”特殊教育发展提升行动计划明确将言语残疾纳入特殊教育的对象，特殊教育主要面向视力、听力、言语、肢体、智力、精神、多重残疾以及神经发育障碍（含注意缺陷多动障碍、特定学习障碍等）、情绪行为障碍等有特殊需要的儿童青少年（以下简称特殊儿童或特殊学生）。特殊教育的对象在扩展，但是到目前为止，英语课程主要在盲校、聋校开设，其他类型特殊儿童的英语教学没有得到重视，从事特殊儿童英语教学的教师缺少教学指导用书。国内师范院校使用的英语课程教学法类教材主要面向普通儿童，当前特殊儿童英语教育教学一直没有适用的教学法教材，师范院校也很少开设有关特殊儿童英语教学的课程，相关教程的缺乏导致无法给特殊教育和融合教育英语师资培养提供可参照的指导用书。

面对这些迫切需求，作为主要培养特殊教育师资和融合教育师资的南京特殊教育师范学院，有责任撰写一本可以为特殊儿童英语教学参考的教材。在英语专业负责人徐琴芳教授的统筹安排下，初步确定该书的选题和主要内容，书名为《特殊儿童英语课堂教学理论与实践》。在教材编写之初，编写团队深入南京市盲人学校、南京市聋人学校进行调研，寻求特殊学校英语教师的帮助和合作，并且根据英语系教师的研究专长安排各章节的编写人员。编写人员经过反复研讨，制定编写提纲，共同完成该书的撰写任务。

全书共分三个部分，一共八个章节。第一篇是特殊儿童英语学习理论，主要为特殊儿童英语教学打下理论基础。该部分共两个章节，第一章是第二语言学习理论，详细阐述了第二语言习得的理论基础，包括第二语言概念、语言学习理论、二语习得中的学习者个体差异和特殊儿童的二语习得。通过本章学习可以了解第二语言习得的基本理论，为学习特殊儿童英语教学方法奠定基础。第二章是特殊儿童语言发展与障碍，重点介绍语言障碍的类型，了解语言障碍的复杂性，重点介绍听障儿童、视障儿童、学习障碍儿童、孤独症儿童、智力障碍儿童等不同障碍类型儿童的语言障碍特点，较为全面地把握学生的语言障碍，从而因材施教。通过本章的学习可以让读者从宏观的角度把握特殊儿童的语言缺陷和教育教学方法。

第二篇是特殊儿童英语课堂教学实践，该部分是特殊儿童英语课堂教学的主要内容，共有四个章节，分别选取了听障儿童、视障儿童、学习障碍儿童和孤独症儿童这四类最常见的特殊儿童类型作为教学对象，分别从特殊儿童的英语学习问题、教学方法和教学案例三个部分进行阐述，其中教学方法部分围绕英语语音、口语、词汇、阅读和写作教学等语言能力培养展开，根据儿童特点开展适宜的教学，教学案例选取了特殊学校英语课堂教学案例、特殊儿童个案教学以及融合教育教学案例等。第三章从听障儿童的特点入手探讨听障儿童英语教学方法，并辅以真实教学案例，学习者能够了解听障儿童的学习特点、学习困难和学习动机激发途径，掌握听障儿童英语词汇、阅读和写作教学方法，熟悉生活化、可视化和混合式英语教学模式。第四章分析了视障儿童的认知特点及英语学习困难，介绍了盲文的起源、发展和应用，力图在新课标框架下制定符合视障儿童认知的英语教学方法，从而有效地进行视障儿童英语教学。第五章关注普通学校的学习障碍儿童，分析其英语学习困难特征，探讨在随班就读的融合教育中如何针对学习障碍儿童开展有效的英语教学，提高学生的学业水平和外语能力。第六章从孤独症儿童的认知特点和英语学习困难出发，提出针对孤独症儿童的英语教学方法，介绍如何利用英语学习 APP 进行教学辅助，为孤独症儿童提供情境化教学，以及如何给孤独症儿童提供教育支持。本章还提供了相关的英语教学案例。该部分既有特殊儿童语言教学的理论分析，更有符合特殊儿童认知特点的英语课堂教学设计，能够为学习者从事特殊儿童英语教学提供直接参考。

第三篇是特殊儿童英语教育技术。特殊教育必须充分利用现代教育技术和先进工具，实现特殊教育现代化。本部分有两章的内容，第七章特殊儿童第二语言评估介绍了特殊儿童第二语言（英语）学习的评估目的、评估内容、评估方法、评估程序以及评估工具。第八章信息技术在特殊儿童英语教学中的应用，从信息技术与特殊教育概述，多媒体课件与特殊儿童英语教学，微课、慕课与特殊儿童英语教学、虚拟仿真技术、语音识别技术等新兴技术在特殊儿童英语教学中的应用四个方面阐述。通过本章的学习，学习者能够了解信息技术的发展及其在特殊英语教学中的应用，从而有效创新特殊儿童英语教学的技术手段。

该书的编写人员如下：第一章 陈刚、吴晓芳；第二章 刘海军、徐琴芳；第三章 赵冬华、张小勇、丁祖保、王梦颖；第四章 姚晓菊、徐中锋、王吉星、刘培云；第五章 常钰婧、徐琴芳；第六章 何艳群、谢育杰；第七章 刘艳芳、努尔亚·艾哈满提·江；第八章 季晓燕、单楠、王振环、花钰锋。本书能够顺利完成要特别感谢南京市盲人学校和南京市聋人学校的大力支持。

这本书我们期待了十年，从策划到初稿完成差不多用了一年的时间。能够完成这项艰巨的任务，得益于英语系同仁多年的学术沉淀和教学经验，感谢各位编写人员的辛勤付出。今后，我们将充分利用教材，进行特殊儿童英语课程教学理论与实践课堂教学和课程建设，补充教学案例，建设线上和线下课程资源，为特殊学校和普通学校培养专业的特殊教育英语师资提供参考用书，为特殊儿童的英语学习提供教学指导，共同促进我国特殊教育和融合教育事业的高质量发展。

最后，感谢南京大学出版社的大力支持，感谢裴维维等老师的高效工作。书中不当之处，皆是编者水平所限，恳请业内专家和各位读者批评指正！

编者

2023 年 12 月

目录
Contents

第一篇　特殊儿童英语学习理论

第一章　第二语言习得基础 ······ 001
第一节　第二语言 ······ 002
1.1　语言的本质特征 ······ 002
1.2　第二语言的概念 ······ 002
第二节　学习理论 ······ 004
2.1　学习的概念 ······ 004
2.2　学习理论 ······ 004
第三节　二语习得主要理论 ······ 008
3.1　中介语 ······ 008
3.2　监控理论 ······ 009
3.3　输出假设理论 ······ 011
第四节　二语习得中的学习者个体差异 ······ 011
4.1　认知因素 ······ 012
4.2　情感因素 ······ 014
4.3　缺陷补偿 ······ 017
第五节　特殊儿童和第二语言学习 ······ 018
第二章　特殊儿童语言发展与障碍 ······ 020
第一节　特殊儿童的语言障碍类型 ······ 021
1.1　语言理解障碍 ······ 021
1.2　语言表达障碍 ······ 021
1.3　混合性语言障碍 ······ 022
1.4　共病症 ······ 022
第二节　特殊儿童语言障碍表征 ······ 022
2.1　听障儿童的语言障碍 ······ 022
2.2　视障儿童语言障碍表征 ······ 022

2.3 学习障碍儿童的语言障碍 …… 024
2.4 孤独症儿童的语言障碍 …… 025
2.5 智力障碍儿童的语言障碍 …… 026
第三节 语言障碍的危害 …… 028
3.1 语言障碍影响儿童的学业和升学率 …… 028
3.2 语言障碍影响孩子的社交和性格 …… 028
3.3 语言障碍可能造成社会危害 …… 028
第四节 语言障碍儿童的教育支持 …… 029
4.1 听障儿童教育支持 …… 030
4.2 视障儿童教育支持 …… 032
4.3 学习障碍儿童教育支持 …… 033
4.4 孤独症儿童教育支持 …… 036
4.5 智力障碍儿童教育支持 …… 037

第二篇 特殊儿童英语课堂教学实践

第三章 听障儿童英语教学与案例 …… 041
第一节 听障儿童英语学习 …… 042
1.1 听障儿童的学习特点 …… 042
1.2 听障儿童英语学习困难 …… 044
第二节 听障儿童英语教学 …… 046
2.1 听障儿童英语教学方法 …… 046
2.2 听障儿童英语学习动机的激发 …… 054
第三节 听障儿童英语教学案例 …… 057
3.1 听障儿童英语生活化教学案例 …… 060
3.2 听障儿童可视化教学案例 …… 065
3.3 听障儿童英语混合式教学案例 …… 072
第四章 视障儿童英语教学与案例 …… 077
第一节 视障儿童的认知特点和英语学习困难 …… 078
1.1 视障儿童的认知特点 …… 078
1.2 视障儿童的英语学习困难 …… 080
第二节 盲文的起源、发展、应用 …… 082
2.1 盲文的起源 …… 082
2.2 盲文的演变 …… 082
2.3 英语点字的应用 …… 082
第三节 英语盲文教学要点 …… 084
3.1 简写规则提示 …… 084

3.2 二级英语盲文教授方法 …… 085
第四节 视障儿童英语听说教学 …… 086
4.1 视障儿童听说教学原则 …… 086
4.2 视障儿童听说教学方法 …… 086
4.3 对视障儿童实施听说教学应注意的问题 …… 088
第五节 视障儿童英语读写教学 …… 089
5.1 英语阅读教学难点 …… 089
5.2 英语阅读教学强化方法 …… 090
5.3 英语写作教学 …… 091
第六节 视障儿童英语教学案例 …… 093
第五章 学习障碍儿童英语教学与案例 …… 107
第一节 学习障碍儿童英语学习困难 …… 109
1.1 学习障碍的主要分类与特征 …… 109
1.2 阅读障碍者英语学习困难 …… 112
第二节 学习障碍儿童英语教学方法 …… 113
2.1 语音与口语教学 …… 113
2.2 词汇与语法教学 …… 114
2.3 阅读和写作教学 …… 116
2.4 阅读困难儿童课后辅导记录 …… 119
第三节 学习障碍儿童英语教学案例 …… 121
3.1 学习障碍儿童英语语音干预教学案例 …… 121
3.2 学习障碍儿童英语融合教育案例 …… 123
第六章 孤独症儿童英语教学与案例 …… 126
第一节 孤独症儿童的认知特点及教育对策 …… 127
1.1 执行功能障碍及教育对策 …… 127
1.2 心智解读障碍及教育对策 …… 129
1.3 中心聚合能力障碍及教育对策 …… 131
第二节 孤独症儿童英语教学方法 …… 133
2.1 语音教学 …… 133
2.2 词汇教学 …… 134
2.3 语法教学 …… 135
第三节 孤独症儿童英语教学案例 …… 136
3.1 英语学习 APP 应用于孤独症儿童的英语教学案例 …… 136
3.2 情境教学法应用于孤独症儿童的语言教学案例 …… 139
3.3 孤独症谱系障碍儿童融合教育支持 …… 142

第三篇 特殊儿童英语教育技术

第七章 特殊儿童第二语言评估 …… 145
第一节 特殊儿童第二语言的评估目的 …… 146
第二节 特殊儿童第二语言的评估内容 …… 147
2.1 语言与言语的内涵 …… 147
2.2 语言的组成要素 …… 147
第三节 特殊儿童第二语言的评估方法 …… 150
3.1 口头语言的评估方法 …… 150
3.2 书面语言的评估方法 …… 152
第四节 特殊儿童第二语言的评估程序 …… 153
4.1 搜集资料 …… 153
4.2 系统观察 …… 154
4.3 正式评估 …… 154
4.4 咨询会议 …… 154
4.5 撰写评估报告 …… 154
第五节 特殊儿童第二语言的评估工具 …… 154
5.1 皮博迪图片词汇测验 …… 155
5.2 伊利诺斯心理语言能力测验 …… 157
5.3 语言发展测验第五版 …… 161
第八章 信息技术在特殊儿童英语教学中的应用 …… 166
第一节 信息技术与特殊教育概述 …… 167
1.1 信息教育技术的概念与作用 …… 167
1.2 信息教育技术与特殊教育的关系 …… 169
1.3 信息教育技术在特殊教育中的作用 …… 170
第二节 多媒体技术与特殊儿童英语教学 …… 171
2.1 多媒体技术的概念与发展 …… 171
2.2 多媒体技术在特殊儿童英语教学中的运用 …… 171
2.3 多媒体课件的制作与应用 …… 173
第三节 微课、慕课与特殊儿童英语教学 …… 179
3.1 微课、慕课的概念与发展 …… 179
3.2 微课、慕课的制作与应用 …… 180
第四节 新兴技术与特殊儿童英语教学 …… 192
4.1 虚拟仿真技术与特殊儿童英语教学 …… 192
4.2 语音识别技术与特殊儿童英语教学 …… 199
4.3 语音合成技术与特殊儿童英语教学 …… 201
4.4 3D 打印技术与特殊儿童英语教学 …… 202
参考文献 …… 206

第一章　第二语言习得基础

篇首语

党的二十大报告提出，要加快各类特殊教育事业发展，强化特殊教育普惠发展，加快建设高质量教育体系，努力以更高程度的普及教育惠及全体特殊儿童。特殊儿童也有接受高质量英语教育的权利，以满足提升自身语言能力和社会适应力的需求。本章详细阐述了第二语言习得的理论基础，包括第二语言概念、语言学习理论、二语习得中的学习者个体差异和特殊儿童的二语习得。

学习目标

通过本章学习，希望学习者了解第二语言习得的基本理论，为提高特殊儿童英语教学效率奠定基础。

知识点思维导图

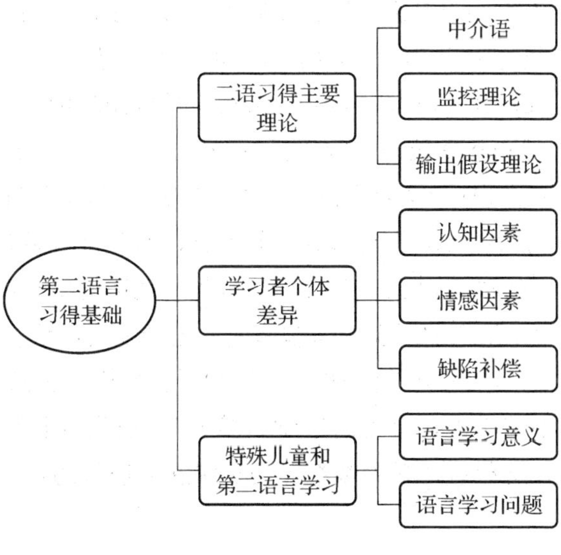

第一节 第二语言

1.1 语言的本质特征

语言是人类社会生活中不可或缺的一部分。语言学家们从不同的角度对语言进行了研究:结构主义学家将语言看作一座大厦或一种明确的物品;社会语言学家将语言看作一项包括听、说、读、写的活动;行为主义学家将语言看作一种行为,人类学习语言就如同动物被训练对刺激做出反应的过程;转换语法学家则认为语言是语法规则的内在化系统。

目前普遍认同的定义是"语言是一个具有任意性的、用于人类交流的声音符号系统"(Wardhaugh, 1977)。这一定义明确了语言所具有的本质特征。首先,语言是一个系统。每一种语言都有着能够传达给说话人相同意义的系统,这一系统包含着两重结构,底层结构是上层结构的组成成分,每层都有自身的组合规则(Lyons, 1982)。其次,语言符号的形式与意义之间没有自然的联系,而正是这种任意性赋予了语言创造力,使得人类的交流和互动变得可能。最后,语言使人类区别于动物。语言使人们能够表达自身的想法和需求,能够谈及在说话时并不存在的物体、事件和观点。语言是人类交流的独特系统。

1.2 第二语言的概念

1.2.1 二语与外语

第二语言是指人们在获得第一语言以后再学习和使用的另一种语言,并且经常作为辅助性语言以及通用语。与母语相比,学习者的二语熟练水平相对较低。第二语言(second language)和外语(foreign language)是常用的两个术语,而了解两者的区别是提高语言学习和教学效率的前提。Stern(1983)对两个术语进行了区分:"二语"是学习者在国家或社区中学习和使用的非本族语语言,这种语言有着官方或公认的社会地位,其重要性甚至超过母语,并在教育、政治、经济等领域中广泛使用。"外语"是非本国人使用的语言,也非官方语言,是某一地区的本土居民不使用的语言。简而言之,二语(L2)是语言学习者在课堂情境外也会使用的语言,而外语(FL)仅限于正式的课堂情境使用。可见,是否具有良好的语言环境是区别二语和外语的一个重要标准。例如,中国学生在英美国家学习英语,英语在这种环境下应该是二语;而在中国学习英语,这种语言学习基本上是在课堂上进行的,英语在这种环境下则是外语。

基于对以上两个术语的分析，二语教学与外语教学是有区别的，并且这种区别已经被我国学者所认可。胡壮麟(1994)提出“把英语当作第二语言的教学和把英语作为外语的教学有很大的差别”；戴炜栋(2001)认为，“英语作为外语的教学与英语作为二语的教学在许多方面存在着质的区别与不同”。教学类型主要解决怎样学的问题并制约教学内容的选择。制定外语教学目标必须考虑到学生能够通过什么样的学习过程去达到自己的教学目标。因此，在制定教学目标之前应先区分教学类型。如果是二语教学，其目的在于解决学习者在目的语国家的上学、就业、生存等问题；如果是外语教学，其目的是在非目的语国家掌握一门交流工具。显然，两者的学习过程和目标都不会相同。因此，Ellis(1999)认为，二语习得是一种未经指导的自然的习得过程，而外语习得则是一种正式的课堂指导的学习过程。二语学习者受到周围人们广泛使用目的语的影响，在日常生活中反复练习和使用目的语，无意中习得该语言。在外语习得的环境下，由于没有条件在日常生活中练习和使用目的语，学习者总带有某种目的，并有意识地在课堂学习中学习目的语。基于以上区分，在我国，外语教学一般是指英语教学。但是随着国际化交流的需要，我国的外语教学有时候也会用二语教学来取代，虽然概念相同，但是其内涵有所区别。

1.2.2　二语习得的目标

对于二语学习者来说，很难达到与本族语者同样的语言熟练程度。因此，语言学家们提出了“类似本族语母语的熟练程度”(native-like proficiency)这一概念，用来描述达到近似于本族语者的语言使用熟练程度。Canale & Swain (1980)将二语熟练程度(L2 proficiency)分为三个部分：语法运用能力(grammatical competence)、社交语言能力(sociolinguistic competence)和策略能力(strategic competence)。语法运用能力，也被称为语言能力(linguistic competence)，包括学习者所掌握的词汇、发音和语法结构。社交语言能力或交际能力(communicative competence)是指语言使用者所具备的社会文化规则和语篇规则。策略能力，就是语言使用者为了加强交际效果或弥补由于缺乏交际能力等因素引起的交际中断所使用的策略，包括言语(verbal)和非语言(nonverbal)两方面的交际策略。因此，二语学习者所要达到的学习目标是建立一个相对流利的内在结构系统，并使其在语言学习过程中逐渐变得更加复杂和熟练。

第二节　学习理论

2.1　学习的概念

学习分为狭义与广义两种。广义的学习是人在生活过程中，通过获得经验而产生的行为或行为潜能的相对持久的方式。次广义学习指人类的学习方式。狭义的学习是通过阅读、听讲、研究、观察、理解、探索、实验、实践等手段获得知识或技能的过程，是一种使一个人可以得到持续变化（知识和技能、方法与过程、情感与价值的改善和升华）的行为方式，例如：通过学校教育而获得知识的过程。因此，学习会引起某种变化以及新的联结。

2.2　学习理论

学习理论包括行为主义理论和认知理论两大类。首先，行为主义理论主要有古典行为主义和新行为主义。古典行为主义以巴甫洛夫的经典条件反射理论（classical conditioning）和华生行为主义理论（Watson's behaviorism）为代表。新行为主义以斯金纳的操作条件反射理论（Skinner's operant conditioning）为代表。这些学习理论在语言学习中也得到了充分应用。

2.2.1　行为主义理论

（1）经典条件反射理论

俄国生理学家伊凡·巴甫洛夫（Ivan Pavlov）是最早提出经典性条件反射的人。他在研究消化现象时，观察了狗的唾液分泌，即狗对食物的一种反应特征。在实验中，他把食物给狗看，并测量其唾液分泌。在这个过程中，他发现如果随同食物反复给一个中性刺激，即一个并不自动引起唾液分泌的刺激，如铃声，这条狗就会逐渐"学会"在只有铃响但没有食物的情况下分泌唾液。一个原是中性的刺激与一个原来就能引起某种反应的刺激相结合，而使动物学会对那个中性刺激做出反应，这就是经典性条件反射的基本内容。

基于实验，巴甫洛夫提出学习是大脑皮层暂时神经联系的形成、巩固与恢复的过程，而学习行为则是由刺激引起的反应。他认为"所有的学习都是联系的形成，而联系的形成就是思想、思维、知识"。他所说的联系就是指暂时神经联系。他说："显然，我们的一切培育、学习和训练，一切可能的习惯都是很长系列的条件的反射。"也就是说，在学习过程中，条件刺激必须同时或者接近同时发生，并且条件刺激必须先发生。

学习者经过条件刺激和无条件刺激的多次匹配，形成新的联结。

（2）行为主义理论

约翰·华生(John B. Watson)于1913年首先打出行为主义心理学的旗帜，是美国第一个将巴甫洛夫的研究结果作为学习理论基础的人。他认为学习就是以一种刺激替代另一种刺激建立条件反射的过程。在华生看来，人类出生时只有几个反射(如打喷嚏、膝跳反射)和情绪反应(如惧、爱、怒等)，所有其他行为都是通过条件反射建立新刺激—反应(S-R)联结而形成的。他认为人类的行为都是后天习得的，环境决定了一个人的行为模式，所有的行为都经过学习获得，也可以通过学习更改、增加或消除。同时，他强调环境刺激与行为反应之间的规律性关系，并根据反应推断刺激，达到预测并控制动物和人的行为的目的。

（3）操作条件反射理论

操作条件反射，也称"工具性条件反射"，是由美国行为主义心理学家斯金纳(Burrhus Frederic Skinner)20世纪30年代在经典条件反射的基础上创立的实验方法。操作性条件反射这一概念，是斯金纳新行为主义学习理论的核心。斯金纳把行为分成两类：一类是应答性行为，这是由已知的刺激引起的反应；另一类是操作性行为，这是有机体自身发出的反应，与任何已知刺激物无关。与这两类行为相应，斯金纳把条件反射也分为两类。与应答性行为相应的是应答性反射，称为S(刺激)型；与操作性行为相应的是操作性反射，称为R(反应)型。S型条件反射是强化与刺激直接关联，R型条件反射是强化与反应直接关联。斯金纳认为，人类行为主要是由操作性反射构成的操作性行为，而操作性行为是作用于环境而产生结果的行为。在学习情境中，操作性行为更有代表性。斯金纳很重视R型条件反射，因为这种反射可以塑造新行为，在学习过程中尤为重要。斯金纳认为，人的一切行为几乎都是操作性强化的结果，人们有可能通过强化作用的影响去改变别人的反应。在教学方面，教师充当学生行为的设计师和建筑师，把学习目标分解成很多小任务并且一个一个地予以强化，学生则通过操作性条件反射逐步完成学习任务。

行为主义学习理论强调外部学习环境和刺激反应活动。基于行为主义学习理论的主要内容，可以得出其对语言学习的启示。和其他学习行为一样，语言学习也可以看作刺激与反应的联结，是在外部条件反射刺激下形成的行为习惯。通过增加尝试或反应的次数，学习者也相应地减少犯错误的次数。可见，教师在课堂上向学生灌输语言知识，提供外部刺激，帮助学生形成良好的学习行为；教师以诱发性的动作反应增强学生吸收教师所传授的知识；最后，学生接受外界刺激，进行反复练习，理解和掌握新的语言知识。

2.2.2 认知理论

认知理论主要包括皮亚杰的发展心理学理论(Piaget's Developmental

Psychology)、奥苏贝尔的意义学习理论(Ausubel's Theory of Meaningful Learning)和维果茨基的社会文化理论(Vygotsky's Sociocultural Theory)。

(1) 发展心理学理论

发展心理学理论核心是"发生认识论"。皮亚杰提出心理、智力、思维不是起源于先天的成熟或后天的经验,应当是主体的动作,而动作的本质是主体对客体的适应。主体通过动作对客体的适应是心理发展的真正原因。他认为适应的本质在于取得机体与环境的平衡,不管是指向外部动作还是指向内化的思维动作,都是一种适应,而这种适应通过两种形式实现。一是同化,即把环境因素纳入机体已有的图式或结构之中,以加强和丰富主体的动作;二是顺应,即改变主体动作以适应客观变化。同时,皮亚杰还提出心理发展的结构有图式、同化、顺应和平衡四个因素。图式就是动作的结构或组织,这些动作在相同或类似环境中由于不断重复而得到迁移或概括。他强调学习是一个积极主动的信息处理过程,同时学习也是通过同化和顺应的方式构成新的图式的过程。

(2) 意义学习理论

意义学习理论,也称"有意义言语学习理论",由美国当代认知心理学家奥苏贝尔(D. P. Ausubel)创立于20世纪60年代。有意义学习就是符号所代表的新知识与学习者认知结构中已有的适当观念建立非人为(非任意的)和实质性的(非字面的)联系的过程。简而言之,就是符号或符号组合获得心理意义的过程。这一论断既给有意义学习下了明确的定义,也指出了划分机械学习与有意义学习的两条标准。这是用认知论观点解释有意义言语材料的学习与保持的学说。奥苏贝尔认为,有意义学习有不同于机械学习的标准、条件和心理机制,学校里的系统教材知识的学习主要是有意义学习,获得意义的方式可以是接受、发现或指导发现。根据有意义学习材料的复杂程度,他把有意义学习分为表征性学习、概念学习、命题学习、解决问题和创造。

奥苏贝尔认为,只有同时满足了三个条件,才有可能进行有意义的学习,使新学习的材料的逻辑意义转化为对学习者的潜在意义,最终使学习者达到对新知识的理解,获得心理意义。一是学习材料本身必须具备逻辑意义。材料的逻辑意义是指学习材料本身与人类学习能力范围内的有关观念可以建立非人为性和实质性的联系。二是学习者必须具有有意义学习的心向。有意义学习的心向,是指学习者能积极主动地在新知识与已有适当观念之间建立联系的倾向性。在学习材料具有逻辑意义,而且学习者认知结构中也存在适当观念的条件下(奥苏贝尔认为具备这两个条件时的新知识对于学习者而言是有潜在意义的知识),学习者是否具有有意义学习的心向,决定了他所进行的是否为有意义学习,是否通过有意义学习使学习材料的潜在意义转化为实际意义即获得心理意义。三是学习者的认知结构中必须有同化新知识的适当观念。奥苏贝尔很重视认知结构在有意义学习中的重要作用,认为它是影响学生知识学习的最重要因素。认知结构对有意义学习的影响主要取决于原有知识的可利用性、新旧知识间的可辨别性以及原有知识的稳定性和清晰性。

根据认知理论，语言学习行为可以看作信息加工和处理的过程。语言学习在于学习者个体的认知变化。学习者要了解学习目的、步骤、方法和意义等因素，才能对信息进行加工、处理、编码、解码和输出等一系列心理认知活动，并且通过判断、滞留和再生成等认知行为，构建新知识。

2.2.3 社会文化理论

社会文化理论（Sociocultural Theory）是基于俄罗斯心理学家维果茨基（Vygotsky）的儿童认知发展理论发展起来，探讨社会文化因素对认知发展影响的理论，强调社会文化因素在人类独特的认知功能发展中的核心作用（Lantolf & Thorne，2006）。社会文化理论的主要观点是社会文化因素决定心理机能发展，强调社会交流互动在认知发展和知识建构过程中的重要性。社会文化理论主张思维认知和社会文化不可分割，认知活动来源于社会活动。因此，对认知发展的研究不能割裂认知发展与社会文化背景的关联。维果茨基认为，知识是学习者在社会语境中通过合作、互动和交际的过程建立的，学习不只是“个人的努力”，而是融合了社会互动和协作的过程。因此，学习者的发展不能仅通过对个体的研究来理解，还必须审视个人发展的外部社会文化环境（申亚琳，2021）。该理论认为社会文化因素在人类认知功能的发展中发挥着核心作用。社会文化理论包含四个主要概念，即调节（mediation）、内化（internalization）、活动（activity）和最近发展区（zone of proximal development，简称 ZPD），在教育教学领域得到了广泛应用的发展。

首先，调节论是社会文化理论的核心思想。维果茨基（1978）认为人类不仅具有基于直接刺激—反应过程的低级心理机能，还能够“创造出以文化为基础的心理过程新形式”。人类独特的高级认知功能（比如：记忆、注意和理性思维等）是依靠人类文化构建的辅助工具的调节而发展起来的（牛瑞英，2007）。“人们通过开展文化构建的文物、理念、活动，去调节物质世界或者他们自己和其他人的社会和心理活动。调节意味着人们开展思考，人类心理活动的发展是生物的交织和文化形成的结果。”（刘佳利，2016）其次，“内化”过程是指从外部心理过程向内部心理过程的转化。维果茨基认为人的高级心理机能是社会历史的产物，受社会规律的制约。维果茨基通过内化论把生物因素和社会文化因素纳入了统一的理论框架。再次，活动是指心理发展得以实现的社会实践。维果茨基（1998）还明确指出，个体和环境之间的关系是通过个体情感体验和活动发生的。最后，最近发展区理论将学生的发展分为两种水平：一种水平指学生现在所处的水平；另一种指学生通过教学所获得并且能够发展到的水平，而这两种水平中间的差距就是最近发展区（麻彦坤，2004）。而这种实际发展水平与潜在发展水平之间的距离可以通过成人或与更有能力的同伴的指导或合作来缩短甚至消除(Lantolf,1994)。最近发展区理论是维果茨基提出的儿童教育发展观,主要应用在英语教育教学领域。在二语习得中,该理论主张在合作和支持中进行二语学习。其理论中最近发展区和社会缺陷观对特殊儿童二语习得具有重要意义。教师在设计教学活动前要了解学习者的最近发展区,并在学习过程中对学习者的最近发展区进行持续的关注和评估,及时调整教学策略,要为学习者搭建脚手架,通过合作学习等模式,调整和支持他们与学习材料之间的互动,帮助学习者实现潜在的发展。

社会文化理论认为,语言学习是个体在与社会环境的互动过程中实现的。可见,环境是影响学习者学习语言的重要影响因素,能够激发学习者的学习需求。学习者作为积极的创造者和参与者,共同构建动机并使其与社会文化环境相协调(张璇,2022)。那么,学习者所具备的积极主动性,可使学习者在学习过程中能够根据自己的主观意愿选取学习材料,参与学习活动,实施相应的学习反思。因此,学习者的语言学习会受到文化环境、学校制度、课程要求等诸多因素的影响。Lantolf(2009)指出,使用社会文化理论的第二语言习得研究人员倾向于将社会文化理论作为分析和解释数据的分析框架,或者在社会文化理论的指导下进行实践。可见,社会文化理论对英语教学实践有着重要的指导作用。另外,社会文化理论认为,意义和知识是与个体和其所处的环境紧密相连的。教师要创建和谐协作的学习环境,设计不同的学习活动,比如小组讨论、角色扮演、辩论活动等。教师可以通过适当的方法和策略构建真实性的情境,提高学习者的文化意识,帮助学习者在真实语境中正确产出语言。那么,学习者可以自由地分享他们的想法,促进自身的认知发展和语言能力。

第三节 二语习得主要理论

第二语言习得(Second Language Acquisition)研究作为一门独立的学科,经过多年来的发展,理论和实践成果层出不穷。

3.1 中介语

美国语言学家塞林格(Larry Selinker)于1972年在其著名论文《中介语》("Interlanguage")中提出了中介语假说,试图从一个全新的视角,也就是学习者的心理过程来探索第二语言习得者在习得过程中的语言系统和习得规律。塞林格提出,中介语是第二语言学习者在学习过程中所形成的一种以目的语为基础却又有别于目的语和母语,并向目的语过渡并靠拢的语言体系。它以普遍语法理论和认知心理学为理论基础,认为目的语的习得是一个连续不断的过程。中介语是外语学习者在学习过程中对目的语规律做出正确或不正确的归纳和推论，从而构建的“临时语法”，是介于母语与所学外语之间的独立的语言系统。塞林格指出，“中介语是一个独立的语言系统，它产生于学习者试图掌握第二语言所做出的努力”，是第二语言学习者构建起来的介于母语和目的语之间的过渡性语言体系，它兼有母语和目的语的特征，处于不断发展变化过程中，并逐渐向目的语靠近。

中介语的形成原因可概括为以下几个因素：一是语言的迁移。语言迁移形成的前提条件是母语和目的语在语言知识等方面存在相异之处。二是目的语泛化。学习者在学习了一定的语言知识后，会将一些语言规则过度运用到不适合该规则的地方。这表明造成过度泛化的原因主要是学习者对目的语的规则进行了错误地概括，并且没有系统掌握知识与规则。三是学习策略。在第二语言学习中，学习者自发采用了一定的学习策略，其中包括回避和简化。学习者在学习比较困难的语言项目时，经常对其采取回避和简化的态度，用更为简单的语言项目去替代。四是第二语言交际策略。语言学习的目的在于交际，但由于其对目的语规则掌握不够，为了达到交际目的常常会采取特定的交际策略，最常见的便是回避与替代策略。

中介语具有系统性，有一套独特的语音、语法和词汇规则体系。同时，中介语具有可变性，是一种发展中的语言。二语学习者通过借助“假设—检验”的方法缓慢修改已有的规则来适应目的语新规则；中介语具有可渗透性，会受到学习者母语和目的语规则或形式的渗透。中介语还具有共时变异性。此外，中介语还具有一定的石化性。石化现象表现为发展到一定阶段后，中介语的结构系统不再进一步发展，或者表现为学习者的中介语中的一些语言规则、语法规则和系统性知识趋于固定下来的状态。

3.2 监控理论

克拉申(Stephen D. Krashen)从20世纪70年代初开始研究第二语言习得，并于80年代初期提出了著名的二语习得理论（又称“监控理论”），该理论包括“五大假说”：习得—学得假说（The Acquisition-Learning Hypothesis）；情感过滤假说（The Affective Filter Hypothesis）；监控假说（The Monitor Hypothesis）；输入假说（The Input Hypothesis）；自然顺序假说（The Natural Order Hypothesis）。

（1）习得—学得假说

克拉申认为“习得”和“学得”是学习者掌握第二外语的两种途径，并对这两者进行了区分。“习得”(acquiring)是潜意识的，与学习母语的方式类似，注重在自然的交际环境中理解语言的含义；“学得”(learning)是学习者在教师的帮助下学习相关语法和词汇知识，并采用必要的练习与重复的形式掌握语言，也是大部分英语课堂的教学模式。因此，语言习得是学习者潜意识的学习过程，而学得则是学习者有意识的学习过程。

（2）情感过滤假说

克拉申提出，学习者的大脑就像一个“情感过滤器”（affective filter），很大程度上决定着语言输入是否有效，而组成该过滤器的因素有动机、性格和情感状态等。情感过滤可以分为高情感过滤（high affective filter）和低情感过滤（low affective filter）。高情感过滤是指阻止学习者接受可理解性输入，而低情感过滤是指允许学习者接受可理解性输入。可见，情感过滤越低，越有利于学习者的学习。

（3）监控假说

监控假说是指通过学习获得的语言知识在头脑中起监控语言的作用。监控是学习者用来编辑其语言行为的机制。它运用学习者习得的有意识的语言规则和知识等，对所说的语言进行质量检查和控制。学习者在说话时，会下意识地用所学的语言知识进行组织和纠错，这其实就是监控的过程。根据这个假设，语言习得系统，即潜意识语言知识，才是真正的语言能力。而语言学得系统，即有意识的语言知识，只是在第二语言运用时起监控或编辑作用。这种监控作用在满足以下三个条件时才会发挥作用：① 有足够的时间，即语言使用者必须要有足够的时间才能有效地选择和运用语法规则；② 注意语言形式，即语言使用者的注意力必须集中在所用语言的形式上，也就是说，必须考虑语言的正确性；③ 了解规则，即语言使用者必须具有所学语言的语法概念及语言规则知识。

（4）输入假说

克拉申监控理论中的核心部分是输入假说。克拉申认为，只有当习得者接触到“可理解的语言输入”（comprehensible input），即略高于他现有语言技能水平的第二语言输入，而他又能把注意力集中于对意义或对信息的理解而不是对形式的理解时，才能产生习得。这就是著名的 i+1 公式，i 代表习得者现有的水平，i+1 代表略高于习得者现有水平的语言材料。根据克拉申的观点，这种 i+1 的输入并不需要人们刻意提供，只要习得者能理解输入，而他又有足够的量时，就自动地提供了这种输入。这个假说有三个方面的内容需要重视：一是可理解性输入理论，强调输入的语言必须具备可理解的特征，因为不可理解的语言哪怕是进行了输入，也无法由学习者消化吸收。二是输入假说。该理论提出要给二语学习者大量且充足的语言材料，这样才能够让语言学习者沉浸在良好的语言环境当中，并轻松学习丰富多样的语言。三是语言材料必须具备生动形象和趣味性强的特点，以免学习者丧失学习兴趣。

（5）自然顺序假说

该假说指的是学习者依照特定顺序学得语言规律。该顺序是自然的，与学习者的学习方法以及年龄没有关系。基于实验，在儿童和成人将英语作为第二语言学习时，掌握进行时先于掌握过去时，掌握名词复数先于掌握名词所有格 's 等。克拉申认为，自然顺序假说并不要求人们按这种顺序来制定教学大纲。

3.3 输出假设理论

输出假设理论是由斯万(Merill Swain)等学者通过研究加拿大法语沉浸式教学提出的理论，在二语习得研究领域得到了极大的重视。斯方对学习法语的加拿大学生进行了调查，发现可理解性输入在语言习得过程中，不足以帮助学习者提高他们的二语水平。因此，有必要加强语言输出。Swain(1995)提出了输出假设的四大功能，包括注意功能(noticing)、检测假设功能(hypothesis testing function)、元语言功能(metalinguistic function)，以及增强流利性(fluency function)。首先，学习者在进行语言输出时，既要注意语言的意义，还要注意语言的形式，而没有对语言形式进行有意识的关注就不可能使学习者对自己的语言进行分析。其次，检测假设功能就是学习者进行假设检验、尝试的语言结构和形式。也就是说，语言输出能够帮助学习者对语言结构进行假设验证。再次，元语言是指学习者所具有的关于语言的知识总和。学习者可以通过反思和分析获得新的语言结构，并进行有意识地修正，提高语言的准确性。最后，语言输出为学习者提供有意义地操练，培养语言处理自动化，增强他们运用语言表达的流利性。因此，语言输出有助于激发学习者利用元语言知识，通过对目标语的注意进行二语系统的重构。

特殊儿童在语言表达方面比正常儿童的语言发展要晚，在英语学习中，要以特殊儿童的实际学习情况为原则，鼓励和引导学生发挥主动性，自觉进行语言输出，提高语言能力。

第四节　二语习得中的学习者个体差异

前面讨论了实践角度下二语习得研究既包括自然状态下的二语习得，也包括课堂教学环境下的二语学得两种现象。学习行为的主体是学习者，不同的学习者在学习任务、学习策略和学习风格等方面都会存在差异。

二语习得属于跨学科研究，其研究视角可以是心理语言学、社会心理学、社会学、教育学等。二语习得有两个研究重心：语言学习者和语言学习本身。个体性差异是研究语言学习者的主要内容。Dörnyei(2005)指出，心理学领域一直在努力实现两个不同且相互矛盾的目标：理解人类思维的一般原则和探索个体思维的独特性。后者常被称为个体差异研究(individual difference research)。个体差异是指“每个人所具有的、持续的个体特征的维度，个体由此在一定程度上表现出不同。也就是相对于标准蓝图的稳定持续的变异”(Dörnyei，2005)。

在二语学习的过程中，学习者的个体差异可能会导致不同的学习效果。但不同学者对个体差异有着不同的观点和分类。Ellis(2013)提出,学习者的个体差异包括:学习态度、年龄、性别、性格、语言学能、学习动机、认知风格、学习策略等因素。Dörnyei(2005)则认为,学习者的个体差异体现在:性格;语言学能;动机;学习风格;学习策略;其他,如焦虑、创造性、交际意愿、自尊、学习观念等。以下主要从认知因素、情感因素、缺陷补偿等视角,介绍和说明二语学习者的个体差异。

4.1 认知因素

4.1.1 语言学能

语言学能(language aptitude)是指语言学习的能力,有人将语言学能分为:① 语音加工能力;② 语法分析能力;③ 归纳推理能力;④ 记忆能力。语言学能可以通过测验进行检测,这些测验也可以作为二语习得能力检验工具。

关于语言学能,学界曾有一些争议。有的观点认为,在二语学习过程中语言学能并非与生俱来,它取决于学习者先前的学习经历。而有的观点则认为,语言学能可能是与生俱来的,它是贯穿学习者一生的相对稳定的一种能力,后期很难提高和改善。但随着认知心理学的发展,语言学能被认为不是静态的能力,而是动态发展的,语言学能在不同的学习或教学条件下,会对学习效果产生不同的影响。

4.1.2 学习策略

学习者的学习策略(learning strategies)会影响学习效果。学习策略是指学生在发展第二语言或外语技能时所采用的具体行动、行为、步骤或技巧。这些策略可以促进新语言的内化、记忆、检索或使用。学习策略通常是学习者有意选择的学习过程,但学习动机也会受学习动机、认知风格、个性特点、年龄、性别、语言学能等影响。学界曾对学习"策略"(strategy)和"技巧"(technique)做了区分,前者是宏观的、经过衡量的学习途径,而后者是指在某个特定知识领域的学习行为,例如通过语篇推断语法规则,或利用词典学习词汇等。

Dörnyei(2005)将学习策略分为四类:① 认知策略,涉及学习材料/输入的操作或转换(例如重复、总结、使用图像);② 元认知策略,包括分析、监控、评估、规划、组织高级阶段的学习策略;③ 社会策略,涉及人际行为,旨在增加学习者进行二语沟通和练习的数量(例如与母语人士的互动,或与其他学习者合作);④ 情感策略,涉及调控学习者的情绪(情感)条件和经历,它们可影响学习者在学习过程中的主观参与。

Ellis(2013)认为学习策略具有八个特点:① 策略既可指总的学习方法,也可指二语习得中的具体行为或技巧。② 策略是以解决问题为导向的,学习者采用的学习策略是为了解决特定的学习或交际问题。③ 学习者通常了解自己所使用的学习策略。④ 策略涉及语言行为(例如用语言要求别人说出某个物体的名称)和非语言行为(例如用手指向某物,要求别人说出其名称)。⑤ 语言学习策略既适用于母语,也适用于二语学习。⑥ 有些策略体现为行为,而有些策略则体现为心理活动;前者可观察,而后者则无法直接观察。⑦ 大部分策略为学习者提供可加工的二语数据信息,这对语言学习会有间接影响;但有些策略对语言学习也会产生直接影响(如针对特定单词或语法规则的记忆策略)。⑧ 策略的运用会因学习任务和个人偏好的不同,而呈现明显差异。

4.1.3 学习风格

学习风格(learning style)及其相关研究源于普通心理学。早期学者主要关注语言学习者的认知风格(cognitive style),即人脑如何运作、如何加工信息以及人脑如何受个人感知的影响。在学习者信息加工的研究中,Witkin(1976)等曾提出"场依赖"(field dependent)和"场独立"(field independent)的概念,其中"场"是指学习环境,它对学习者的感知有着不同程度的影响。到20世纪70年代中后期,涉及语言学习者外部因素的学习风格才逐渐受到关注。

根据视角的不同,学习风格可以定义为学习者在学习环境中感知和处理信息的方式,学习风格偏好是对学习环境或条件的选择。学习风格还可定义为学生在学习新语言或任何其他课程时使用的一般方法,例如全局法或分析法、听觉法或视觉法。

一些针对美国学龄儿童的研究表明,学习风格主要有四种类型:听觉型学习(auditory learning)、视觉型学习(visual learning)、活动型学习(kinesthetic learning)和触觉型学习(tactile learning)。不同的学习方式没有正确和错误之分,但会存在较明显的选择倾向上的差别。根据调查,有20%—30%的学龄儿童属于听觉型学习者,40%是视觉型学习者,30%—40%是触觉/活动型学习者或视觉/触觉型学习者(Dunn & Dunn,1978)。对于小学生来说,最常见的是视觉型学习者(30%)或混合型学习者(30%),其次是听觉型学习者(25%),最后是活动型学习者(15%)。年幼的儿童多为触觉/活动型学习者,到五年级或六年级时,他们会逐渐掌握视觉型学习方式。大多数学习者到了青少年时期才能通过听觉来学习和记忆信息。可以看出,触觉/活动型学习、视觉型学习、听觉型学习是由易到难的3个学习阶段。

(1) 听觉型学习

听觉型学习是指学习者通过听觉实现最佳的学习效果。学习者通常喜欢聆听讲座,而不是阅读课本,他们更容易在口头表达中吸收和保留信息。例如对于同一个知识点的学习,相比之下,视觉型学习者希望看到该知识点的例证,听觉型学习者更希望听到该知识点的详细说明,而动觉型学习者则想要通过亲身体验来掌握该知识点。

听觉型学习者通常擅长小组讨论和活动,而安静、独立的学习方式可能会给他们带来挑战。他们还会利用倾听和重复来整理他们接收到的信息,因此当别人说话时,他们通常会成为很好的听众。教师应该使用一些技巧来指导听觉型学习者,例如言语指导、小组讨论、小组活动、大声朗读，或将信息融入诗歌、歌曲等有节奏的载体中。

(2) 视觉型学习

视觉型学习是指学习者通过视觉来掌握信息。视觉内容在人类生活中起到非常重要的信息传达作用。大量研究表明，视觉型学习具有更好的学习效果。视觉信息可以通过不同的形式呈现，如照片、图表、视频、漫画、幻灯片、海报、电影、游戏等。

视觉型学习者的主要特征，如：学习时爱记笔记，喜欢坐在教室的前部以获得更好的视觉效果，具有生动的想象力，喜欢视觉刺激，倾向于通过别人的肢体语言或面部表情识别隐藏的意义，擅长阅读图表，喜欢根据直觉解决问题，能够察觉事物的新变化，喜欢安静不受打扰的环境等。因此，教师在教学过程中应该丰富教学手段，增加视觉信息（如图片、表格、视频）的输入，尽可能以视觉手段展示各项学习任务，减少口头说明和解释。总体来说，视觉型学习方式的优势较多，因为拥有更好的学习工具、更简化的学习过程、更持久的记忆效果、更有趣的学习元素等，所以视觉型学习比任何其他方法都能帮助学生更有效地保留信息。

(3) 活动型和触觉型学习

宏观上，活动型学习和触觉型学习可能没有区别，它们都涉及学习者的身体参与。但在微观上，两者存在一些差别，因为活动型学习是在学习者身体活动的参与下产生新知识（或新理解），身体活动是为了构建新知识或扩展现有知识，而触觉型学习并非如此。但相同的是，活动型和触觉型学习者都倾向于通过亲身体验来理解和处理信息。

活动型和触觉型学习者具有一些共同特征，例如不喜欢传统教学方式，喜欢室外或体育活动，喜欢实验或手工劳动，说话时伴随较多的肢体语言，喜欢尝试新事物，学习时不能静心久坐，学习过程中需要适当的休息以维持注意力，喜欢通过朗读的方式记忆单词等。因此，教师应多设计各种活泼的教学活动（如小组协作、游戏等），为学生提供可亲身参与的学习机会。

4.2 情感因素

4.2.1 个性特点

个性(personality)是指一个人稳定的感觉、思维和行为模式。它是心理学研究的重要议题，早在20世纪初，就出现了相关分支学科，即个性心理学(personality psychology)。学界对人类的个性具有哪些观察维度存在不同的见解。Larsen-Freeman & Long(1991)将个性分为7个要素：① 自尊；② 焦虑；③ 冒险；④ 对拒绝的敏感性；⑤ 移情；⑥ 抑制；⑦ 歧义容忍度。但以上分类也存在一些边界不清的问题，例如自尊涉及学习者对个人能力的判断，它在很大程度上属于学习观念的部分，因此，自尊不宜作为个性的一个重要因素(Dörnyei，2005)。

在心理学研究中，目前主要采用另外两种分类，即个性三分法(Eysenck，2013)以及五大特质模式(the Big Five Model)(Goldberg，1992)。Eysenck 将个性区分了三个维度：① 外向(extraversion)与内向(introversion)；② 神经质(neuroticism)与情绪稳定性(emotionality)；③ 精神质(psychoticism)和刚性气质(tough mindedness)。相比之下，五大特质模式保留了 Eysenck 分类中的“外向与内向”和“神经质与情绪性”，但放弃了精神质的分类，增加了责任性(conscientiousness)、宜人性(agreeableness)和开放性(openness to experience)三个个性维度。五大特质模式在分类上更加全面与合理，因此受到学界的广泛认可。Dörnyei(2005)对五大特质模式进行了详细解释。

(1) 开放性：高得分者富有想象力、好奇心、灵活性和创造性，喜欢艺术，追求新奇、原创和非传统等；低得分者通常较为保守和传统，愿意脚踏实地，对艺术缺乏兴趣，追求务实等。

(2) 责任性：高得分者做事注重体系、细致、高效、有条不紊、可靠、负责、勤奋、坚持不懈、自律等；低得分者做事缺乏可靠性、漫无目标、粗心、杂乱无章，喜欢迟到，懒惰，意志薄弱等。

(3) 外向与内向：高得分者善于交际、合群、活跃、自信、热情、健谈等；低得分者显得被动、安静、矜持、孤僻、清醒、冷漠、克制等。

(4) 宜人性：高得分者为人友善、讨人喜欢、宽容、谦虚、慷慨等；低得分者为人冷漠、愤世嫉俗、粗鲁、挑剔、多疑、易怒、爱报复、不合作等。

(5) 神经质与情绪稳定性：高得分者常令人担忧、易焦虑、缺乏安全感、抑郁、自我意识强、情绪化等；低得分者为人冷静、放松、不易动情、坚韧、易满足、脾气平和等。

通常认为，学习者的个性特点会影响学习的过程和效果，已有的二语习得研究大多涉及学习者的外向和内向因素，因为该因素是人类个性的基本特质，也更容易获得可靠的测试数据。然而，由于语言习得过程的复杂性，一些学者对个性和二语习得的关联性持有保留态度。Dörnyei(2005)总结了导致这种状况的一些原因：① 个性因素对二语习得是否产生影响取决于学习者的学习环境；② 个性因素常会受到其他因素的干扰，如学习态度、动机、焦虑等；③ 研究者之所以没能发现个性因素(如外向)和语言学习效果之间存在明确的关联性，可能是因为他们只关注“超特质”(supertraits)(如内向)，而没有采用基于“首要特质”(primary traits)的研究途径；④ 研究方法存在缺陷和不足。

总体来看，学习者的个性特点和二语习得的相关研究仍然显得较为薄弱。

4.2.2 学习态度

态度(attitude)通常被认为是一种心理学概念。主流观点认为，态度涉及三个要素，即情感、认知、行为。情感要素是指人们对态度对象的感觉；认知要素指人们对态度对象的信念；行为要素指人们以某种方式行事的倾向。在二语习得领域，学习态度可分为两类：① 对二语学习的态度；② 对二语社区的态度。根据已有的研究，第一类态度和二语的学习效果直接相关；第二类态度和学习效果的关系较为复杂，干扰因素较多。此外，态度因素对儿童二语习得的影响可能较小，因为年幼学习者的态度观点尚不成熟。

学习态度研究经常需要考虑其他变量，例如学习者的性别、教育背景、年龄等。一般来说，女性学习者通常比男性对二语学习的态度更加积极，因而学习效果也更好。此外，随着学习者的年龄增长，对二语学习的态度也逐渐转向消极。可见，虽然学习态度会影响学习效果，但影响学习态度的因素是多方面的，研究者应给予足够的重视。

4.2.3 学习动机

在二语学习者的个体差异中，学习动机（motivation）最引人关注，因为动机在很大程度上影响学习者在学习过程中的精力投入，自然也将决定二语学习的最终效果。动机会作用于二语学习者的其他个体因素，如态度、能力等。如果学习者没有充分的学习动机，那么必然会对他们的学习态度和能力产生负面影响。而良好的学习动机也可以弥补学习能力和条件等方面的不足。

动机是一种内在的驱动力、冲动、情感，或者是一种愿望。目前被广泛认可的动机类型是融入型（integrative）动机和工具型（instrumental）动机。融入型动机通常源于学习者对二语学习的兴趣，他们希望了解二语并与二语使用者进行沟通交流，或者希望进入或融入二语的语言社区。工具型动机涉及二语学习的实用价值，例如增加就业或商业机会、提高声望和权力、获取科学和技术信息，或者仅仅为了通过学校课程的学习。此外还有一些较边缘的学习动机，如特定交际场合的需要、旅行、个人求知欲等。但不论何种学习动机，在二语学习中似乎都没有明显的内在优势。

学习动机研究可主要分为三个阶段：第一阶段是社会心理学时期（1959—1990年），主要以 Robert Gardner、Wallace Lambert 等学者为代表，他们认为二语学习的动机可以增进或阻碍母语社区和二语社区之间的跨文化交流和融合。此阶段从宏观视角研究学习动机。第二阶段是认知导向时期（20 世纪 90 年代），学习动机的研究视角开始从宏观转向微观（例如在教室环境中的学习动机研究），学界开始关注二语学习者个体在不同社会环境中的动机问题。第三阶段是过程导向时期（20 世纪 90 年代之后），学习动机被认为具有动态性和时间变化性，学习动机在不同的学习阶段存在不断变化的可能，因此动机不再被看作学习者的静态特征。

4.3 缺陷补偿

缺陷是特殊教育的重要概念，是指个体心理上、生理上或人体结构上某种组织或功能的丧失或畸形。缺陷补偿主要指在教育教学过程中，根据特殊人群的特点和需要，通过各种方式来改善、弥补因生理或心理障碍造成的功能性损伤，从而促进他们的全面发展。缺陷补偿理论认为任何人在某个方面出现缺欠时，可以进行一定的补偿。补偿的具体表现为给存在缺陷的方面给予更多的支持，帮助其恢复部分的功能，或是发展其他方面的特长，从而弥补现有的缺陷。

特殊人群在学习语言时，教师应采取一系列措施来帮助他们克服身心缺陷，提高英语的学习效果。特殊人群主要涉及视力障碍、听力障碍、智力障碍、孤独症等。例如针对视障学习者，教师可提供大号读物或是有声读物，调动视障学习者的听觉、触觉、嗅觉等其他感官。在英语学习的初级阶段，教师可利用音频、实物或模型等进行教学，使视障学习者能够把实物或动作与英语词汇直接联系起来，获得较为直观的印象，从而加深对所学词汇的理解和记忆。对于听障学习者，除了给他们佩戴合适的助听设备外，还可以发挥他们视觉感官的补偿功能，教师在英语教学过程中可利用图文、视频、动画等，提高学习者的理解能力。针对智力障碍学习者，电化教学则是一种较为理想的教学手段，因其直观、生动、形象、感染力强的特点，能更好地适应智力障碍学习者的个别差异，进而提高教学效率。

维果茨基认为应将缺陷置于社会概念中考察，认为缺陷在一定的社会背景中才会演变成障碍，是特殊儿童与社会环境相互作用过程中产生的冲突和不适的结果。基于此，他提出原发性缺陷和次生性缺陷。原发性缺陷是指生理上的缺陷，如视力、听力、智力、肢体等缺陷。次生性缺陷是由原发性缺陷所引发的生理、心理、认识和社会适应等障碍。原发性缺陷引发次生性缺陷，次生性缺陷发展到一定程度也会加重原发性缺陷。在缺陷补偿问题上，社会缺陷观认为，原发性缺陷和次生性缺陷都需要及时发展和补偿。原发性缺陷的补偿往往是有限的，次生性缺陷的补偿趋向于无限。次生缺陷引发原因与原发性缺陷关系越远，其补偿效果越好。次生性缺陷补偿能极大帮助个体发展高级行为形式，完成社会适应，实现特殊儿童的发展。

原发性缺陷是个体生理上的，存在客观性，其补偿是第一性的但也有限。而次生性缺陷是个体生理与社会适应互动造就的，越偏向社会适应方面，就有越明显的动态性和越好的补偿效果。在二语教育教学中，要把握原发性缺陷和次生性缺陷两个方面，特别重视次生性缺陷造成的复杂、动态的非典型性发展特征，给予多维、持续的补偿和支持。

在当今人工智能的时代，人类器官的功能获得了极大的延伸。人工智能也将会极大地丰富缺陷补偿的方式和方法。另外，缺陷补偿既需要体现在教学过程中，还应得到家庭和社会的支持。不仅教育工作者要充分理解特殊人群的需求和潜能，同时特殊人群所生活的家庭和社会也应共同为他们创造一个有利于身心发展的大环境。

第五节 特殊儿童和第二语言学习

特殊儿童通常与正常儿童在某些方面存在差异，主要表现在智力、视力、听力、情绪、肢体、行为、言语等方面。特殊儿童不论在语言理解方面还是在语言表达方面，都比正常儿童的语言发展晚得多，并且特殊儿童后期的语言发展速度也相对缓慢。特殊儿童在语言学习时遇到的主要问题为：听障（hearing impairment）、口吃（stuttering）、失语症（aphasia）、失读症（dyslexia）、书写困难（dysgraphia）、智力迟钝（mental retardation）、孤独症（autism）等。例如，聋生在学习语言的过程中，容易出现语序混乱、副词等虚词使用不当、近音词习得障碍等。有阅读障碍的儿童常常不能辨认单词，不能完成阅读理解，在朗读的过程中不能连贯地读出题目，不能正确完成单词拼写。此外，阅读障碍还会导致书写不畅，写作时语言不够丰富，朗读时语言不通顺等问题。有书写障碍的儿童在书写方面存在很大的问题：常常左右上下倒着写，或者是在笔画的书写上出现短撇少捺的现象。有记忆力障碍的儿童常常记不住东西，刚听过的内容可能会很快遗忘，记过的东西也不容易想起来（徐雪梅，2013）。和正常儿童相比，孤独症儿童的语言发展缓慢，常出现语言沉默、自创新词、代词逆转、语言节奏异常等问题，因此，孤独症儿童可能无法清晰地进行语言表达，实现正常交流。这些语言障碍同样会影响第二语言的学习，从而给第二语言教学带来挑战。

特殊儿童虽然可能存在语言障碍，但是特殊儿童同样有接受外语教育的权利。全面深入推进融合教育是当前我国特殊教育发展的主流趋势，也是实现教育公平的重要途径。我国颁布的《第二期特殊教育提升计划（2017—2020 年）》和 2022 年实施的《“十四五”特殊教育发展提升行动计划》都明确提出了我国融合教育“适宜融合”的本土模式，为融合教育发展创建良好的环境。英语作为一门语言学科，教师可以在语言教学理论的指导下，采用不同的教学活动和策略来帮助特殊儿童接触英语并且体验英语，进而帮助他们更好地融入英语学习，接受高质量的教育。

学习外语可以促进特殊儿童的全面发展。我国盲校和聋校在义务教育阶段将英语作为必修课，学生从小学就开始学习外语，其外语读写能力和跨文化交际能力得到培养，越来越多的听障学生和视障学生通过普通高考或者单招考试进入大学，接受高等教育，提高了我国残疾人的受教育水平。越来越多的特殊学生在普通学校接受融合教育，和其他学生一起学习英语课程不仅是实现融合教育目标的途径，也是提升特殊儿童能力和核心素养的方法。事实证明，孤独症儿童通过学习外语提高了表达沟通能力，一定程度上缓解了社会交往障碍。学习困难儿童如果克服了外语学习的障碍，自信心得到鼓舞，也会促进其他课程的学习。不可否认，特殊儿童在英语学习过程中将会遇到各种挑战，因此，有必要对不同类型的特殊儿童外语课堂教学方法进行深入探讨。

本章小结

本章主要介绍了二语教学和外语教学的区别，行为理论和认知理论在二语教学中的意义，以及二语习得的主要理论，包括中介语、监控理论、输出假设理论等。本章详细阐述了二语习得中的学习者个体差异，如认知因素、情感因素和缺陷补偿对学习过程的影响。此外，本章还介绍了特殊儿童接受高质量英语教学的重要性，为特殊儿童语言习得研究提供了理论基础。

思考题

1. 融合教育背景下，英语教师了解语言的本质有何意义？
2. 如何将克拉申的输入假说运用到特殊儿童的英语教学中？
3. 语言学习者的个体差异体现在哪些方面？
4. 简述学习策略的分类。
5. 简要说明学习风格的类型。
6. 简述听觉型学习的主要特点。
7. 简述活动型和触觉型学习的主要特点。
8. 简述个性特征的“五大特质模式”。
9. 简述二语习得中的动机类型。
10. 特殊儿童在语言习得中遇到的主要问题有哪些？

第二章 特殊儿童语言发展与障碍

篇首语

党的二十大报告提出“强化特殊教育普惠发展”，充分体现了党中央对教育、对特殊教育的高度重视。我们要践行以人民为中心的发展思想，让人民群众享有更好的教育，办好特殊教育，让每个特殊孩子都能上好学，开创新时代特殊教育改革发展新局面，让特殊儿童在春风化雨般无声中得到培养和发展，更好地融入社会。特殊儿童的语言障碍无疑会对儿童的发展和教育造成严重影响，深入了解各类特殊儿童的语言问题和缺陷特征，提供必要的教育辅助和社会支持，提高特殊儿童的语言沟通能力，从而确保特殊儿童能够接收到高质量的教育，成功地融入社会。

学习目标

了解语言障碍的复杂性和不同类型导致的语言障碍的异同点；能够较为全面把握学生的语言障碍并因材施教；能够体会教育的社会属性，整合利用特殊儿童教育的支持体系和教育资源进行语言教学。

知识点思维导图

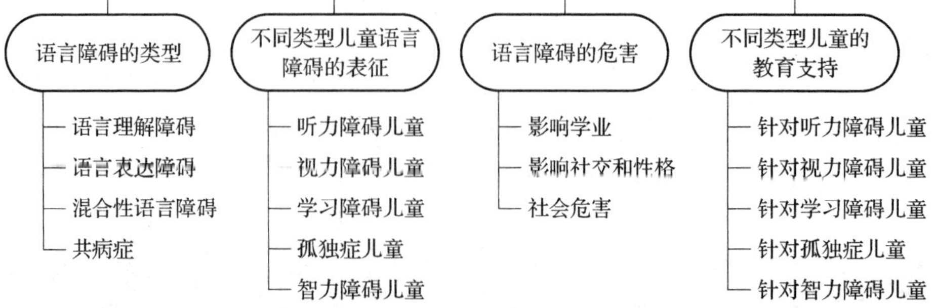

语言是人类思维的工具，是靠后天的学习，渐渐发展而成的。儿童语言发展有阶段性，口头语言发展主要发生在婴儿期和儿童早期，伴随一定词汇量、语法、语用技能方面的发展。以英语为母语儿童为例，1 岁左右时，出现第一批真正理解的口语单词，3 岁时，初步掌握母语的语法规则，能常规使用名词的复数形式、所有格以及时态，3—6 岁时，能够掌握更为复杂的语法结构，如简单的被动语句、复合句、连贯句。儿童进入小学后，书面语的读写能力会迅速发展，8 岁时能够辨别出一个词语的发音，能判断一个句子语法的正确性，9—11 岁时，能掌握 13 000—19 000 个词汇量，能积极运用语言与同伴进行交流，并能给某些词汇下定义；能够学会适应听话者的需要，并且表现出更多意见交换以及会话策略；语法方面，能够掌握更多的表达方式，如以英语为母语的儿童更加频繁使用不定式，以及对不定式短语有着高度的理解。

儿童语言障碍可以大致分为感知觉损伤所致、智力损伤所致和神经发育异常所致三大类，在临床意义上，广义的儿童语言障碍既包括《世界卫生组织国际疾病分类第十一次修订本》(ICD-11)所定义的发育性语言障碍，也包括智力缺陷、听力障碍、孤独症障碍、注意缺陷多动障碍、发育性协调障碍和特定学习困难等儿童发育障碍疾病中的语言功能缺损。在母语习得和发展过程中，与典型发育儿童相比，有语言障碍的儿童会存在词汇量少、组词组句困难、叙述和理解缺陷等问题。儿童语言发展一般经历从口语到书面语发展的不同阶段，特殊儿童会出现语言发展迟缓，表现为口语表达不清晰，词汇量贫乏，阅读速度缓慢，书写能力落后等情况。

第一节　特殊儿童的语言障碍类型

特殊儿童在语言学习中，由于言语在信息输入、加工、存储、输出等方面的特殊性，可能存在以下的语言障碍。

1.1　语言理解障碍

语言理解障碍指儿童在语言理解方面存在困难，有些儿童虽然能听懂句子里的个别词语，却理解不了整句话的意思，尤其是复杂的长句子(理解性语言障碍)。这些障碍通常也会影响患有语言障碍孩子的日常学习和生活。

1.2　语言表达障碍

语言表达障碍指儿童在语言表达方面存在困难，表现为说话时用词不当，语法错误，无法用完整的句子表达复杂的意思(表达性语言障碍)。和语言理解障碍一样，语言表达障碍通常也会影响孩子和他人的日常相处。

1.3 混合性语言障碍

还有一部分儿童在语言理解和表达上都面临落后，和语言理解障碍或语言表达障碍的儿童相比，这类儿童在社交沟通上表现出的问题更多，而且也会给学习带来很大负担。

1.4 共病症

语言障碍可以与其他障碍并存。现有文献中常见的共病包括语音发育障碍、多动症、读写困难、运动和记忆方面障碍等。在学龄前儿童中，儿童语言障碍常常与儿童语音障碍并存，学龄期的读写障碍作为和语言能力相关的障碍，也被认为和特定性语言障碍有一定关联。

第二节 特殊儿童语言障碍表征

与同龄儿童比较，语言障碍儿童词汇量有限，有语义、语用方面的问题，其表现因语言不同而异，不同类型的特殊儿童语言障碍有不同的表征。

2.1 听障儿童的语言障碍

听觉是语言感受的主要途径，儿童因为听不到或是听不清，造成语言获得困难。听力障碍儿童的语义学习迟缓，语法掌握也很慢，用语言交流的主动性也比较差。听力障碍儿童由于呼吸控制不恰当，构音运动迟缓，常常在音的持续、连续音节、构音位置的变换上发生困难，并出现不恰当而频繁的停顿，使得语流不畅、语速过于缓慢。由于听觉辨别存在很大困难，某些频率段的声音很难发出，特别是高频音。而且音质较差，声音常常是粗哑的，有的鼻音明显或带有呼吸声，有的使用假声。在语音的声调上也常常发生错误。听力障碍儿童声母最容易出现的错误是替代和省略，扭曲的出现率也很高，并表现出构音位置和构音方式上的特征，如首辅音省略，舌前音替代舌后音，擦音与塞擦音发成塞音，送气音发成不送气音，前、后鼻韵母混淆、单、复韵母混淆，韵母替代等。

2.2 视障儿童语言障碍表征

视力单一障碍儿童语言障碍较少，但是因为视觉信息的缺失，在交际过程中其能力明显低于同龄正常儿童，也影响了其语言发展。

2.2.1 声韵调掌握较好而语调不足

音节由声、韵、调三个部分组成。盲生的声、韵、调掌握普遍较好，这既与学生的听觉补偿有关，也与盲文的学习特点及盲生长期接受的系统语音训练有关：第一，视觉功能的丧失，使视障儿童在获取信息时更多依赖听觉，因而养成了良好的听觉注意、听觉辨析和听觉反馈的能力，这对声、韵、调的学习十分有利。第二，盲文的拼音文字性质，对视障儿童正确掌握普通话语音系统有着重要的作用。从文字体制的角度看，汉字是一种表意的文字系统，我们可以从汉字的结构中获得大致的意义信息，而语音信息的获得则不充分；而汉语盲文则不同，它是直接表音的符号系统，具有“以形系音，因音而义”的特征。

在针对不同场合、不同对象和不同内容的表达中，人们常常运用不同的语气、语调表现不同的人物和情绪色彩，以传达特殊的信息内容，达到最佳表达效果。在对上海 33 位视障儿童的研究中，仅有 1 名学前班女童注意运用不同的语调来塑造人物，其他孩子在一般词汇的获得上有一定的困难。

2.2.2 视障儿童的语言缺乏个性与色彩

学生对词语的色彩掌握差，在词语运用上缺乏选择；在表达中，缺乏表现个性的词语运用，少有创造性；表达中形象词语和具有联想义的词语使用少。分析缘由：一是词语的形象色彩以视觉形象居多，听觉、嗅觉、味觉等虽也能构成形象感，但很少。视障儿童因视觉受损，很难通过视觉获得具有形象特征的词语，也就难以理解类比、比喻、借代等修辞手法所表现的新词义，因而在具体话语中表达必然平淡、色彩单一。二是视障儿童对抽象概念和复杂内容的学习主要靠听他人的讲解和描述，他们的话语结构，包括词、句子、篇章等，大多是学习讲述者的，因此，在他们的话语中复述的成分多，创造的成分少。三是联想义属于主观联想范畴，这类词语的获得与运用必须建立在具有客观而广泛的视觉经验，以及由视觉经验所产生的视觉形象基础之上。对无法通过视觉获得形象和经验的人来说当然难以做到。因而，扩大视障学生形象感知世界的能力，扩大他们对事物的了解和对概念的掌握，是丰富他们语言表达的有效途径。

2.2.3 视觉形容词和表示逻辑关系的虚词掌握偏弱

学生能够掌握话语中使用频率较高，与其生活学习密切相关的名词、动词、量词、代词等实词，以及副词、介词、连词、助词等虚词；但对形容词和表示逻辑意义（关联意义）的虚词掌握较差。这是因为实词的意义实在且确定，相对容易理解和把握；而虚词虽然意义不实，但普通儿童还是能够理解其中简单的逻辑关系的。但形容词多是反映视觉形象和视觉感知的词语，视障儿童因视觉障碍不能构成对事物的视觉认识，很难整体感受、把握事物的性质和特征，把握动作行为发展、变化的动态过程与细节，因而在表达中对形容词的使用就不可能像名词、动词等那样自如，其在语言的生动性、准确性、连贯性、得体性、创造性等方面容易落后。另外，显示复杂逻辑关系的虚词同样在很大程度上是建立在视觉理解基础上的，缺乏视觉对所感知事物的理解，就很难准确把握事物发展的内在线索，也就无法准确反映话语间的逻辑关系。

2.3 学习障碍儿童的语言障碍

1963年之前，人们采用过很多的术语来概括和描述此类障碍，诸如：脑伤儿童、轻微大脑功能异常，直到最后的学习障碍。1975年美国国会通过的《所有残疾儿童教育法》和2004年通过的《残疾人士教育促进法》为学习障碍的概念界定奠定了基础，在很多概念界定的描述中，最为一致的表述为："表现在听、说、读、写、思维方面能力的不足或数学能力获得方面失调，以致这些方面出现显著困难。"

Kirk提出学习障碍有两种类型：发展性学习障碍和学习性学习障碍。发展性学习障碍是指一个学生在身心发展过程中，并没有具备应该具有的基本学习能力，主要表现在记忆力缺陷、知觉障碍、注意力缺陷、沟通异常等；学习性学习障碍是指那些通过学校学习而获得的能力出现了障碍，这些能力主要包括阅读障碍、算术障碍、书写障碍、拼音和写作障碍。

2.3.1 成绩低下

学习障碍儿童的学业成绩不随努力程度的增加而有所改善，与同等智力水平应该达到的标准相差甚远，且与兴趣无关。学习障碍儿童对学过的知识不能灵活应用，学习期望低且没有提高学习成绩的意愿。

2.3.2 多动

多动是学习障碍儿童最典型的表现之一，上课时，他们总是很难长时间保持专注力，或是听从老师的安排从事一定的学习任务。学习障碍儿童年龄越小，越表现出喧闹，难以顺从，小动作不断，难以静下来思考学习。

2.3.3 分心

学习障碍儿童注意力集中时间短，注意转移速度快，缺乏有意注意的持续性，容易分心，容易受到环境中哪怕非常小的刺激的干扰，经常做白日梦，不能随老师的指示转移注意的目标。

2.3.4 记忆力异常

学习障碍儿童记忆缺乏变通性、组织性和连贯性，刚刚记过的东西转眼就忘得一干二净，记忆容量也极其有限。

2.3.5 动作笨拙

学习障碍儿童中，感受重力和躯体平衡的前庭接受感觉的发展滞后者居多，眼和手的协调能力较差，比较笨拙，而且缺乏方位感。他们的双手可能常有抖动或缺乏灵活性。

2.3.6 冲动

学习障碍儿童情绪易于波动，缺乏一定的耐心，较为急躁和易怒，听课过程中总是要发出各种噪声，如经常挪动椅子，摔铅笔盒、水壶等。

2.3.7 听觉不良

学习障碍儿童难以区分声音的细微差别，而且难以听从复杂的命令，他们可能混淆来自不同方位的声音，或者不能把声音从背景噪音中抽离出来，往往需要更多的时间来加工所听到的话语，所以经常跟不上老师说话的进度。

2.3.8 表达能力欠缺

学习障碍儿童很难用语言表达自己的思想，或者他们能说话却不能回答特定的问题，有些学习障碍儿童甚至不能理解别人所说的话。这种症状可部分归因于大脑未能把信息储存在正确的区域，导致儿童无法在需要信息的时候准确提取。

2.4 孤独症儿童的语言障碍

孤独症属于广泛发育障碍的一种亚型，患病率约为4—20/10 000。3岁前发病，以交流障碍、语言障碍和刻板行为为主要症状。一个标志性的特点是口语的缺失或者语言和交流的发育延迟，通常伴有标志性的言语和语言特点：模仿言语、言语的异常韵律、代词应用异常、刻板行为、固定语言、无意义单词、新词等。孤独症病因复杂，至今仍未明确，涉及遗传、免疫、神经生理、感染、环境、社会心理等众多领域。孤独症儿童除具有缄默、回响式语言、代词应用异常和回避、创造新词等特征性表现以外，还具有其他一些表现。

（1）语音异常

虽然孤独症儿童的语音比较清晰，但发育较正常儿童迟缓，而且缺乏应有的语调和重音。他们经常把重音放在其他词语上，着重强调不该强调的词语。这可能是因为孤独症儿童由左脑控制的语言符号和由右脑控制的语气、语调等联系异常。同时孤独症儿童还有音素的替代、歪曲、遗漏和添加的言语异常（林宝贵，2004）。

（2）词汇理解障碍

孤独症儿童的词汇理解发展远远落后于正常儿童。正常儿童获得新词汇的过程是视听觉刺激—词汇理解—抽象概括的过程，而孤独症儿童无法将词汇的语音和意义整合到一起，完全是收录和播放的形式，主要表现为回响式语言。

（3）高频词具有随机性和偶然性

正常儿童为日常交流而学习新词，因此新词多为日常生活常见的词汇。而孤独症儿童缺乏交流欲望，缺乏学习新词的动力。他们所说的高频词具有随机性和偶然性，多是生活中反复听到的词汇或句子被囫囵吞枣地吸收进来再表达出去，因此孤独症儿童的语言表达与理解无关。

（4）有效交际能力缺陷

孤独症儿童在会话过程中存有较多的不适当回应和不回应现象。在对话中主动引导话题和保持话题的能力极差，常常以自我为中心，自说自话，通常语调呆板，缺少抑扬顿挫，非语言的辅助交际功能缺乏，最显著的就是缺乏目光对视，缺少手势、姿势、表情、语调等辅助交流的非语言因素。孤独症儿童也不能根据具体语境调整说话内容，做出符合交际情景的语言表达（吴月芹，2007）。

2.5 智力障碍儿童的语言障碍

1985年，世界卫生组织（WHO）提出了智力障碍（MR）的定义：在发育期间一般智力功能明显低于同一年龄平均水平，同时伴有适应性行为缺陷，即对社会环境日常要求的适应能力有明显的缺陷。智力障碍病因众多，语言障碍表现形式各异。

唐氏综合征导致的智力障碍占较大比重。唐氏综合征儿童伴有听力缺失、颌颜面异常和与言语相关的肌群肌力减弱等，这些生理因素均可导致言语困难（Rondal，1997）。

国外在前人研究的基础上分年龄段概括了主要以英语为母语的唐氏儿童在语言、认知和适应行为方面的特点。① 0—4岁。认知方面：学习能力在0—2岁的时候落后于正常儿童，并在2—4岁时落后加剧，感觉、运动认知发展滞后，视觉记忆正常。言语方面：所能发出的音和正常发育儿童没有差别，从喃语向正式语言过渡的速度落后于正常儿童，此过程持续时间长，通常要到2岁后。言语的可理解性差。语言方面：与认知能力缺陷相关的非言语请求行为频率较低，表达性词汇的累积速度、平均句长增长的速率较正常儿童慢，也低于语言理解水平，但理解能力正常。② 4—12岁。认知方面：特定的听力短时记忆缺陷。言语方面：语音错误持续时间较正常儿童长，变异性大，可理解性差。语言方面：语言表达能力继续落后于理解能力，语言理解能力和非语言认知能力相匹配。③ 13—18岁。认知方面：口语工作记忆缺陷及回忆能力发展落后。言语方面：话语的频率，语速的控制，以及句子重音方面都有问题。语言方面：句法的理解和表达能力远远落后于词汇的理解和表达能力。词汇的理解水平开始超过非语言认知能力。和智力水平匹配的非唐氏儿童相比，唐氏儿童显示出更严重的言语障碍程度。所有唐氏儿童均有发音不一致性的表现。

2.5.1 表达性语言落后于理解性语言

与词汇和句子的表达相比，唐氏儿童表现出更强的非口语认知能力（视觉认知、视空间认知能力）、社会能力和语言理解能力。Sally Miles 和 Robin S. Chapman 通过对唐氏儿童和正常发育儿童（智力年龄匹配组，句法理解匹配组，平均口语长度匹配组）描述图片故事能力的比较，发现唐氏儿童虽然受限于其较低的表达能力，但和平均口语长度匹配组相比，表现出更多的故事主线和主题内容。他们认为唐氏儿童对图片概念的理解和正常发育组相似，尽管唐氏儿童受限于句法和词汇的表达，仍有对自己理解进行表达的方法；和平均口语长度匹配的对照组相比，唐氏儿童对句法的理解较好，使得他们能更好地描述故事的梗概。

2.5.2 口头短时记忆能力障碍

唐氏儿童的口头短时记忆能力障碍通常被认为是造成认知能力和语言发育障碍的一个因素。和智力年龄匹配组对比，唐氏儿童的口头短时记忆能力更差，口语短时记忆能力比视空间记忆能力差，听口头指令记忆后完成动作有困难，但是被给予充分的语境或视觉提示，唐氏儿童按照指令完成动作和普通儿童没有区别。

唐氏儿童口头短时记忆的缺陷很可能与其语音环的缺陷有关，还与患儿言语的速度、有无预习和记忆片段的输出速度相关。和正常发育儿童某个单词的遗漏不同，唐氏儿童常出现当前记忆相关单词的替换。例如 CAT 被替换成 MOUSE。这说明唐氏儿童提交记忆片段的处理过程出现损伤。

2.5.3 前语言阶段的非言语请求落后

史密斯等（1986）对 13 名唐氏综合征儿童的研究发现，这些儿童的非语言请求能力落后于智龄匹配的正常儿童，而且这些唐氏儿童 24 个月时的非语言请求能力能够显著地预测他们 36 个月时的表达性语言能力。据此，他们认为唐氏儿童的非语言交际发展和随后的言语发展是相互关联的。

和言语障碍相关的解剖学因素：① 狭小的口腔容积限制了舌的发音运动。但是外科手术的介入并没有明显改善言语的可懂率。Rondal 和 Edwards 认为不太可能做出准确的改变使言语质量明显提高。② 听力问题。主要集中在轻度和中度言语障碍的范围。甚至是轻度波动的听力缺失都会对言语可懂率产生影响，孩子会更多地依赖视觉的信息，造成听觉注意力的发育落后。③ 肌力降低影响了言语动作的精确度。④ 长期的慢性上呼吸道感染造成的鼻塞将导致张口呼吸和鼻腔共鸣缺失。这些因素不足以解释唐氏儿童言语障碍的两个重要的特点，一是同一个单词模仿发音的错误要少于自发言语。二是同一单词发音的不一致性。

导致语言障碍的相关因素复杂又相互影响，上述几种类型可能仅是冰山一角，随着现代医学的不断发展，人们对语言障碍的关注度越来越高，2006 年全国残疾人口普查首次将语言障碍单独设为一项普查内容，结果显示我国言语残疾（含多重残疾）总人口数约 700 万人次，其中 0—17 岁儿童言语残疾（含多重残疾）总人数约为148 万人次，52.7％为一级残疾，合并多重残疾的言语残疾人数仅次于合并多重残疾的智力残疾人数，位于第二位。我国言语残疾儿童人数众多，且多以多重残疾形式存在，残疾程度重。我们应该尽可能多地了解可导致语言障碍的相关因素及语言障碍早期的表现形式，做好预防工作，对于已经发生的语言障碍，做到早诊断、早治疗。

第三节　语言障碍的危害

语言障碍对孩子身心发展可能造成严重危害。有语言障碍的儿童可能说话词不达意，理解和表达能力弱，容易被孤立，也是校园欺凌对象的高危群体。此外，有语言障碍的儿童同时面临阅读和学习困难，这些负面影响持续时间长、涉及面广。

3.1　语言障碍影响儿童的学业和升学率

语言和阅读能力在孩子的学业中起至关重要的作用。如果没有良好的语言能力和阅读基础，孩子将听不懂老师在课堂上讲解的内容，看不懂课本上的知识，不仅成绩跟不上，积极性也易受打击，久而久之会产生连锁反应，越不明白就越没有兴趣学习，成绩下滑越来越快。这种现象被称为“马太效应”。孩子起初只是在口语表达上落后，却推动了学习过程中其他问题滚雪球般地增长，造成越来越严重的后果。

3.2　语言障碍影响孩子的社交和性格

语言能力落后的儿童在游戏中可能不理解规则，无法用语言完成游戏步骤，因此容易被同学误解、冷落甚至孤立。待语言障碍儿童成长到学龄期，他们在学校中的社交依然困难。有语言障碍的学龄期儿童在课堂合作活动中参与度比普通孩子低很多。有语言障碍的孩子在社交场合更加缄默，常会刻意避免和别人打交道。

3.3　语言障碍可能造成社会危害

加拿大 2007 年和 2017 年有两项针对青少年女孩的言语障碍和性侵犯经历做了跟踪调查研究，研究发现在 25 岁时有语言障碍的女性遭遇性侵的概率比没有障碍的女性高 4 倍左右。在青少年男孩中语言障碍和青少年犯罪也有一定联系。研究发现,有言语障碍的男孩的犯罪率和被捕率比其他男孩更高。英国学者通过对一家少管所的118位11—17岁的青少年男孩调查研究,发现近三成的孩子(约40位)有语言问题。但是,其中只有两个孩子被诊断为语言障碍,并获得过相关治疗。

对于晚开口的孩子,人们有很多误解。一种认为他们性格内向,不善言辞;另一种则觉得孩子贵人语迟,不说话是因为孩子在别的地方有超凡的能力。虽然,每个孩子的语言发展速度都不一样,无法强行按照发展里程碑一刀切,但是应及早筛查和诊断。

第四节 语言障碍儿童的教育支持

语言和沟通是儿童发展的基础,人们通常认为多种语言输入和不同语法系统带来的困惑会对发展性障碍儿童构成额外的压力,继而对儿童语言的整体发展产生负面影响。因此,即便是生活在双语环境下的发展性障碍儿童家长也经常会得到简化语言输入的养育建议,即只让孩子接触一种语言。语言障碍儿童在语音加工、语法结构和语言理解的问题同样会影响第二语言的学习,但是特殊儿童同样可以习得一门新的语言。

尽管需要特别的教学策略与干预支持,具有语言障碍的儿童在双语环境中依然能够习得第二语言,而且第二语言学习并不会加剧发展性障碍儿童的语言障碍。2012年加拿大学者Hambly(2012)等人比较了双语环境和单一语言环境下3—6岁发展性障碍儿童的社交能力和语言水平,结果发现两组儿童的表达性语言和接受性语言并无明显差异,二者的语言里程碑数据也没有显著差别。与单一语言环境下的儿童相比,第二语言学习对发展性障碍儿童的词汇学习和理解能力发展并无负面影响。儿童的早期语言发展也没有因此显出劣势。还有研究证明,发展性障碍儿童学习第二语言的时间早晚并不会影响其母语学习,第二语言的学习效果往往取决于母语的功能水平和第二语言大量、直接的输入。

针对语言障碍人群,欧美国家已形成相对成熟的支持体系,他们尤其注重儿童时期的言语语言障碍干预。美国的特殊教育支持计划分为三岁前与三岁后。三岁前多需要家长进行主动的转介,转介指将儿童转送到能提供专业帮助的人或机构那里;三岁后多由儿童所处的学校、学区负责人以及现有支持计划中涉及的健康专业人员进行会议商讨并决定之后的治疗支持服务。

英国为儿童及家长提供自我转介的选项。当家长对现有的支持计划不满意时,可以提出异议,或在儿童结束现有计划中的干预治疗后通过自我转介重新要求新的治疗计划评估。

我国针对语言障碍儿童提供的教育支持,从可以获得的支持看,学龄前儿童可以在医院、残联康复中心和一些专门针对特殊儿童的教育机构接受干预。相对而言,残联系统对聋、盲等感知觉障碍引发的语言障碍儿童的康复效果最明显。学龄后儿童面临分流,一部分进入特殊学校,一部分进入普通学校。家长大多希望自己的孩子能进入普通学校接受融合教育,但现实往往是普通学校老师不了解这类儿童的语言需求,甚至意识不到面对的对象在语言方面存在障碍,更不可能提供儿童需要的干预。所以家长可能需要考虑一点,即融合教育的确保证了儿童被平等安置的权利,但融合不是一个简单的安置问题,它本质上是一个儿童接受教育的过程,有很多复杂因素要考量(梁丹丹,2022)。

4.1 听障儿童教育支持

由于人工耳蜗等技术的发展,听不见的儿童越来越少,更多的听障儿童在接受融合教育。根据听障儿童心理发展特征,融合教育支持服务需求主要体现在两个方面:① 听障儿童的融合教育需要针对听障儿童发展中的不足进行补偿教育,承担着早期干预的任务;② 为促进听障儿童更好地融入学前融合教育环境,需要为其提供多样化的支持服务。

4.1.1 根据听障儿童发展需要,选择适合的融合模式

根据学生的融合程度将融合教育分为完全融合、部分融合和资源融合三种。完全融合是将特殊儿童安置于普通班级,与普通儿童一起参与活动,接受教育。部分融合是让特殊儿童在每周或者每天某些固定时间,回归普通环境,与普通儿童相处,共同活动,大多数时间仍与特殊同伴被安置于原特殊教育班级。资源融合则强调将安置于普通环境中的儿童,分别以部分时间抽离的方式,接受具有特殊教育专长的资源教师个别指导或进行个别化教育。根据听障儿童的个体需要选择不同的融合教育模式。尤其对于听力损失较为严重,且听力补偿不到位以及语言发展水平较低的儿童设置部分融合或资源融合。在融合活动之外,需为听障儿童设置个别化的听力语言康复训练,以满足其个别化教学及早期康复训练的需要。这些早期康复训练根据听障儿童的发展需要可包含听觉能力训练、语言能力训练、言语矫治等内容。

4.1.2 探索支持策略,提升听障儿童参与质量

在融合教育环境下听障儿童的主要问题包括上课常规差、教学活动参与性不高以及同伴交往技能不够。听障儿童在与普通儿童交往过程中,较少主动发起交往且交往质量不佳。为促进融合教育质量的提升,在集体教学及其他儿童的一日生活活动中需为听障儿童提供相应的支持和辅助,以促进听障儿童更好地融入各类活动环境。在集体教学中,教育机构需考虑教室的声学环境(如混响时间等),为听障儿童设置良好的声学环境。也可以使用FM调频系统,通过由靠近说话者身上的麦克风,搭

配儿童的助听设备，将语音信号直接传送到耳朵，从而降低噪音、距离或回音的影响。

此外，一些有效的教学支持策略，如合作教学方案，即集体教学中以一主教一协教的形式进行。协助教师坐在听障儿童的身边协助主教教师上课。准备性教学是在上课之前帮助听障儿童对教学内容做相关的经验准备，主要由研究者实施。通过实施合作教学和准备性教学方案，提高听障儿童上课的参与性。

在其他分散活动中，如角色游戏、个别化学习、运动活动等，需为听障儿童提供个别化指导和支持，以促进其更好地参与活动和进行良好的同伴互动。由于听障儿童在嘈杂环境中倾听能力的不足以及其在语言运用能力、语言清晰度等方面发展落后，其难以参与角色游戏等活动和进行有效的同伴互动，因此教师可更加关注听障儿童的游戏状况，适时提供积极行为支持，进行适度的引导和示范，帮助听障儿童更好地参与游戏活动。

4.1.3 创设接纳的心理环境

融合教育环境中，听障儿童归属感的获得、社会关系发展及潜能发展均需在一个宽松、接纳的环境中才能获得。良好的心理环境包括师生互动、同伴互动及家园互动。

首先，教师要以尊重和发展的眼光看待听障儿童，在为其设置个别化教学策略及环境布置的同时，也应相信听障儿童同样具有发展潜能。在提供支持的同时，根据儿童能力的发展逐渐减少这些支持，帮助听障儿童逐渐独立和更好地融入普通学校环境。其次，为促进同伴互动，教师有意识地培养普通儿童对听障儿童的接纳，营造平等互助的同伴互动氛围。同时依据儿童年龄特征开展合作学习或小组活动，自然促进听障儿童参与和融入同伴的共同活动。最后，家校沟通在听障融合教育中起着十分重要的作用。听障儿童家长需与教育机构积极沟通，参与听障儿童的早期干预计划及相关支持服务策略的制定。同时需让普通儿童家长了解听障儿童的发展特征与情况，理解早期融合教育的意义和理念，从而真正接纳听障儿童及其家长。普通儿童家长对听障儿童的接纳还直接影响着班级中普通儿童对听障儿童的接纳态度。可见，教师、儿童同伴及家长等多方营造接纳、尊重和平等的氛围对促进听障儿童学前融合教育具有重要意义。

4.1.4 为教师提供专业培训及支持

普通学校的老师融合教育理论匮乏，信心不足，需要特殊教育方面的专业培训和指导。专业培训的内容可涵盖融合教育理念与内涵、特殊儿童心理发展特征、相关辅助器具、具体教学策略等。专业指导和支持则可采用巡回指导、资源中心模式、资源教室及合作教学等。巡回指导指由专家队伍对开展融合教育的教育机构逐一开展评估、咨询，提供材料，甚至直接提供教学等支持服务。资源中心模式则采用专家团队基地的模式，为教师和家长提供咨询和支持，同时也可对教师专业发展提供帮助。资源教室则指在教学机构中为特殊儿童设置专门的教室并配备资源教师。特殊儿童大部分时间在普通班级，其余时间可到资源教室接受资源教师的指导。资源教师及相关资源则可为普通班级教师提供相应的指导和支持。合作教学以专门辅导教师或同伴作为合作教学的指导者，帮助特殊儿童在普通班级中较好地参与学习。

4.2 视障儿童教育支持

4.2.1 视障儿童教育支持主体

从布朗芬布伦纳(Urie Bronfenbrenner)的社会生态系统理论构建来阐释视障儿童教育支持系统的环境及主体的话，可以将支持体系分为微观、中观、外系统和宏观系统四个子系统。微观系统是指与视障儿童密切相关的学校因素，包括教师、同伴、学习环境等；中观系统由儿童微观系统中的相互关系构成，如视障儿童与教师的关系、视障儿童与同伴的关系、家长与支持人员的关系等；外系统是与视障儿童相关联的系统，如学校组织结构、学校文化、学校政策等；宏观系统是学校存在相关的社会、政治、历史和全球因素等。视障儿童的支持体系含构建的社会支持系统包括：家庭成员（父母/配偶、兄弟姐妹/其他亲属）、学校成员（同伴/同学、支持教师）、其他外部机构或人员（盲人组织、专家）。

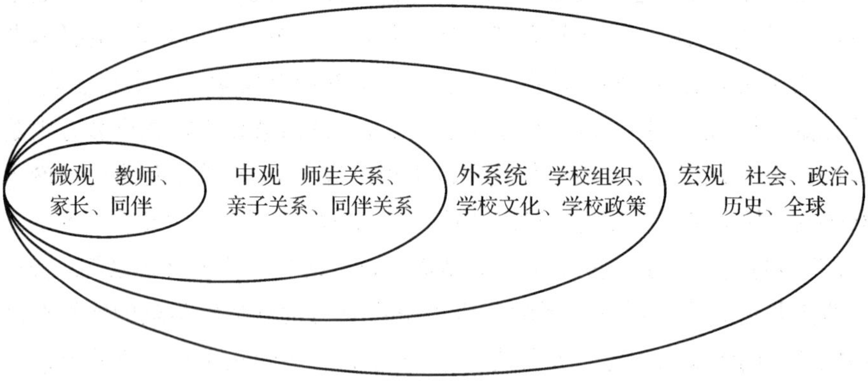

图 2-1

4.2.2 视障儿童教育支持内容

支持主体应该为视障儿童提供陪伴、学业、心理、经费等支持。学业学习上，应从教师课堂教学的内容、目标、学习材料等方面提供支持。社会支持主要包括情感和陪伴支持、物质与工具支持、信息支持以及政策支持等。① 情感支持：提高社会对视障儿童的认识，相关人员鼓励视障儿童参与融合教育。② 陪伴支持：如建立同伴支持网络体系，同伴监督、帮助视障儿童完成学业。③ 信息支持：如相关人员帮助视障儿童口头传递信息、找人记笔记、检索资料、抄录文本等。④ 物质支持：如为视障儿童提供触觉指示系统、电子放大镜、读屏软件、盲文教材等。⑤ 评估支持：如延长考试时间、提供盲文或大字号试卷、试卷阅读或誊录人员等。⑥ 政策支持：如为学生提供残疾津贴、课程调整等。

4.2.3 视障儿童教育支持现状

就支持主体而言，我国视障儿童在四个支持系统中均得到一定的支持。

视障儿童可以在专设的盲校或特殊教育学校的盲部以及随班就读的融合教育环境中，得到微观支持的保障。在不同的教育环境中，视障儿童与其他要素的关系有着较大不同。在专设的盲校或盲部中，视障儿童的教师是专业的特殊教育教师，同伴也是视障儿童，学校备有专门的盲用或低视力学习和生活设备，学校与政府和社会相关部门（如：盲文出版社、兄弟学校）关系更紧密，视障儿童能受到更专业、更深入的支持。在专门学校内，视障儿童与教师、同学关系紧密。但是，在这样的环境中，视障儿童容易与社会产生隔离，接触社会和明眼人的机会降低。在普通学校随班就读环境中，视障学生，特别是盲生，往往无法得到与同伴相等量的学习支持，包括学习材料、学习时长、考试保障等等。融合教师缺乏特教的相关知识，容易忽略视障儿童的特殊需要。同伴关系中，由于视障儿童处于劣势地位，易产生疏离、孤立甚至欺凌等现象。校园环境也面临专用设备设施不足、无障碍设计不足等问题。

在宏观层面，社会方面的支持效果欠佳。公共场所的无障碍设施和设计不足，道路上未铺设盲道或盲道被破坏情况极为常见。建筑物中没有盲文提示，缺少盲用地图、引导人员等支持服务。图书馆内的盲文阅读资源不足。但国内很多图书馆已经着手通过视听资源建设弥补无障碍资源不足问题。信息时代，流媒体快速发展给视障儿童接触和使用网络带来挑战。网络平台设计复杂给视障儿童使用网络的门槛增高。政策方面，国家出台政策保障视障儿童的受教育权。一方面，视障儿童的教育向学前和高等教育两头延伸；另一方面，视障儿童有越来越多的机会参加各级各类考试。但是，由于师资和资金保障不足、教学资源欠缺等问题，视障儿童的录取和升学依然受到较大限制。在职业教育方面，视障儿童的专业选择受限较大，更多的专业并没有向视障儿童敞开。

总体来看，视力障碍儿童融合教育社会支持的效果欠佳。无障碍环境设计及社会支持主体未能满足视力障碍儿童的需求，支持性政策缺失或不够全面，支持不够充分，不均衡。

4.3 学习障碍儿童教育支持

学习障碍学生学业习惯性受挫，使他们对自己的能力缺乏信心，对任何事情都采取放弃的态度，贬低努力的作用，从而产生学习无助感。对于学业效果，学习障碍学生更倾向于相信他们的成功是外部因素的作用结果。学习障碍学生很少把自己的成功归因于能力，而更多的归因于运气。对于学业失败，学习障碍学生更可能把自己的失败归因于缺乏能力，而很少归因于不努力。

学习障碍儿童较非学习障碍儿童在社会支持各个维度上都存在显著差异，在客观支持、主观支持、支持利用度上低于非学习障碍儿童，主要原因可以从内部、外部两方面进行探讨。

第一，学习障碍儿童的观点采择能力较差。

他们总是很难理解他人说话的意图，对社会各种情景总是很难做出正确的回应，因此，他们很难结交新朋友，很难从他人那里获得支持感。同时学习障碍儿童与人沟通存在困难，无法与人共享亲密与关怀。在社会交往中，学习障碍儿童易给人留下不友好、不信任、不坦诚、缺少热情的印象。如此的恶性循环又形成或加强了学习障碍儿童孤僻、自卑的个性。

第二，学校中难以获得教师和同伴的关注。

师生关系是影响学习障碍儿童社会性发展的重要因素，教师主要为其提供工具性支持，即在学校学习和生活过程中对学习障碍儿童进行引导和帮助，为学习障碍儿童的发展提供知识、情感和榜样等支持。教师对学生的不良期待，如学生回答问题时态度冷漠、不给予及时反馈，对学生放任自流等，这些消极信息可能会通过言语或非言语的形式传递给学生，引起学习障碍儿童产生消极的情绪和态度反应，反过来又可能会强化教师原有的不良期待。

学习障碍儿童很难从环境中得到社会的支持，也很难从同学中体会到被照顾、被关心的感受，即使遇到问题他们也不愿主动倾诉。同时，较为敏感的学习障碍儿童总把外界的帮助与关心当作自己能力低下的表现，于是拒绝别人的帮助与劝说，获得的支持利用度较低。学业上的多次失败，使其经常遭受家长的责骂，所以即使面对家长，他们也很少敞开心扉。这种对外界的排斥和对自己能力的不自信，使其更难感受到支持对自己的意义。

家庭环境、父母教养方式与学习障碍儿童的过激行为和种种不成熟的表现有显著的相关。学习障碍儿童父母对儿童提供的情感支持少而惩罚过多，过分干涉和限制儿童的自由发展，消极评价儿童的情况也较非学习障碍儿童父母的情况多。从教育方面来分析，主要可以从以下几个方面对学习障碍儿童进行支持。

4.3.1 激发学习障碍儿童的学习热情

学习障碍儿童智力水平正常，但大脑在接受和加工感受信息时出现异常。某些儿童会认错语言符号，但却擅长接受具体、形象化的信息，他们可能不懂单纯的数字符号或单词，但如果将这些符号放在有意义的、具体背景之下时他们就能理解。所以增加学习任务本身的吸引性、意义性能启发儿童进行发现和求知，能激励每个儿童的个人成长，培养其创新的表达方式。在教学方法上，通过录像、图片、小故事、音乐等各种形式呈现学习任务；在教学策略上，多利用讨论、合作学习、游戏等加强同学间的竞争与合作的意识；在教学过程中，注意观察，适时调整强化手段，激励学生主动参与。

4.3.2 帮助学习障碍儿童形成正确的自我概念

研究显示小学三年级是自我概念形成的关键期，随着失败经验的次数越来越多，这种消极的自我概念也越来越稳定，最后就很难矫治了。首先，家长和老师要为儿童适应学校的早期生活做好准备，不要给初入学的儿童太大的压力和过高的期待，要多表扬，少批评，不要用竞争的压力来逼学生，不要造就失败者。其次，学习障碍儿童由于学业成绩低下，使得自己成为家长、老师心中的"差生"，甚至忽略了自己身上的可爱之处，变得自己都不喜欢自己，没有自信。教师可以通过让儿童自我介绍时，多次强调"我"而强化自我概念；让学习障碍儿童自画像，让其描述自己的长相时，老师给与积极的赞美、多次的肯定，使其认为自己在老师心中是美丽的，增强自信心；角色扮演，启发学习障碍儿童，让孩子发现自身的优点，通过说自己的优点来了解自我。通过发现和了解自身的优点和长处，让孩子对自己产生积极的评价，从而全面客观地了解自我，完善自我概念。

总之，在教学活动中，教师应该通过正面的鼓励，让孩子了解自我，逐渐提高学习障碍儿童的自我概念。每个学生身上都有值得肯定的优点和长处，老师应该注意观察，并及时表扬。只有这样，孩子才能在心理上获得满足，从而产生对新奇事物探究的愿望，取得更多的进步。

4.3.3 真诚为学习障碍儿童提供支持与帮助

部分教师对学习障碍儿童都有不同程度的偏见，有的教师抱怨甚至夸大学习障碍学生不良行为的危害，严厉指责各种行为问题，并在全班同学面前批评他们"令人头痛，无可救药"；有的甚至对学习障碍儿童产生"鄙视""漠视""讽刺""挖苦"等歧视的态度。教师的种种错误认知、偏见和消极态度，深深地伤害了学习障碍儿童的自尊心，致使他们对学校和老师产生厌恶、紧张、恐惧等心理，对学习失去兴趣，丧失信心。

面对学习障碍儿童，教师首先应更新观念，摒弃偏见。学习障碍儿童并非无药可救，他们与非学习障碍儿童的唯一区别在于他们是"有特殊需求的学生"。教师只要投入更多的精力和时间，倾情关怀，多一点关心，少一点偏见，多些耐心，少些急躁，实施得当的教育措施，加深师生之间的情感交流，组织各种活动让学习障碍儿童参与其中。

4.3.4 帮助学习障碍儿童掌握社交技能

学习障碍儿童有较为强烈的孤独体验，主要是其在社交活动中存在障碍，缺乏熟练的社交技能。儿童熟练掌握交往模式与交往技巧，是社会技能发展的基础条件，正确的交往模式会带来成功的社交，增强同伴之间的交流和互动，而学习障碍儿童社会技能的缺失往往是因为他们没有掌握这些交往模式。儿童社会技能的习得，是一个循序渐进的过程，在此过程中，教师应该给予正确的指导、提供榜样示范，让学习障碍儿童进行角色扮演，行为演练。

4.4 孤独症儿童教育支持

目前，由于师资缺乏等，孤独症儿童多在一些康复机构或普通学校接受融合教育。基于孤独症障碍儿童的核心缺陷是"社会性"发展的缺陷，应该尽量为他们提供融合教育，在融合的环境内给孤独症障碍儿童与典型发展儿童提供互动的机会，帮助他们在语言、行为与社会交往等领域的发展。

在美国，孤独症障碍儿童的主要安置方式是将其安置在普通学校的普通班级。融合不仅对于孤独症障碍儿童本身的发展有益，尤其是对相关儿童语言能力、认知能力、学业成就和社交技能的发展上，而且也促进了教师、家长和学校管理者对于孤独症障碍儿童的接纳度。

我国随班就读的实践始于20世纪90年代，随班就读也被很多专家视作中国融合教育的实践模式。融合教育支持体系指社会生活各个不同层面为融合教育的开展提供支持的各个支持系统的总和(张文京，2009)，而这些支持系统包括国家(政策)、社区、学校、家庭等不同层面的子系统，不同子系统通过不同的主体和不同的方式提供相应的支持服务内容，来共同促进儿童适应融合教育。

我国的随班就读鉴定工作从小学三年级开始，小学阶段属于儿童社会性发展的关键阶段，也是基础教育的开端，孤独症谱系障碍儿童在小学阶段能否适应，直接会影响到其后续发展。借鉴国外的一些经验，孤独症儿童的教育支持体系应该有以下特点。

4.4.1 建构接纳包容的心理环境

学校行政系统应该积极创建接纳和包容的氛围，积极的观念一方面是基于推行融合教育的努力和基于实证研究的成果，证明融合教育应该是"促进每一个儿童的教育权的实现"，是双赢的状态；另一方面是基于实践对于政策的推进，政策转而进一步确保融合教育得到资源的保障。国务院2010年颁布的《关于加快推进残疾人社会保障体系和服务体系建设的指导意见》，也提出"完善以特殊教育学校为骨干、随班就读和特教班为主体的残疾儿童少年义务教育体系；将随班就读工作纳入教师绩效工资考核内容,建立完善残疾儿童少年随班就读支持保障体系”,但还是需要进一步细化各个部分的职责,特别是随班就读不仅仅是安置形式,不仅仅是“随班就坐”,还需要让每一个进入普通教育环境的儿童在课程、活动以及社会交往各个层面中都能真正融入。

4.4.2 提供全程的支持保障

我国近年来非常重视特殊教育及其相关服务人员的专业化发展,但目前最急需的还是各类专业的康复治疗师,包括言语语言治疗师、作业治疗师等,需要高校设定相关专业,也需要政府对相关的资质标准等进行规定。另外,如何能在我国开展基于本土的专业化的支持保障体系非常关键,也有一些积极的探索,比如四川成都的“1+5+N”模式(中国残联等,2016),“1”是在特殊学校的县级资源中心,“5”是五个镇(街道)的中心小学的二级资源中心,“N”是乡村普通学校的资源教室,但核心在于专业人员的配备和专业化发展,需要对孤独症随班就读的具体的课程、评估模式以及相应的“社会交往”等特殊需要如何支持等问题进行探索,为孤独症儿童提供个别化的、专业的综合教育和支持。

4.4.3 提供特殊的补充支持

在美国,孤独症谱系障碍儿童融合教育支持体系中,广义的机构支持已经成为极为重要的一块,不仅对儿童在学校、社区等地方不能获得的专业支持提供了补充,还将儿童在各处获得的支持进行了汇总和协调,使得儿童获得的支持能够更为有效地整合起来,发挥更大的作用。例如,机构的社工会为儿童家长提供他们需要的政策法规的相关信息,帮助家长从政府、学校等处获得相应的支持。他们也帮助儿童家长与学校、社区沟通,促进家庭—学校合作、家庭—社区合作等。此外,他们还为儿童家长提供心理支持等服务,帮助家长更好地调节自身的心情为儿童提供家庭支持,促进儿童自我支持等(杨广学、吕梦,2010)。我国孤独症谱系障碍儿童支持机构目前还缺乏系统性,孤独症谱系障碍儿童支持机构提供支持服务项目以康复训练为主,而且集中在3—6岁阶段。相对而言,机构与学校系统的沟通渠道不畅,还需要完善相应的工作机制,以及提升我国的孤独症相关机构支持的服务质量、拓展服务范围,比如学龄段孤独症儿童的支持、家长的心理支持等(苏雪云、郭家俊,2011)。

4.5 智力障碍儿童教育支持

我国在智力障碍儿童教育方面做了以下重要工作:第一,国家法律规定了智力障碍儿童接受教育的重要性和权利,无论是《教育法》还是《残疾人保障法》都有相关的规定;第二,政府确立了智力障碍儿童教育的行政层级负责制度;第三,各地成立了一批专门的智力障碍儿童学校——培智学校;第四,社会工作领域开始对智力障碍儿童教育训练给予重视；第五，智力障碍儿童教育模式探索深受社会关注，融合教育取得较好的教育成果。但是总体来说，我国仍然存在一些智力障碍儿童受教育年限不足、教育质量不高、支持不足的问题，一些地方"智力障碍儿童及其家庭从政府和社会获得的援助和支持仍非常有限"(刘战旗，2005)。鉴于此，有必要切实加强智力障碍儿童教育领域社会工作的开展，发挥社会工作在智力障碍儿童教育中的积极效用，为全面实现智力障碍儿童教育的社会协同做出贡献。

智力障碍是儿童语言发育迟缓的常见病因之一。相当比例语言发育迟缓儿童可能发生读写能力、认知、精神和行为问题(谢俊贵，2012)。9 个月到 3 岁是儿童言语和语言发育的关键期，5 岁以下则是进行临床矫治的最佳年龄。及时进行语言—言语康复训练，对智力障碍儿童发展意义重大。目前国内智力障碍儿童的各类语言干预方法大致可划分为以下四类：① 传统语训，即以一对一训练或小组训练的形式，对智力障碍儿童开展注意力、手势符号、文字图片、构音、沟通能力、表达能力、操作能力、互动游戏、符号形式与指示内容关系等方面的干预；② 针刺疗法，按一定的穴位将毫针刺入智力障碍儿童体内，用捻、提等方法进行语言干预；③ 综合干预，组合两种或两种以上的方法对智力障碍儿童的语言能力进行干预，具体方法包括行为训练、结构化教育训练、针刺治疗、药物治疗、感觉统合训练等；④ 其他干预，即除了上述三类干预方法之外的智力障碍儿童语言干预方法，如音乐疗法、运动干预等。

要大力发展智力障碍儿童教育，为智力障碍儿童提供良好的接受教育的机会，必须转变观念，多方协作，在已有发展成果的基础上，建立一种动员各种社会资源、发挥社会各方面积极性、共同推动智力障碍儿童教育发展的社会协同体制。

4.5.1 增强智力障碍儿童教育的吸力

智力障碍儿童教育有赖于社会对智力障碍儿童教育重要性的深刻认识，一是必须设法提升智力障碍儿童教育的地位，提高智力障碍儿童教育的社会关注度，以吸引各种社会力量对智力障碍儿童教育的高度关注，不仅要从教育功能角度来认识智力障碍儿童教育的地位，更要从社会建设高度来认识。二是要提高智力障碍儿童教育的政策定位。目前国家的政策定位是把智力障碍儿童教育的责任放在县区，这还不够，对于重度智力障碍儿童，就应当明确由市一级乃至省一级负责。否则，对这批智力障碍儿童的实际关注度不够，难以引起社会协同，也就难以得到社会的支持。三是要提高智力障碍儿童教育工作者的地位。智力障碍儿童教育工作者既要管教育又要管康复，工作辛苦，收入不高，如不提高其社会地位就很难赢得社会的热忱帮助。

4.5.2 提升智力障碍儿童教育的社会开放度

以社会组织与社会公众为主体的社会力量，对智力障碍儿童教育事业的广泛参与，是建立智力障碍儿童教育社会协同体制的关键所在。应对社会组织给予充分的信任，通过社会政策的制定，给社会组织赋予或让渡一定的兴办智力障碍儿童特殊教育的权力，拿出一定的教育经费或社会福利经费向社会组织购买智力障碍儿童特殊教育服务。也可以委托社会组织开展社会动员，积极加强智力障碍儿童教育志愿者队伍建设，让更多社会责任感强、充满仁爱之心而又具有一定业务能力的人士加入智力障碍儿童教育事业。当然，社会组织也应切实提高社会责任感，广泛链接各种社会资源，并认真搞好智力障碍儿童特殊教育的教学与科研，不断提高智力障碍儿童特殊教育水平。

4.5.3 构建社会协同的整体格局

智力障碍儿童教育的社会协同体制是一种多主体协力推进的体制，这些主体包括政府机构、政府主办的事业单位、各类社会组织和广大社会公众。社会协同的目的是，通过多种社会力量的广泛参与和社会联动，以形成一种有秩序、有规则的相互协同的自组织系统，从而增大智力障碍儿童教育的功效。在这一工作中，政府应发挥主导性协同作用，一方面要积极组织本地公办的智力障碍儿童教育机构做好智力障碍儿童教育的基础工作；另一方面要设法帮助进入本地区的各类社会组织机构，顺利开展智力障碍儿童教育的拓展工作。社会组织则应发挥联动性协同作用，一方面为本地区智力障碍儿童教育做出贡献，另一方面为本地区智力障碍儿童教育机构与外部社会之间的沟通、协调、合作架设桥梁。广大社会公众则应发挥志愿性协同作用，力所能及地加入和开展智力障碍儿童教育工作。

4.5.4 增强智力障碍儿童教育的社会深入度

智力障碍儿童的学校教育和家庭教育在近些年都得到了较大程度的发展，但因智力障碍儿童的特殊性，社会教育相对困难。社区是一个地方社会，在农村地区更是一个人们彼此“熟悉的社会”，谁家有智力障碍儿童，左邻右舍一般都知道，甚至认识。因此，智力障碍儿童的教育，尤其是其社会教育，可以借助社区来实施。当然，从社会协同角度来讲，智力障碍儿童的社区教育绝不是单纯的“社区的教育”。在智力障碍儿童教育的社会协同中，社区教育应是一个综合互动平台，具体联通学校、家庭、社区三类教育，有效连接社区居民中所有的特殊教育资源，积极充当社区智力障碍儿童家长的沟通纽带。

建立和完善适应智力障碍儿童协同教育发展的社会协同体制，是我国智力障碍儿童教育事业进一步得到社会关心、社会支持、社会参与的体制保障，可促进我国智力障碍儿童教育事业的发展。

本章小结

本章学习了语言障碍的常见类型、不同类型障碍儿童的语言障碍的具体表征、语言障碍的危害和对不同类型儿童的教育支持。学习语言障碍类型和具体表征的目的是为对不同类型儿童进行语言教学提供参考，同时，特殊教育是重要而迫切的系统工程，只有多方协作才能落实特殊教育的普惠发展。

思考题

1. 请简要叙述特殊儿童的语言障碍的主要表现。
2. 请讨论语言障碍对儿童第二语言学习的影响。
3. 综述为特殊儿童提供的教育支持中关于言语和语言方面的支持措施。
4. 请简要阐述语言发展在特殊儿童教育中的地位和作用。

第三章　听障儿童英语教学与案例

篇首语

党的二十大报告提出“强化特殊教育普惠发展”，充分体现了党中央对特殊教育的高度重视。我们应结合国家社会的发展要求、听障儿童的学习需求以及一线教师的职业诉求，深入思考中国社会主义现代化和教育现代化对特殊教育提出的新任务、新使命。通过扎实的教学实践、创新的教学方法、有效的教学途径，把“强化特殊教育普惠发展”真正落到实处，确保听障儿童不仅能接受教育，而且能接受到好的教育、合适的教育，开创新时代特殊教育改革发展新局面。

学习目标

本章从听障儿童的特点入手探讨听障儿童英语教学方法，并辅以真实的教学案例。通过本章学习，希望学习者能够了解听障儿童的学习特点、学习困难和学习动机激发途径，掌握听障儿童英语词汇、阅读和写作教学方法，熟悉生活化、可视化和混合式英语教学模式。

知识点思维导图

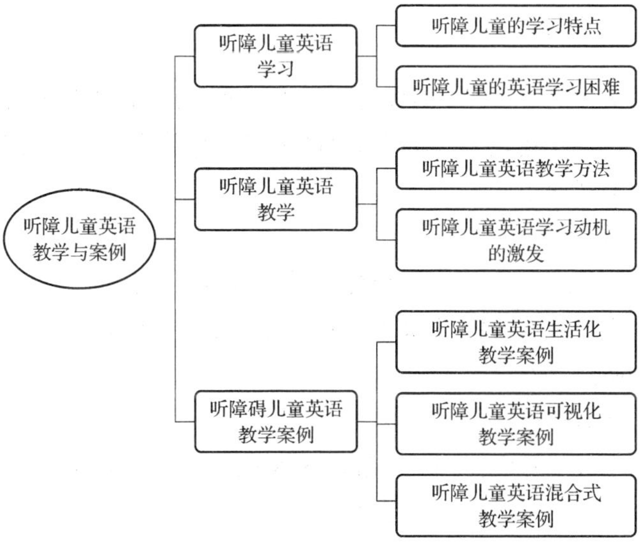

第一节 听障儿童英语学习

听力障碍指听觉系统中的传音、感音以及对声音进行综合分析的各级神经中枢发生病变或损伤，而导致听觉异常或不同程度的听觉减退，习惯称为耳聋。但在实际生活中，只有听力严重减退才称为聋，其表现为患者双耳均不能听到任何言语；听力损失未达到此严重程度者，则称为听力减退或听力障碍。

听障儿童主要是指那些存在听觉障碍，由一定原因导致听不见或者听不清周围环境声及言语声，从而导致存在语言、思维等发展障碍，无法与人进行正常交流，无法进行正常生活、学习、交流等活动的特殊儿童。

近年来，根据国家特殊教育的发展要求，目前我国大部分聋校开设有英语课程，旨在促进听障儿童的全面发展，帮助他们平等参与社会生活。对于听障儿童而言，英语是位于手语、汉语之后接触的第三种语言，其英语学习之路必然比健听儿童艰辛。听障儿童英语教学的对象是听障学生，其存在的听觉障碍不仅会对其语言发展造成障碍，甚至会影响其身心发展，对其展开的教学一定需要关注儿童特殊性的研究。在探索听障儿童英语教学之前，有必要对其学习特点进行了解和分析，以便因材施教。

1.1 听障儿童的学习特点

美国教育心理学家加涅(Robert Mills Gagne)认为，学习的本质是信息加工的过程，即学习者对来自环境刺激的信息进行内在的认知和加工的过程，包含信息的获取和信息的处理。听障儿童不仅在日常生活中对声音刺激的反应以及自身表现出的行为方式与普通儿童有所不同，在学习中对于相应信息的获取和处理亦是如此。

1.1.1 信息获取特点

听障儿童在生理上存在着不同程度的听力障碍，听不到或听不清周围环境声及言语声，在学习过程中的信息获取环节，总体呈现信息传递不通畅、信息收集不完整和抽象信息不理解等特点。

(1) 信息传递不畅通

听障儿童由于听力受损，得不到充分的听觉刺激，缺乏听觉信息加工，信息的接受和加工更多地依赖视觉、触觉等其他感觉通道，从而导致知觉信息加工不完整，信息传递渠道不畅通。

(2) 收集信息不完整

听觉障碍儿童对于形状、大小、颜色等具体信息的认知和加工与常人无异，但由于其听觉体验的缺乏，无法对表达声音的词汇准确识别和理解，造成信息收集不完整。

（3）抽象信息不理解

因为听力障碍和言语障碍，听障儿童不仅言语发展的数量相对贫乏，而且由于视觉形象言语占据主导地位，他们的思维发展偏重形象思维，抽象思维相对落后，这导致他们无法或者难以理解抽象语词的本质特征。

（4）语言发展障碍

听障儿童生理特点决定了他们存在一些不可避免的语言障碍。主要有构音异常，如音的省略、缺失、替换、歪曲、添加等现象；声音异常，如鼻化音、嘶哑音、尖叫音、音量不足、音高调、音调失控等现象；节律异常，如在言语过程中难以控制各种音量、音调、长短等机能，或不知道如何运用这些机能传达欲沟通信息的现象。

1.1.2 认知特点

个体认知涉及感知觉、记忆、思维等多方面心理过程。听障儿童在认知各方面都与普通儿童有所差异。

听障儿童对外界事物的感受和认识与健听儿童相比，存在一定程度的差异。一是知觉信息加工不完整。由于听觉刺激的缺损，听障儿童的信息获取更多地依赖于视觉、触觉和动觉，不易形成视听结合的综合信息。因此，听障儿童获取的信息经常不够完整，在理解力方面存在欠缺。二是视觉的优势地位。由于听障儿童听觉上的障碍，眼睛成为最主动、最活跃、最重要的感觉器官，主要表现为听障儿童通常会具有更敏锐的观察力，比健听儿童更容易抓住事物的一些特征。随着年龄的增长，其视觉反应速度会不断提高，到小学高年级时，听障儿童的视觉反应速度会超过正常儿童（于慧珠，2016）。三是缺陷补偿的有限性。听觉损伤影响听障儿童的语言发展，虽然缺陷补偿可以帮助听障儿童调动其他感官发展语言，但是视觉等感官对听觉缺陷的补偿作用是有限的，不能完全取代听觉。

听障儿童的记忆能力也有其独特的特点。首先是听障儿童的形象记忆优于语词记忆。形象记忆根据具体的形象来识记材料，而语词记忆通过语言形式来记忆。由于听觉损伤，听障学生主要以形象记忆为主。培养学生的语词记忆，要依靠其形象记忆，并在此基础上，运用多种手段来促进语词记忆。其次是无意记忆占优势，有意记忆的发展依赖于对记忆任务、意识、活动的动机与情绪作用以及多种感官的参与。听障儿童由于注意力集中持续时间短，注意范围也较狭小，再现表象力差，记忆语言文字材料困难大，通常学得慢、忘得快。

听障儿童由于语言发展迟缓，思维发展表现出更多的具体形象性，主要依据头脑中的表象或表象的联想来思考。其能够掌握具体事物的概念，却不易掌握抽象的概念。听障儿童在掌握概念方面的显著特点是概念的扩大与缩小：例如有的听障儿童认为“粮食”就是“大米”，这是概念的缩小；认为“学习”就是所有使用笔写字的行为，这就是概念的扩大。

1.2 听障儿童英语学习困难

因为听觉通道部分受损或者完全缺失，听障儿童的语言学习曾一度不受重视，甚至被忽视。但随着社会发展，英语作为重要的信息载体，已经逐渐成为现代社会生活必备技能。2007 年教育部颁布的《聋校义务教育课程设置实验方案》指出，英语作为选修课程，各校可根据不同地区和聋生实际情况选择开设；学校应创造条件，积极开设选修课程，开发校本课程，以适应社会和学生发展的需要。到 2016 年，随着教育部《聋校义务教育课程标准》的颁布，英语课程在聋校已逐渐普及，部分聋校已从小学阶段开始授课。

目前国内聋校开设英语课与普通学校比，存在开课时间晚、课时数不足、学生基础差、学生对英语重要性认识不足等问题，可以从主、客观两方面入手分析听障儿童英语学习困难。

1.2.1 客观困难

研究认为，语言的获得主要是通过听觉，而不是视觉。听障儿童听力存在缺陷，其获得语言的主要手段受损。语言功能不健全，学习语言所需的听、读功能都存在障碍，使得他们的有声语言学习和发展存在难以克服的困难。主要表现在以下三个方面：

（1）语音方面

从结构上说，语言是以语音为物质外壳，以词汇为建筑材料，以语法为结构规律的一种音义结合的符号系统。语音、词汇和语法是语言的基本要素，其中语音是三要素之首，更是学好语言的基础，对提高语言的整体水平起着关键性作用。在健听儿童的英语学习过程中，语音掌握得好，有助于听说读写能力的提高，有助于单词、短语和句型的记忆，也有助于语法的学习，更有助于语感的培养。

听障儿童由于听觉通道受损，缺乏有效的语音输入，无法获取充分的言语示范，同时由于语言发展障碍，无法进行正确地模仿，即使模仿也无法收到充分的听觉反馈，得不到强化。存在不能发音，或者发音不清、音节受限制、节律异常等问题。

由于缺少语音的帮助，听障儿童在记忆单词方面要困难得多。健听儿童可以借助划分音节、字母组合等一系列发音方式来获取单词的正确拼写，而听障儿童没有这样的线索来帮助记忆，无法通过听来识记英语单词的读音，也无法通过读来进行迅速记忆，只能通过看这种单一的模式来机械记忆，而这种死记硬背往往在短时间会被遗忘，单词拼写也常常不够准确（余婧，2008）。

（2）理解方面

认知心理学家皮亚杰(Jean Piaget)认为，语言与认知的发展是相互促进的，个体的语言能力在个体和环境相互作用过程中逐渐发展。语言的获得是在具体的语言环境中，通过语言交流完成的。在健听儿童英语教学过程中，教师会积极为学生创设英语语言环境，使学生置身于以英语为母语的模拟环境，例如通过韵律儿歌、故事表演、英语游戏等活动，促进英语理解能力和思维能力的发展，体验英语的实际运用。

由于听觉通道受损，缺少语言环境和语音的输入，听障儿童主要通过较为单一的视觉通道帮助理解，缺乏综合感官体验，不利于准确理解。听障儿童在课堂上学到的词汇和句型在日常生活中找不到使用的机会，学到的知识不能得到及时巩固，也无法通过英文短片和英语儿歌等输入方式来提高语感和理解力，因此学习和记忆起来相当吃力。这种学习过程中存在的挫败感，同时也会消减其学习英语的兴趣和积极性。

（3）表达方面

听障儿童的英语表达以书面表达为主，也有部分儿童能进行模糊的口语表达。由于受到其自然手语和汉语母语双重影响，听障儿童在英语输出时容易产生表达方式的混乱。因为手语语序和汉语语序不一样，而英语的语序和汉语的语序又不一样，输入的时候就存在理解上的混乱和困难，输出和表达就更加困难了。听障儿童通常会按照手语语序表达，而在手语里正确的语序，在英语中多数是不正确的，这就造成他们在英语写作时，普遍存在字母排列不在同一水平线上、大小写分不清、句型顺序颠倒、字母拼写混乱等问题。

1.2.2 主观困难

语言学习效果受情感态度的影响很大。语言学习过程中，和学习者自身相关的情感因素主要包括语言学习的学习动机、兴趣、性格等。英语学习动机不强、对英语学习的重要性认识不够、学习兴趣不浓等都将成为阻碍听障儿童英语学习的一大主观因素。动机是激励人去行动的内部动因和力量，学习动机是推动学习行为的内部动力，只有在学习者具有强烈学习动机的前提下，才可能在学习过程中表现出高度的自觉性和积极主动的态度，从而达到较好的学习效果。听障儿童英语学习动机缺失主要表现为三个方面。

（1）缺乏自信

听障儿童由于其听力损失影响了语言发展，生活上习惯于尽量避免与周围人接触，长此以往，逐渐形成自闭、自卑的心理特点，对自己学好英语缺乏信心。

（2）英语无用论

生活相对封闭和交往圈子单一，使得多数听障儿童缺乏因为想要了解英语国家风土人情文化的融入型学习动机，同时英语课在聋校课程标准中属于选修课程，导致其因考试而产生的工具型学习动机也相对不足。他们觉得英语对于听障人士而言用处不大，在以后的工作和生活中使用的机会少，不值得投入太多的时间和精力。在这样的英语无用论影响下，他们便会对英语学习持否定态度，产生消极怠慢心理。

(3) 错误的失败归因

听力的缺失给听障儿童的英语学习带来重重障碍。他们学英语需要付出比健听人多出几倍甚至几十倍的努力，在遇到困难或者遭受暂时失败的时候，习惯于将目前的困境与自身的残疾挂钩，习惯于把失败归结为这些外部的不可控因素。这种倾向有利于他们消除学习失败焦虑，调适心理压力，但同时也会让他们对成功没有期望，认为聋人学不好英语是理所当然的。当把导致失败的原因全部归为外部原因的时候，就会降低学习的积极性，削弱学习动机。

第二节　听障儿童英语教学

2.1　听障儿童英语教学方法

因其生理和心理上与普通儿童存在差异，针对听障儿童的英语教学有着不同于一般英语教学的独特性和复杂性。听障儿童英语课堂的一个显著特点是教师课堂语言形式的多样性和复杂性。除了板书和课件中汉语和英语书面语言的使用，教师在课堂上还会同时使用口语和手语。聋人的自然手语是一种视觉语言，是聋校最基本、最重要的教学手段，在听障儿童英语课堂教学实践中起到重要作用。在教授英语单词时，除了使用书面语和自然手语进行解释，教师也会通过手势英语加深学生对词汇的理解和认知，并进一步进行课堂英语会话和交际表达(国华，2017)。此外，有些地区的英语课堂也针对听觉和语言能力未完全丧失的儿童积极尝试口语教学。

针对健听儿童的英语教学实践主要将听、说、读、写等综合能力的掌握作为英语课程教学目标，而要根据听障儿童生理特点和认知发展特点，制定适用的分类教学目标，发展视觉相关的英语阅读能力和写作能力，使其能实现通过简单的书写来进行日常交际的目标。下文主要探讨词汇、阅读和写作三方面的教学方法。

2.1.1　词汇教学

词汇是英语语言的要素之一，是英语学习的基础。学习任何一种语言，都离不开对词汇的掌握。无论是对于健听儿童还是听障儿童，要提高英语阅读和写作能力，词汇量的积累都是至关重要的一环。听障儿童的手语是视觉语言，其认知特征以视觉为主，通过形象的画面情景在脑中再现来记住事物的特征和概念。教师应充分考虑听障儿童的学习特点，遵循语言发展规律，采用合适的方法开展词汇教学。

2.1.1.1 发挥视觉优势，促进单词理解

听障儿童听觉通道受损，眼睛成为最主动、最活跃、最重要的感觉器官，具有更敏锐的观察力，比健听儿童更容易抓住事物的一些特征。在词汇教学过程中可以考虑更大程度地发挥视觉的优势地位，促进视觉识记效果。

教学中，可以使用实物教具、图片、视频等内容，建立单词和实物、意义之间的直接联系，在大脑形成具象。对于与日常生活有密切联系的词汇，可以通过课堂展示实物或者课后布置给实物贴标签的作业等方式进行巩固强化。对于日常生活中没有直接接触和体验的词汇，可以通过展示图片、视频并由教师加以解释和引导思考的方式帮助其理解单词的意义。

教学中应充分利用现代教育技术手段，积极调动视觉感官的作用，避免教材和黑板上单调呆板的文字带来的视觉疲劳感。充分利用听障儿童的视觉补偿，保持和吸引他们的注意力和学习热情，从而促进单词的识记（杨小玉，2010）。

2.1.1.2 创设教学情境，促进单词应用

情境体验教学是指通过创设与教学内容紧密联系的教学情境，引导学生在情境体验中建构知识、产生情感、生成意义的一种教学形式。在这种教学过程中，教师有目的地引入或创设以形象为主体的生动具体的场景，以引起学生一定的情感或生活体验联想，从而帮助学生理解教材，并激发学生情感的教学方法。

英语词汇在语境中才有生命力。词汇学习不只是单纯的单词记忆或独立的词汇操练，而是结合具体主题、在特定语境中开展的综合性语言实践活动。由于生活体验的不足和语言文化的差异，听障儿童的生活经历和英语课程教材中的场景和语境存在脱节。在教学中，教师可根据教学内容创设相应教学情境，充分发挥聋生的主观能动性，调动聋生多感官参与学习，促进其在情境体验中对词汇进行深层加工，有效理解词汇，并进行恰当地迁移运用（肖振东，2022）。

例如，在购物主题单元的教学中，教师可以创设商店购物的模拟情境，由学生扮演顾客和售货员，灵活运用口语、手语、肢体语言等方式，结合所学的 color、size、style、price、favorite 等相关词汇进行问答，把生活中购买衣服的场景用英语表演出来，在对话中进一步理解词汇内涵，探索词汇的运用，这样可以有效帮助聋生在语境中运用词汇，提高英语词汇的迁移运用能力。教师也可以适当借助服装、道具等途径，让表演更真实、过程更有趣、体验更深刻。

听障儿童语用实践经验少，积极体验不足，情境体验的教学方式能够有效帮助其在有趣的语境中运用词汇，提高英语词汇的理解、迁移和转化运用能力。同时也可丰富听障儿童的社会情感，让他们在轻松、愉快的氛围中参与学习活动。

2.1.1.3 借助音标学习，促进单词记忆

由于听不见声音，听障儿童在英语学习过程中缺失“听”“说”练习，不会读单词，

不知单词发音和字母组合规律，只能依赖于阅读、手指语拼写和书面抄写的纯视觉记忆方法来记忆。英语是字母文字，不同于汉字的象形文字，聋生无法发挥视觉记忆优势。这就解释了聋生为什么会把 in 写成 ni，把 new 与 now 混为一谈。健听学生记单词建立于读音上，即音形结合，知道单词怎么读，便也大致知道其拼写。因此，听障儿童背诵单词像面对一串串毫无规律的电报号码，靠视觉死记硬背（毕向衡，2021）。

大部分英语词汇的构成是有规律的，而这些规律大多与发音紧密联系。健听儿童常借助语音和拼读的方式运用构词规律进行有效的单词记忆，而听障儿童则可以借助音标作为替代途径来实现这一目的。研究显示，听障儿童也具有语音加工和解码能力，很多聋人英语学习者在谈到学习方法时都提到音标学习的重要性。他们认为即使读得不准确，但心里大致知道单词发音，也就能知道单词有几个音节，可大大提高背诵单词的准确性。

教师可以借助音标和构词法之间的规律，在教学过程中长期渗透英语音标的教学，在每一次教授符合规则的单词的时候都通过音标的强化和教师口形的反复演示和操练，引导学生把英语单词的音标与字母组合联系在一起，有意识地建立音标和构词规则之间的关系，"音标—口形—字母组合"三位一体，充分调动各感官参与单词记忆，降低单词拼写的难度。

比如：th 发音为[ð]，单词 this、that、weather、mother 中的 th 都是该发音。老师可以让学生自己观察口形，有残余听力的学生可跟读，一看到老师的口形[ð]，就联想起字母组合 th。再比如，字母组合 ee 或 ea，在很多单词中发音为[iː]，单词 see、keep、speak、please 都是这样的发音。学生观察老师的口形[iː]，联想相应的字母拼写。如此长期反复之下，不同的字母组合在大脑中形成相应的联想记忆，单词不再是毫无规律的一串字母罗列，而是有规律可循的字母组合，从而大大降低单词记忆难度。对于较长的单词，可以按音节分段记忆。比如 library，可以按照音节分成 lib-ra-ry 三段，老师用夸张的口形读出三段音节，让学生观察口形并跟读，分别记忆各段的字母拼写，再连起来记。

此外，在积累到一定词汇量的时候，教师可以通过引导归类来加深听障儿童对英语词汇某些规律的认识和理解。如前缀"un-"表示"不、非"：able—unable、truth—untruth；后缀"-er"表示动作的执行者：work—worker、teach—teacher、drive—driver、write—writer；以及一些合成词：blackboard、sunrise、pencil-box、supermarket。对构词基本规律的学习，无疑有利于听障儿童降低单词识记难度，提高单词记忆效率。

2.1.1.4 开展游戏教学，保持学习兴趣

游戏教学是一种集知识性与趣味性为一体的课堂教学形式。在英语课堂教学中采用游戏的方式，可以将枯燥的语言教学转变为学生乐于接受的、生动有趣的游戏形式，让学生在玩中学、在学中玩，使他们在学习语言的同时培养和保持学习的兴趣。

通过游戏教授词汇，可以帮助听障儿童延长和保持课堂注意力。词汇学习是比较枯燥单一的，而听障儿童本身就具有注意力时间短的特点。教师在教学中用游戏贯穿教授过程，能较大程度地吸引和保持听障儿童的注意力，同时调动学生的思维跟随老师的授课进程，使他们在愉快的游戏过程中习得英语词汇。游戏教学还能提高听障儿童的词汇记忆主动性。词汇学习离不开多次反复的记忆、操练和运用。听障儿童词汇记忆主要通过教师的讲解和对词汇、短语反复目视和抄写，过程乏味、机械性强，很容易出现懈怠和抵触情绪。在课堂中采用游戏教学，通过游戏的方式反复再现单词，引导学生操练单词，能充分调动他们词汇记忆的积极性，开展多轮也不会引起抵触和排斥。

词汇游戏有很多种，比如"你演我猜""分组竞赛""寻宝游戏""角色扮演""闪卡识别"等，对于不同类型的单词和词组，教师可结合教授对象的年龄和层级特点，选用或自主设计灵活多变的游戏。同时，教师要注意游戏的创新，在不同阶段采用不同的游戏，或者改变同一个游戏的规则和要求来创造新游戏，不断改进和创新游戏形式，达到调动和保持注意力的效果。

2.1.2 阅读教学

阅读是学生学习语言的主要途径。英语教学中，阅读教学占据了主要位置，提高阅读教学质量，可以增强学生的阅读理解能力，还可以全面提升英语素养。由于听障儿童不同程度的听力障碍，缺少语言环境和语言输入，导致缺乏综合运用各种感官来加工信息的能力。听障儿童阅读能力的总体水平低，且存在较大的个体差异，与阅读要求也存在很大差距。因此，在教学中教师可以采用不同的方法有效提升阅读能力。

2.1.2.1 以问题为导向，创设阅读情境

听障学生知识经验匮乏、语言能力低、词汇量少、关于篇章的语法知识欠缺，使得他们在阅读过程中会面对更大的障碍(锜宝香，2006)。

"问题"是激发学生思维的策动力。在开展英语阅读教学前，教师首先要分析阅读教材，挖掘阅读教材的价值，结合学生所学过的相关知识精心"设置问题，创设情境"，以此帮助学生减轻学生阅读的压力，提升阅读的兴趣。听障儿童的形象记忆优于语词记忆。形象记忆是根据具体的形象来识记材料，而语词记忆通过语言形式来记忆。在教学过程中，教师可以把不符合听障儿童认知特点的抽象内容转换为贴近生活实际的具体内容，带领学生讨论有关的话题，或者出示有关的画面、实物等，或者引导学生就标题、插图从不同的角度提出预测性问题，引发学生对课文内容进行预测和讨论，激活学生大脑中相关的知识网络，使他们处于主动认知状态，从而产生阅读的欲望和心理。

例如，以"No smoking"为例，教师可画出一个禁止吸烟的符号，然后提出如下

问题：

What does this sign mean?

Where can you find this sign?

Why is smoking not allowed?

Is there anyone who smokes in your family?

创设并带领学生进入情境中，使学生积极自主地参与阅读，引导学生在阅读中解决问题。同时，教师应给予学生思考空间，让学生从不同角度结合实际经历主动谈谈对“问题”的理解，“为什么禁止吸烟？”“吸烟有哪些危害？”以此加深他们对文本的理解。寻找相关“问题”的信息，“如何劝别人不要吸烟？”，完成阅读任务，使学生在教学中的角色由被动接受者变为主动学习者，从而促进听障儿童的英语学习。

在教学过程中，可以运用互联网、移动终端技术，来补偿听障儿童的听觉缺陷，呈现引导性阅读材料，再现阅读情境，帮助听障儿童进一步理解阅读主题。

2.1.2.2　通过阅读策略，理解阅读内容

与健听儿童相比，听障儿童阅读教学效率低，阅读能力提升缓慢，体现在听障学生在阅读过程中不善于使用阅读策略。阅读策略的使用可以激发听障儿童更高层次的认知活动。教师应该组织阅读策略训练，提高听障儿童的阅读理解能力。

（1）预测。帮助学生根据阅读材料提供的信息主动预测和理解文章内容；使学生学会建立阅读目标、预览文章类型、预测文章内容。教师可以提出阅读要求，设计提示作用的标题及引导语，运用标题引导阅读、放慢阅读速度、重读等。对于听障儿童而言，新旧知识联系困难，容易受无用信息的影响，这尤其需要教师对有用信息进行加工和组织，引导学生积极利用先前知识、上下文关系、文章标题等对文章内容进行预期和推测。

（2）信息推理。推理是阅读理解过程的核心，考察学生的观察能力、理解能力。要求学生弄清楚阅读材料“写什么”，把握其基本内容。在分析句子时，强调词不离句、句不离文，对照上下文猜测词义，划重点，分段阅读，不仅要注意句子的表层含义，更要注意句子的深层含义，注意句子同文章内容及主题的内在联系。在重要语句下面划线或做标记、重读某些重要的部分。在篇章理解时理清文章段落层次，摸清作者的行文思路，并且要引导学生理解和阐述支持中心思想的事实和细节，从字里行间读出作者的言外之意。将当前材料与已有知识联系起来，以增进对阅读内容的理解和记忆（贺荟中，2003）。

（3）复述。复述策略是指对阅读材料的维持性言语重复或在选择基础上的保留重复。它是维持注意、保持信息的重要途径和方式之一。教师可借助多媒体智能设备帮助学生复述课文，如：图片连接句子；图文配对；根据图片，补完句子（电子书）等；展示学生作品（图文配对和句子填空）；重现文章主要内容。对于听障学生而言，英语

学习与中文学习一样，都需要通过大声阅读来体会语言的特点，鼓励学生表达，并进行纠正。学生能利用平板电脑和电子书里的部分功能灵活拖动图片、文字，并将图片配上文字，制作成电子书，这不仅可检测学生对文章的内容的掌握情况，也能调动学生的学习积极性和动手能力。

(4) 可视化资源。开发相关简明、生动、颜色鲜艳的可视化资源，通过视觉感知语言符号，从而提高听障儿童阅读理解的能力。可视化资源是促进理解和记忆的重要方式，促进有效的阅读理解，提升回忆、再认、推理、评估等思维过程的品质。教师应有意利用听障儿童的视觉优势，通过使用图表、数据以及视频显示等方式帮助学生理解阅读策略的使用方式。

此外，英语阅读教学中教师还可以引导学生掌握文章体裁、文章结构、修辞手法等，增强对阅读文章的理解能力。注重阅读策略的灵活运用及迁移，为学生提供更多的应用和实践机会，实现知识的内化和能力的提升。

2.1.2.3 小组合作学习，拓展阅读能力

研究指出，听障学生通常是被动的读者，学校更关注阅读技能和学习任务，不太重视阅读的意义。小班化的教学形式有利于开展课堂活动，通过情景教学、分组合作、角色表演、学习竞赛等形式，尽量让每一个学生都积极参与课堂学习，提升其阅读能力。

通过小组合作学习，让学生对阅读材料及背景知识进行选择、提取和加工，在小组讨论的过程中进行思想的碰撞和想法的完善，并在表达的过程中产生多元化的独特认知感受。在学生分析问题后，教师还可以组织学生运用组间辩论的方式进行探讨，让他们从不同层面探寻与之相对应的解决方法。小组成员共同商讨，在理解的基础上，进行深度感知，实现知识的重新建构和迁移，从而将知识顺利地内化并吸收，获得更广阔的思维空间。

例如，进行"the Dragon Boat Festival"教学中，在阅读完课文之后，教师可以让学生讨论"节日和风俗"。学生四人一组，讨论端午节的由来以及风俗。讨论结束后，由该小组选出的代表向全班同学呈现小组讨论的结果。在讨论过程中，学生得到了语言实践的机会，学生们把课文里学到的一些表达方式运用起来，加深了印象，更好地理解了文章的主题，思维能力得到锻炼。

2.1.2.4 分类指导，创造支持性环境

阅读能力是不可能完全在课堂上培养出来的，因此，培养学生在阅读方面的自学能力就很重要。巩固基础阅读技能，如单词记忆，努力让他们摆脱对老师的依赖性，培养在阅读中获得的成就感，从而获得独立的阅读能力。从符合听障学生认知的视角，整合设计教学内容，满足听障儿童阅读学习的需求。

听障学生自身也存在英语理解和应用能力参差不齐的情况，帮助学生多角度深

化理解和掌握课文内容，并为不同程度学生提供丰富的自主学习材料。为听障儿童创造一个支持性的学习环境，他们可以很轻松地提问和犯错。教师可以通过提供大量的鼓励和积极的反馈，以及调整课程节奏以适应不同能力和水平的学生。

2.1.3 写作教学

从语言运用的角度说，写作是书面语言表达的一种形式。与书面语言相对的是口头语言，口头语言在书面语言出现之前是语言的唯一形式。听障学生因自身生理发展的特点，英语输出的主要方式是书面表达，根据儿童母语发展的规律，书面表达属于相对滞后发展的一项语言技能，需要建立在大量的听读基础之上，因此，教听障学生英语写作相对来说挑战更大，困难更多。本节重点从两个方面阐述如何提高听障学生的英语写作教学效果。

2.1.3.1 写作任务多样化

写作教学的目的是帮助学生体验书面语言的魅力，引导他们经历语言表达的过程，激发他们创造性地使用语言，教听障学生怎样正确地拼写、怎样写出语法正确的句子、怎样找到最适合的单词、怎样让英语写作更有趣、怎样构思等，所有这些都是英语写作教学必须完成的任务，多样化的写作任务大体上分为两个阶段。

（1）初学写作阶段

对于初学英语写作的听障学生可以布置如下写作任务：

- 抄写
- 列购物单
- 补全句子
- 写请柬、问候语、生日祝福语
- 卡片写作
- 产品标签
- 制定上课时间表
- 制作海报
- 拼写游戏
- 制作卡通故事

（2）高年级阶段

对于高年级的听障学生来说可以布置如下写作任务：

- 写信、写明信片、写电子邮件
- 写诗歌、写歌词
- 记日记
- 写故事

- 写通知
- 写指令
- 写广告词
- 写文章

教师可以根据学生的实际情况和写作的具体要求选择安排英语写作任务。

2.1.3.2　根据手语对听障学生英语书面表达的负迁移规律组织教学

任何一种学习都要受到学习者已有知识经验、技能、态度等的影响，即一种学习对另一种学习的影响，教育心理学把这种影响称作为迁移。迁移有正负之分，正迁移有助于另一种学习的理解和掌握；而负迁移是指一种学习对另一种学习起干扰或抑制作用，对另一种学习产生消极影响，导致错误和困难的发生。手语对于听障学生英语书面表达也存在着负迁移的作用，其具体表现为听障学生的手语学习使其英语学习所需的学习时间或所需的练习次数增加或阻碍其英语学习的顺利进行以及知识的正确掌握。分析手语的负迁移现象并正确规避其不良影响是摆在每位英语教师面前的一项重要任务。

(1) 手语中的混用和兼代，阻碍听障学生书面英语表达的准确性

相对于有声语言来说，手语的发展远远滞后，尤其是词汇量有限，表达意思不够准确，最突出的表现是同义、近义手语的混用。比如，手语中的“场”和“园”的语素相同，所以，在教授英语词汇 playground、park、factory、garden 等时，手语的负迁移作用就会显现，这些单词的意思不易被辨析，易出现混淆词义的现象。此外，像“舒服”“幸福”两个词的手语的指语也一样，导致听障学生在英语的书面表达上会把“We live in a comfortable house.”写成“We live in a happy house.”。还有英语中“today/now、rice/food、fine/beautiful、foundation/grounds”这些组词的词义相差甚远，而在手语中却用同一个手势表示，手语的混用恰恰模糊了听障学生英语书面语的表达。

此外，手语词语的兼代也会导致听障学生书面英语的错误。兼代就是将意思比较相近的词用同一个手势来表达，其弊病无须多言，其原因是听障学生不能采用恰如其分的词语来表达想要说出的意思。常见的有动词和名词的兼代，很多手语词出现了名词和动词不分的现象，名词兼代动词的现象也就不足为奇了。类似于手语中的兼代，英语中有转化这一构词法，也有名词和动词互转现象，但是和手语比较起来，英语中的动词和名词还是相对严格区分的。听障学生由于手语中动词、名词不分，给英语学习带来很大障碍，导致他们写出病句，如“I buy brush tooth.”和“I basketball.”等。

(2) 手语中成分的缺少，导致听障学生英语书面表达的不完整

句子成分是句子的组成部分，听障学生手语句式中有句子成分缺少的现象。如

缺少定语，其中缺少最多的是限定名词的“量词”，听障学生往往是在数词之后紧接着打出所要表达的物品等实际内容。在英语中，可数名词前可以直接加数词或冠词表示数量，但是在表示不可数名词的数量时，其结构一定是：数词＋表示量的名词＋不可数名词，如 a piece of paper、two bottles of water 等，受到手语的负迁移影响，听障学生容易错写成：a paper、2 water 等，使得英语句子成分缺少，结构不完整。

（3）手语中成分的颠倒，致使听障学生英语书面表达语序的错乱

从句法的角度看，听障学生手语表述“颠三倒四”，与英语不一致的地方很多，给人的感觉是听障学生的思维不正确，思维混乱。手语中一个非常普遍的现象就是词语倒装，其实这些倒装并非杂乱无章而是遵循一定的原则，却干扰了听障学生表达英语的语序，造成听障学生书面英语句子成分的混乱。比如手语中会经常出现动宾倒置：“苹果，要”“饭吃，我”“花摘”“家回”等，负迁移到英语书面表达中就会出现 an apple I 和 flowers pick 等语序错乱的情况。还比如，听障学生学了一个短语 be angry with(对某人生气)后做翻译练习，结果很多听障学生会把“我对那个小男孩很生气”译成：I am that small boy very angry with. 手语交际中往往为了强调一些意思，会反复打出某一手语，这将导致英语书面表达的语序颠倒和重复现象。另外，听障学生手语表述中还有一种特殊的动宾倒置现象，即动词“有”，比如“天上乌云有”等，还有手语中对“所属有”和“存在有”的把握不清，这些都会直接负迁移到听障学生的书面英语中，如 Classroom have nineteen classmates.

手语对于听障学生学习英语的负迁移根深蒂固，若要改变需要教师花费很大的工夫。教学中，教师应该告诉听障学生手语和英语表达的差异性，明确学好英语既要依赖手语，又要摆脱手语的干扰，只有这样才能让听障学生更快更好地学习英语，这也是广大一线聋校英语教师责无旁贷的使命。

2.2 听障儿童英语学习动机的激发

学习动机是推动学习行为的原因和内部动力。激发英语学习动机，对于听障儿童英语教学意义重大。在听障儿童英语教学中，教师应把激发学习动机贯穿于教学过程的始终。

外语学习动机专家 Dörnyei 把外语学习动机分为三个层面：语言层面、学习者层面和学习情境层面，这就是著名的三层动机模型(如图 3－1)。语言层面包含融入型和工具型动机；学习者层面包括个人性格、自信程度和成就需求；学习情境层面是该模型最大的特色，重点阐述了课堂教育环境下影响外语学习动机的三个因素：课程相关动机、教师相关动机以及小组相关动机(Dörnyei，1994)。激发听障儿童英语学习动机，也可以从这三个层面着手。

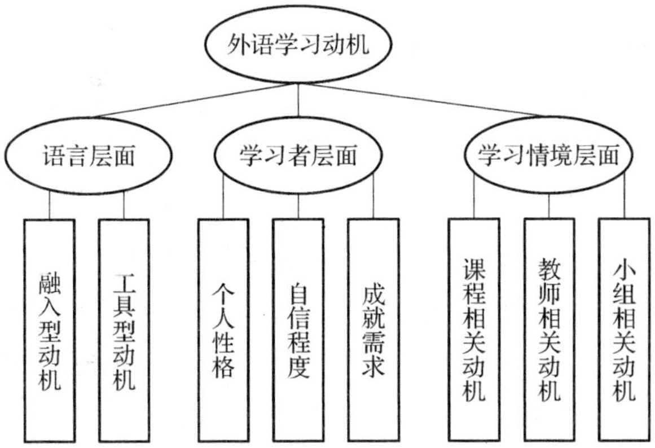

图 3-1

2.2.1 从语言层面激发学习动机

语言层面上的外语学习动机主要包括融入型动机和工具型动机。具体到英语学习,前者是指出于了解英语国家社会文化,与英语母语群体接触、交流而产生的学习动机,后者指出于一些实际的原因,比如考证、考试而产生的学习动机。当前听障儿童在英语学习过程中(尤其是学校环境下的英语学习),多数是以应付考试的工具型动机为主导。而融入型动机作为学习者发自内心的动机取向具有更大的主动性和可持续性,应引导听障儿童建立以融入型动机为主导的动机体制。在英语教学过程中,可通过文字、图片、视频等方式介绍英语国家地理文化风土人情知识,引发其对于英语国家风土人情的向往和与本土人士交流的渴望,让他们从根本上摒弃听障儿童学英语无用的思想,挑起主动学习的愿望。

2.2.2 从学习者层面激发学习动机

认识自我,树立自信。学习者层次上的外语学习动机包括个人性格、自信程度和成就需求。性格是天生的,自信则是可以塑造的。在各阶段的听障儿童教育中,心理建设都是极为重要的一环。应积极引导学生正确认识自身的残疾,鼓励他们多参与社交活动,多与健听人交往,消除自卑心理,以健康自信、积极向上的状态开展英语学习活动。当学习者对自己抱有自信,对目标任务有把握的时候,学习动机就愈强烈,学习效果愈好。

设定阶段性学习目标,满足成就需求。根据美国心理学家戴维·麦克利兰(David McClelland)的成就动机理论,成就需求是一种出于个人意愿设置并达成目标的欲望,是一种追求成功的内部驱动力。学习者可以根据学习任务,给自己设定阶段性目标,通过实现阶段性成功来满足内心的成就需求,在学习过程中感受到的成功体验越多,学习者的学习动机就越强烈。

引导正确的归因。学习者正确的失败归因也能极大地影响其学习动机。根据韦纳的归因理论，人们经常用四种原因来解释成败：能力、努力、任务难易和运气。对其从控制源、稳定性和可控性方面进行分析后得出：能力属于内部、稳定、不可控因素；努力属于内部、不稳定、可控因素；任务难度属于外部、稳定、不可控因素；运气属于外部、不稳定、不可控因素（肖阳梅，2005）。听障儿童在英语学习中往往倾向于把失败归因为一些不可控因素，比如能力、运气或者任务难易程度。符合期望的失败归因应当是把失败归因于内部、不稳定、可控因素，也即努力。应纠正其失败归因，让他们从外部归因转化为内部归因，从稳定性归因转化为不稳定性归因，从不可控因素归因转化为可控因素归因，认识到当前的挫折是由于内部、不稳定且可控的因素造成的，从而产生学习的动力。

2.2.3 从学习情境层面激发学习动机

2.2.3.1 教师相关动机

情感交流，建立平等和谐的师生关系。多方面实证研究表明，教师对学习者学习动机影响巨大。很多时候学生的成绩与其对教师的好恶程度成正比就是因为对教师的好感能很大程度上激发学习动机。听障儿童作为听力障碍特殊群体更需要来自教师的关注。作为听障儿童的英语教师，不仅要有过硬的英语语言基本功，还要掌握他们的日常语言——手语。在进行英语教学过程中应增加师生互动，注重与学生的情感交流，用爱和尊重赢得学生的信任，发挥情感因素对英语学习的积极作用。

因材施教，提高特殊教育教学能力。除了熟练掌握英语和手语，听障儿童英语教师还要有丰富的特殊教育知识和技能，根据听障儿童学习规律和特点因材施教，让学生有一种量身定制的体验，这种定制感有利于提高学习积极性。教师在教学过程中也可增加教学方法和教学内容的趣味性，引入一些学生感兴趣同时又贴近生活的语料载体，培养学生对英语学习的兴趣。

2.2.3.2 课程相关动机

课程目标差异化，增加学习信心。听障儿童英语水平参差不齐，在设置课程目标的时候，不能简单采用一刀切的统一标准，而应兼顾各层次学生，制定差异化、分层化、动态化的课程目标。做到由易到难、由低到高、循序渐进。减少听障儿童英语学习过程中的挫败感，增加其英语学习过程中成功的体验。

课程结构合理化，培养学习方法。听障儿童英语课程的设置，除了关注学习内容本身，应当更多注重学习方法和学习策略的学习，授之以鱼不如授之以渔。掌握科学、有效的学习方法和学习策略，有利于提高听障儿童英语学习效率，培养自主学习能力和终身学习的良好习惯。

课程教材专门化,促进学习热情。科学、符合学习规律的教材是开展有效学习的重要保障。适用于健听人的英语教材在内容、编排、难度等方面都与听障儿童不相匹配,听障儿童学起来易产生挫败感,从而影响学习动机。开发听障儿童英语教材应根据听障学校语言教育的规律和听障儿童学习英语的特点,同时开发研究与教材配套的多媒体教辅材料,对听障儿童学习过程中进行视觉补偿,促进其理解和识记教材内容的效果,提高学习积极性。

2.2.3.3 小组相关动机

Dörnyei 三层动机模型中的小组相关动机主要指外语学习者在语言学习情境中的同学者因素对于学习者外语学习动机的影响。听障儿童在英语学习过程中,可以以结对、学习小组等方式实现相互督促共同进步。近年来,小组学习作为一种高效的英语学习方法,已经越来越多地被研究者关注。小组成员之间开展良性的合作与竞赛,能极大促进学习热情,增加学习动机强度。

第三节 听障儿童英语教学案例

本小节的听障儿童英语教学案例均来自南京市聋人学校。南京市聋人学校创建于 1927 年,是中国第一所公立特殊教育学校。1992 年,学校创办的中国第一所聋人普通高级中学,是目前南京市唯一一所从事听障教育的全日制公办百年名校。学校现设学前听力语言康复部、义务部、高中部,义务段的学生从六年级开始学习英语,使用的教材如表 3-1 所示。

表 3-1 义务段聋校英语教材使用情况统计表

年级	教材及年级	版本	周课时
六年级	三年级	译林版	3
七年级	四年级	译林版	3
八年级	五年级	译林版	3
九年级	六年级	译林版	3

高中段共包括四个年级,即高中预科、高一、高二及高三共四个年级段。教材使用情况如下表 3-2 所示。

表 3-2　高中段聋校英语教材使用情况统计表

年级	教材及年级	版本	周课时
高中预科	七年级上册—七年级下册	人教版	5
高一年级	七年级下册—八年级上册	人教版	5
高二年级	八年级上册—八年级下册	人教版	5
高三年级	复习并参加全国聋人高考单招	人教版	7

每年 5 月，学校将会面向全国的初中应届毕业生进行预科招生，这些学生大多数到了高中才接触英语，因此高中预科英语学习从 26 个英文字母开始。学习起步晚，学习通道丢失，由此带来的学习问题必然多于健听学生。

聋校长期从事英语教学的一线老师提出，在聋校实施英语教学时要充分考虑学校教学实际和学生实情。在聋校开展英语教学，需要注意以下两点。

(1) 聋校英语教学要参照普通中小学英语教学的要求

2016 年 12 月教育部发布实施了《聋校义务教育课程标准》(2016 年版)，课程标准规定了特殊教育学校义务教育课程的性质、目标和主要内容，明确了不同阶段残疾学生在知识与技能、过程与方法、情感态度与价值观等方面的基本要求，提出了教学、评价和实施建议。但聋校 14 门课程标准中没有英语学科，更没有对应的教材。因此，聋校英语教师以教育部制定的《义务教育英语课程标准》(2022 年版)为教学依据，选用相匹配的教材。根据英语学科核心素养的要求，要培养学生语言能力、文化意识、思维品质和学习能力这四个要素。语言能力涉及语言知识、语言意识和语感、语言技能、交际策略等，并能应用语言能力完成各项工作；文化意识是指理解各国文化内涵、比较异同、汲取精华、尊重差异等，并能代入真实的场景中；思维品质是思考辨析能力，包括分析、推理、判断、理性表达、用英语进行多元思维等活动，并能解决真实问题，触类旁通；学习能力主要包括元认知策略、认知策略、交际策略和情感策略等，并能提升应用知识水平及解决问题的能力。

聋校英语教学要参考普校《义务教育英语课程标准》，在课程性质、课程基本理念、课程设计思路和课程目标、课程内容等方面，面向全体听障学生，从英语课程的学科特点出发，整合与运用课程资源，充分体现教育的公平、公正，促进特殊教育与普通教育的有机深入融合。

(2) 聋校英语教学要根据学生的个体差异开展分层教学

每位聋生的学习基础、学习能力和兴趣点都不同，听力损失及语言康复情况也不一样，因此，教师还要根据学生听力损失情况、智力发展水平等方面开展分层教学或者个别化教学。第一，教师应制定教学目标、教学计划，帮助学生更好地掌握知识和技能，使各层次学生都有机会可以体验到成功的喜悦和自豪感，感受到教师对自己的尊重，从而增强自信心和自尊心。第二，教师可指导学生在学习过程中找到更加合适的方式、有效的学习方法和策略，从而提高学生自主学习能力和学习效率。第三，教师应鼓励学生发现自己的优点和特长、问题和不足，学生通过总结、反思和改进，实现个性发展和自我价值。

以南京聋校的高中预科年级为例，学生刚入学时的英语学习分层情况如下表 3－3 所示：

表 3－3　聋校高中学生入学英语能力统计表

分类	初中毕业来源校	英语基础	平均英文词汇量
层次一	毕业于普通初中随班就读的学生	学完初三英语	>2 000
层次二	毕业于开设英语课的聋校	学完小学英语	<1 000
层次三	毕业于没有开设英语课的聋校	0	0

层次一的学生来自普通初中随班就读的学生，他们的英语基础较好，使用的英语教材为译林出版社出版的义务教育教科书中小学《英语》。该版本教材非常适合中小学英语教学，其不仅注重教学的实用性，又能够以情境化的方式让学生轻松自然地学习英语，让学生在有趣的故事情节中学习英语。这些故事涉及学生熟悉的话题，如动物、运动、日常生活等，容易引起了学生的兴趣，激发学习英语的热情。该版本教材还配备了许多辅助教材和学习资源，包括同步练习册、网上学习资源等，因此，层次一的学生较好地掌握了英语语言知识和技能。

层次二的学生有着较好的英语基础，如南京聋校六年级至九年级开设了每周 3 课时的英语教学，分别使用译林版小学英语教材三年级至六年级的内容。有了这四年的英语学习基础，该校毕业生升入高中时，就应该可以至少掌握 1 000 个词汇，掌握否定句、疑问句、祈使句四种句式及一般现在时、一般过去时、现在进行时和一般将来时四种时态。

层次三的学生英语基础为零，他们入学后，要从最简单的 26 个英文字母开始英语学习。用一年的时间，缩小与层次一和层次二的学生的差距，逐步达到初一的水平，其学习难度和要求都非常大。这就对教师在教学中制定分层教学目标，实施分层教学计划提出了较高的要求。

如何根据学情开展分层教学呢？以七年级学生为例，某班共有 7 名学生，其中 4 名佩戴电子耳蜗及单耳佩戴助听器，另 3 名双耳佩戴助听器，其中 2 名学生分别由六年级、七年级相继由普校转来，阅读理解能力和语言表达能力均较好，其他 4 人在语言表达和阅读理解方面基础比较扎实；1 人基础较薄弱，需要在教学中关注、引导。根据学情将其分成 A、B、C 三层（见表 3－4）。

表 3-4 听障学生分层示例

分类	来源校	英语基础	听说能力	阅读及表达能力	助听设备
A 层	毕业于普通小学	小学英语	较强	较强	人工耳蜗
B 层	本校	三年级	一般	一般	单耳或双耳助听器
C 层	本校	三年级	较弱	较弱	双耳助听器

A 层学生听力能力较好，口语表达清晰；B 层学生听力水平和口语表达都一般；C 层学生听力能力较弱，只能发出简单的唇音。这就要求教师在开展英语教学时，充分考虑到学生听力水平和语言能力，针对不同层次的学生，根据教学内容制定不同的教学目标。如：对于 A 层学生，教师可要求学生准确发音，并能够进行简单的英语会话；对于 B 层学生，教师可要求学生能够拼读单词，并能够进行一些基本的英语交流；对于 C 层学生，教师可要求学生能够正确模仿口型，比如通过模仿教师在唇形、舌头位置、口腔大小等方面的示范，掌握正确的发音方式，并能够通过手语表达一些简单的英语单词和短语。

3.1 听障儿童英语生活化教学案例

教学案例

"How do you make a banana milk shake?"教学案例及评析

一、教学背景

对于听障学生而言，英语的学习已经不是第二语言，而是除了手语和汉语之外的第三种语言，学生在学习英语时，需要建立更多的语言桥梁，其难度要大于健听学生。

"How do you make a banana milk shake?"是人民教育出版社《英语》八年级上册的内容，本课的中心话题是"如何制作奶昔"。奶昔的英文单词是"milk shake"，转换成中文单词后，一半用了意译，另一半用了音译即"昔"，代指"shake"的发音，而这个单词的中文手语的打法则是"n""x"。可以想象，如果老师课前用常规教学的方式进行引入，即用手语打出："同学们，今天我们这节课的内容是如何制作奶昔(nx)"时，那么学生一定会一脸茫然，因为他们根本不知道手语"nx"代表什么含义。或许一节课后，在老师的引导下逐渐知道它的原材料是什么、制作过程是什么，但是对完成后的样子和口感，甚至对使用的工具搅拌机，也都没有直观印象。那这节课上下来，学生头脑中建立起来的知识概念就是抽象的、模糊的。

教育家陶行知提倡"生活即教育"，要发掘"童心"和"童趣"在学习中的价值，并将其转化为重要的课程资源，将学生直接经验的获得和发展，作为学习的重要目的；要将学生的间接经验融合和转化为学生的直接经验，才能让学习保持真正的教育意义和人的发展价值。这个观念对于本单元的学习，启发非常大。为了让学生能够真正地了解什么是奶昔，及它的口感、特色及制作的过程，教师在上课时，将制作工具和相应的食材带入课堂，让学生边做、边看、边吃、边学。在制作和品尝美食的过程中，逐步掌握本单元的相关词汇及教学重、难点。

本节课尝试现场展示活动，采用任务型教学法，将教学要求与趣味性有机融合，使学生在实践操作的过程中习得词汇，运用语言，不断传递和交换信心，达到做中学的目的。在学习的过程中，有吃有玩，充分体会学习的乐趣，为他们的终身学习奠定基础。

二、教学内容

本节课的教学内容为《英语》人教版八年级上第八单元 Section A 部分。本课以谈论制作一种食物的过程为中心话题，通过对祈使句的学习，让学生学会描述某种食物的制作过程，并能依据指令制作该食物。此话题与学生的日常生活联系紧密，通过对制作过程的亲自演练，教师创设真实情境，让学生直观了解学习过程，真实、直观、高效。

三、学生情况及解决措施

这个单元的教学在普通学校是初二的内容，对于大多数健听生而言，如果从小学三年级开始学习英语，那么到了初二，已经接触较多与日常生活相关的词汇和用语了，并能够用简单的英语表达个人的观点。但是在聋校，大多数学生学习英语的起步阶段是从高中预科开始的。此时词汇学习是第一道难关，因此，如何通过有效的方法帮助和促进学生开展词汇学习是聋校英语教师需要重点研究的内容。我希望通过以下措施来帮助学生解决词汇学习的难题：

(1) 创设真实情境帮助学生学习并记忆有关食物的词汇。

(2) 帮助学生搭建词汇记忆的支架，在学习内容由易到难的学习过程中，给学生提供用英语交流和表达的机会。

(3) 引导学生进行知识迁移，让学生自己发现并总结食物类名词，并在较为真实的语境中操练并加以运用。

四、教学方式和教学手段说明

英语的学习需要通过大量的听、说、读、写，应用多感观的学习才能较好地完成。但是对于听障学生而言，失去了听和说的两个维度，让学习英语的难度大大增加。因此，需要通过更加丰富的教学手段来辅助学生开展学习。在本单元学习中，可以通过实物展示、制作加工、思维导图、情境交际等方式，帮助学生建立起实物与英语词汇之间的联系。同时，鼓励学生在演练的过程中，调用习得的词汇，应用到实际中，唤醒和激活学习的智慧和兴趣，激发参与意识和能力，学会合作和交流，构建精彩的英语课堂。

除了教学课件外，本节课还会使用一些教学工具，如：水果、酸奶、牛奶、水果刀、砧板、搅拌机等。

五、教学过程

Unit 8 How do you make a banana milk shake?

Section A (1a—1e)

单元	Unit 8	课时	第1课时
教学目标	一、语言目标 1. 学习掌握下列词汇：shake、milk shake、blender、turn on、peel、pour 恰当运用动词和动词短语：peel、cut up、pour...into、put...into、turn on 2. 能运用表示先后顺序的词“First... Next... Then... Finally...”，流利地描述出制作奶昔的完整过程。 3. 用祈使句表达指令。 二、能力目标 1. 通过观察和体验奶昔的制作过程，学会奶昔制作过程与步骤的英文表达方式。 2. 准确使用祈使句及表示序列的词。 三、情感目标 1. 通过制作奶昔，培养学生的生活能力，体验制作食物的乐趣，树立青少年的劳动教育理念。 2. 了解中西方不同的饮食文化。 3. 学会有序处理问题，培养思维逻辑。		
教学重难点	一、教学重点 1. 掌握有关制作奶昔所需食材和工具的英文单词及制作过程的英文表达方式。 2. 正确运用祈使句。 3. 学会使用表示过程的时间状语：first、next、then、finally 二、教学难点 用英语准确地描述出奶昔的制作过程。		
教学工具	多媒体教学设备及课件、制作奶昔的工具		
教学方法	任务教学法、情境教学法		
教学过程			
教学步骤	课堂活动	学生活动	设计意图
Step 1 Lead-in 情景创设	1. Greeting 2. 头脑风暴： 平时同学们喜欢喝什么饮料？ Brain Storm: Show some pictures of the drinks and ask question—What's your favorite drink? 3. 猜猜老师今天带来了什么样的饮料？ What drink is it? Do you know its name? Can you guess what ingredients are in this kind of drink? 4. 同学们知道怎样制作出一份美味可口的奶昔吗？ Do you know how to make the milk shake? Let's start to learn.	头脑风暴，说说自己最爱的饮料，活跃课堂氛围； 让学生品尝一下老师从家中带来的香蕉奶昔，然后提问学生们。	采用多种自由的提问和交流方式，创设浓厚的英语学习氛围与学生进行对话。 让学生们先品尝，然后猜一猜它是什么饮料以及饮料中含有哪些食材，以此来激发学生们的学习兴趣和好奇心。

续 表

教学步骤	课堂活动	学生活动	设计意图
Step 2 观察并回答问题	观察视频中制作奶昔的过程，然后回答下面的问题。 1. What ingredients do we need? We need ________, ________, and ________. 2. How can we make a banana shake? (1) ________, ________ the bananas. (2) Then, ________ the bananas. (3) Then, ________ the bananas and ice-cream ________ the blender. (4) ________, ________ the milk ________ the blender. (5) ________, ________ ________ the blender.	认真观看香蕉奶昔的制作视频。说出视频中用到的材料和工具。 仔细观察香蕉奶昔的制作过程，与老师一起用英文完成流程。	听障学生的视觉学习能力较强，通过看视频来学习奶昔的制作，更符合听障生的学习特点，也能凸显出听障生的学习优势。
Step 3 Look and write	观看完整的奶昔制作演示图，然后学习有关的英文动词和动词短语。 Look at some pictures and write out the verbs and verb phrases: peel, cut up, pour...into, put...into, turn on	看图学习有关制作过程中要用到的英文表达，并写出动词和动词短语。	用图书这种最直观的方式来教听障生学习动词和动词短语，激发学生的求知欲。
Step 4 Group activities	将班级学生分成四个小组，分别制作四种不同口味的奶昔：香蕉奶昔、苹果奶昔、芒果奶昔和草莓奶昔。并且用英文完成制作流程卡。 Divide the students into four groups, let each group make a kind of milk shake and write the process down.	四个小组同时制作奶昔，并在完成任务之后用英语汇报制作过程。	让学生们自己动手实践，体会“做中学”的乐趣，从而学会奶昔制作过程的英文表达。
Step 5 Put the process in order	将香蕉奶昔制作过程进行分解，让学生进行排序。 Put the instructions in order. ________ Turn on the blender. ________ Cut up the bananas. ________ Drink the milk shake. ________ Pour the milk into the blender. ________ Put the bananas and ice-cream into the blender. ________ Peel three bananas.	完成制作过程的正确排序任务。	让学生再一次巩固香蕉奶昔的制作流程及准确的英文描写方式。
Step 6 Draw a mind map	使用动词或动词短语来完成香蕉奶昔制作思维导图。 Use the verbs and verb phrases to draw a mind map of making milk shake.	绘制奶昔制作流程的思维导图。	培养学生的思维逻辑能力。

续 表

教学步骤	课堂活动	学生活动	设计意图
Step 7 Exercises	让学生将下列中文句子译成英文。 Translate the sentences into Chinese. 1. 剥三根香蕉。 2. 把香蕉切碎。 3. 把香蕉和冰激凌放入搅拌机。 4. 把牛奶倒入搅拌机。 5. 打开搅拌机。 6. 喝奶昔。	完成翻译任务。	让学生们通过翻译练习再次重温一下奶昔制作流程及英文的正确表达。
Step 8 Summary	对本节课的重点内容进行总结。 Summarize the key content in this lesson.	利用思维导图，跟老师一起进行内容总结。	学会整理所学知识，掌握正确的学习方法。
Step 9 Homework	用本节课所学内容来描写水果沙拉的制作过程。 Use the content we have learned in this lesson to describe the process of making fruit salad.	描写水果沙拉的制作过程。	让学生们通过描写水果沙拉的制作过程，达到巩固和迁移知识的目的。

板书设计

Unit 8 How do you make a banana milk shake?

Section A (1a—1e)

New words and phrases	Key sentences
shake, milk shake, blender, peel, pour, turn on	First, peel three bananas. Then, cut up the bananas. Then, put the bananas and ice-cream into the blender. Then, pour the milk into the blender. Next, turn on the blender. Finally, drink the milk shake.

教学反思：

当我把制作奶昔的食材和工具带进教室时，学生的眼睛是放光的，他们没有想到在英语学习过程中，还能有制作食物的环节。通过创设有趣的生活情境，让学生在制作食物时，切实掌握食物类名词、与食物制作过程相关的动词和动词短语的表达，以及流程顺序词的使用方法。

任务型教学法的采用强化了学生对文本的理解，通过学生小组合作分别在食物制作流程卡片上撰写制作过程，学以致用，提升了学生的综合语言运用能力。

本节课避免了传统模式中的知识灌输方式，以学生的主动学习为切入点，让学生亲自动手制作奶昔，介绍奶昔的制作过程，最后一起品尝自己亲手制作的奶昔，增强了学习的趣味性，引发了学生的思考，加深了记忆。该种教学方法可体现出学生的主体性和教师的指导性，让学生在玩中学，做中学，在轻松愉快的氛围中学习英语语言。

大部分听障学生通过本课的学习，基本掌握了食物制作流程的英文表达以及相关动词和动词短语的识记，但少数学生过度关注食物的制作体验，以及对食物的品尝，忽视了英文知识的学习，学习效果有所降低。

总体来说，这是一节让学生乐在其中、学在其中的英语生活实践课，贴近生活，深受学生们的喜爱。这也体现了“源于生活的学习才是真实的学习”，生活化的学习对于听障学生学习英语语言知识显得尤为重要。

3.2 听障儿童可视化教学案例

可视化思维(Visual Thinking),是以可视化的图形、文字或者二者结合等方式,将人脑的思维方法及过程直观展现出来的一种处理信息的思维方式。思维可视化主要是指用“形象”代替“抽象”,用“图像”代替不可视的“思维”,通过感知迁移掌握更多有用信息。对于听障儿童来说,可视化教学可以更加有效地帮助其解决在英语学习过程中的困难。

本教学案例将围绕思维导图可视化、听觉学习的可视化、抽象思维的可视化这三个方面进行设计和教学实施。

(1) 使用思维导图,将知识结构以框架图的形式呈现出来。

思维导图并不是一个新概念,在很多学科的学习中,都会用到思维导图。在听障儿童的英语教学中,以可视化的方式呈现知识框架,从而帮助学生学会整理自己的思路。本教学设计将“乐器”“运动”等具有同一属性的英文单词用思维导图的方式呈现,便于学生进行记忆。如下图围绕“Clubs”一词进行的拓展和学习:

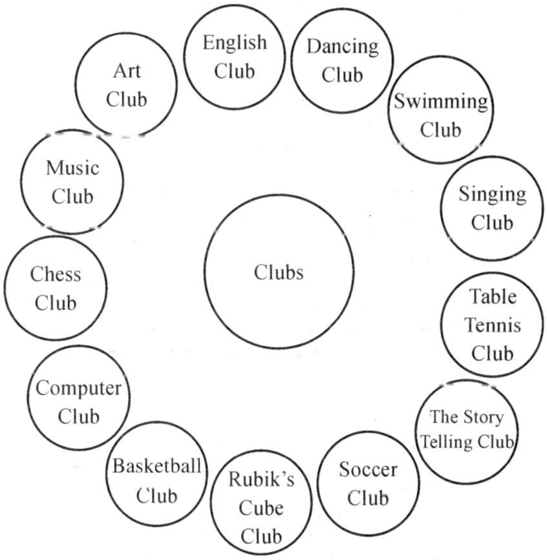

图 3-2

(2) 听觉学习的可视化。

在聋校英语教学中,有若干篇课文会涉及音乐的教学内容。如果将音乐以可视化的方式呈现出来,并且以观察、触摸甚至演奏等多种丰富的形式表达出来,让学生在体验的过程中,用视觉的方式去“听”音乐,又何尝不是一种全新的体验呢?本节课教学内容涉及吉他,但是对于大部分听障学生来说,没有见过吉他,更不知道如何演奏吉他也不知道吉他发出的声音是什么样子。教师将吉他带到了教室并在教学过程中弹奏给学生听,获得了意想不到的效果。

（3）抽象思维的可视化

在聋校英语教学中，教师在教学过程中，一般也要用手语来讲解，而此时用到的手语大多是国家通用手语，这就存在一种转换关系，即英文单词—中文单词—国家通用手语，而学生在接受时，是反向的关系，即看手语—理解中文意思—学习英语含义。而在这一过程中，就会存在信息的缺失或误差。在本教学案例中，出现了一个重要的单词“ability”即“能力”，国家通用手语中对此的手势动作有两个，即“可以”＋“力量”，因为第一个手势“可以”也表示“能够”及物理学中的“能（能量）”。对于老师而言，习惯用第二个动作，即“力量”来简化原本的两个手势。这就意味着学生在看老师手语讲解的时候，把“ability”理解成了“力量”。看上去这是两个比较接近的词，但实际上这两者完全不同。“能力”是一个抽象词汇，表示“能耐；才能”，是不可量化的名词，只能用形容词来表达一个人在某方面的能力是强还是弱。而“力量”是一个物理量，可以用力学单位来表示力量的大小。如果一个手势可以表达两种不同的词，那学生在转换成英文词汇时，就会产生混淆。因此在本节课中，教师将抽象的“能力”一词落实到了具体的各项活动中，如“绘画能力”“计算能力”“运动能力”等，并通过丰富的英文短语进行描述和表达。让学生对“能力”一词，有更加精确的认知。如下图所示：

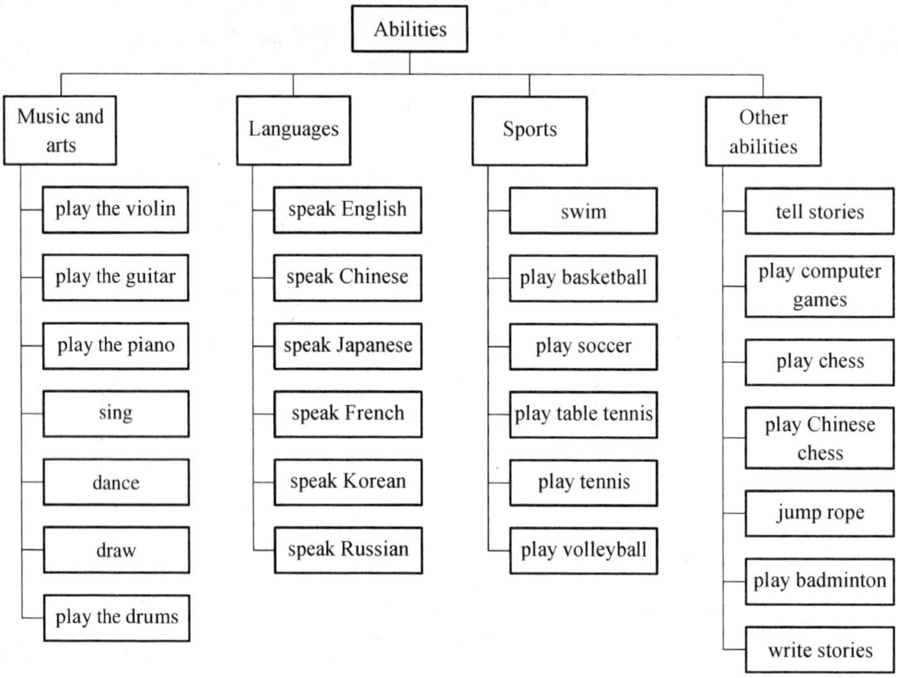

图 3－3

教学案例

Unit 1　Section A 教学案例及评析

一、教材分析

本节课是人教版新目标(Go For It)《英语》七年级下册 Unit 1　Section A 的内容，也是本单元的第一课时。本单元主要围绕"会做什么"，谈论自己在某方面所具备的才能这个话题展开，要求学生初步掌握本单元的语法项目"情态动词 can 的用法"。通过谈论自己的喜好和意愿，在此基础上表达自己想要加入的课外俱乐部，要求学生掌握新的词汇和重点句型，并为本单元后面教学内容的学习奠定基础。鼓励学生积极参加各种课外文体活动，培养学生多方面的才能，培养其团队精神。

本单元的一个突出特点是把语言目标和语言功能有机结合，即使用情态动词 can 来表达自己所具备的某一方面的能力。

二、学情分析

高中预科年级的学生由于以前未曾接触过英语，对英语始终充满好奇，求知欲望强，参与教学活动的热情也非常高。虽然其对英语很感兴趣，但也存在畏难的情绪。

本课时学习的是与课外活动相关的词汇，谈论的是学生某个方面的能力，比较贴近学生的生活，能激发学生兴趣，引起学生共鸣。本课所学的内容，学生理解起来并不困难。但由于所教的学生英语词汇积累不够及语法基础薄弱，课后学生运用英语的频率也很低，所以需要教师的引导，增强学生学习英语的信心，以及激发其英语学习兴趣。

二、教学过程

Unit 1　Can you play the guitar?

Section A(1a—1e)

单元	Unit 1	课时	第 1 课时
教学目标	一、语言目标 1. 掌握单词和短语：guitar、sing、swim、dance、draw、chess、speak、join、club、play chess、speak English、play the guitar 2. 掌握句型：Can you...? Yes, I can. /No, I can't. What club do you want to join? I want to join...club. 3. 掌握情态动词 can 的用法以及含有情态动词 can 的一般疑问句及其肯定与否定回答。		

<table>
<tr><td>单元</td><td>Unit 1</td><td>课时</td><td>第 1 课时</td></tr>
<tr><td></td><td colspan="3">二、能力目标
1. 掌握用情态动词表达自己在某方面的才能，谈谈彼此的特长与爱好以及想参加的社团。
2. 通过对话练习，培养学生的群体意识和合作能力。
三、情感目标
1. 通过本课时学习，达到谈论自己的能力和询问他人的能力。
2. 培养学生的群体意识，引导学生积极参加团体活动，培养自己多方面技能。
3. 拓宽视野，了解中外学校的社团活动，认识自我和他人的长处，形成主动锻炼自我，展示自我的意识。并通过讨论彼此的特长和爱好，加深了解，增进友谊，增强自信。</td></tr>
<tr><td>教学重难点</td><td colspan="3">一、教学重点
1. 学习询问和谈论彼此的能力和特长。
2. 掌握一些弹奏西洋乐器的表达方式。
3. 掌握表达能力、社团、爱好的单词及句型。
二、教学难点
1. 掌握并运用含有情态动词 can 的一般疑问句及其简略回答。
2. 掌握 want to do sth 的用法。</td></tr>
<tr><td>教学工具</td><td colspan="3">多媒体教学设备及 PPT 课件</td></tr>
<tr><td>教学方法</td><td colspan="3">任务教学法、情境教学法</td></tr>
<tr><td colspan="4">教学过程</td></tr>
<tr><td>教学步骤</td><td>课堂活动</td><td colspan="2">学生活动</td></tr>
<tr><td rowspan="2">Step 1
Lead-in
情景创设</td><td>Show video clips about “Reading Festival” and ask questions about it.
Question: What can they do?</td><td colspan="2">Watch the video and answer the question.
Possible answers:
They can sing, dance, and read the poem...</td></tr>
<tr><td colspan="3">设计意图：
通过学校近期举办的大型朗读节视频导入本节课，展现学生们的才艺，从而切入本节课的主题教学：She can.../He can...</td></tr>
<tr><td rowspan="2">Step 2
Guessing game</td><td>Let students guess what musical instrument is.
1. It is a kind of musical instrument.
2. It has six strings (弦).
3. People use fingers or picks (拨片) to play it.</td><td colspan="2">Guess the name of the musical instrument and speak it out.
Possible answers:
A guitar. /It’s a guitar.</td></tr>
<tr><td colspan="3">设计意图：
通过猜谜活动，激发学生们学习英语的兴趣和热情，也让学生们更好地了解吉他的外在特征和演奏方式，为学习 play the guitar 这个短语埋下伏笔。</td></tr>
</table>

续　表

<table>
<tr><th>教学步骤</th><th>课堂活动</th><th>学生活动</th></tr>
<tr><td rowspan="2">Step 3
Presentation</td><td>T：Show the guitar to all the students and ask them，"Can you play the guitar?"
S：No，we can't.
T：You can't play the guitar，but I can play the guitar well. Let's sing "Happy Birthday" together.
T：Everyone has his own talent. What can you do? Please speak out.</td><td>Answer the teacher's question.
Possible answers：
I can play computer games.
I can play basketball.
I can play soccer.
I can play table tennis.</td></tr>
<tr><td colspan="2">设计意图：
学生对带进课堂的吉他充满好奇，通过教师的表演增加了学习英语的动力，更好地理解了 play the guitar 这个短语。不是拉吉他，而是弹吉他。和同学们一起弹着吉他唱《生日歌》，也让学生们更好地懂得了什么是音乐、什么是节奏，提高了聋生的音乐素养。</td></tr>
<tr><td rowspan="2">Step 4
Learn new words</td><td>Watch a video about the students' abilities.
Let the students speak out who they are and what he or she can do.</td><td>Answer the teacher's questions.
Possible answers：
They are Liu Yishui，Lu Zaili，Yang Yumeng，Che Jiahui and Da Ruyi.
Liu Yishui can sing.
Lu Zaili can draw.
Yang Yumeng can dance.
Che Jiahui can play Chinese chess.
Da Ruyi can speak English.</td></tr>
<tr><td colspan="2">设计意图：
通过观看本班部分同学事先录制好的才艺短片，学生们能更加准确地理解 can sing、can dance、can draw 中 can 的具体用法。视频的呈现是一种可视化的方式，对于聋生显得尤为重要。</td></tr>
<tr><td rowspan="2">Step 5
Abilities and clubs</td><td>Let the students choose proper clubs to join according to their abilities and hobbies.
For example：Li Yishui can sing. He can join the singing club.</td><td>Finish the task like this：
(1) Li Yishui can sing. He can join the singing club.
(2) Lu Zaili can draw. She can join the art club.
(3) Yang Yumeng can dance. She can join the dancing club.
(4) Che Jiahui can play Chinese chess. He can join the chess club.
(5) Da Ruyi can speak English. He can join the English club.</td></tr>
<tr><td colspan="2">设计意图：
让同学们根据自己的才艺和喜好，选择要加入的俱乐部，起到了巩固本节课需要完成的教学任务：谈论自己的能力并加入合适的俱乐部。通过本节课的学习，学生们了解到每个人都有自己的特长和爱好，学会在合适的语境中使用情态动词 can，掌握实义动词 join 的用法。</td></tr>
</table>

续 表

<table>
<tr><th>教学步骤</th><th>课堂活动</th><th>学生活动</th></tr>
<tr><td rowspan="3">Step 6
Draw a mind map</td><td colspan="2">Ask the students to complete the two mind maps about the clubs and abilities. At first, I will give them some help when the students finish the mind maps.
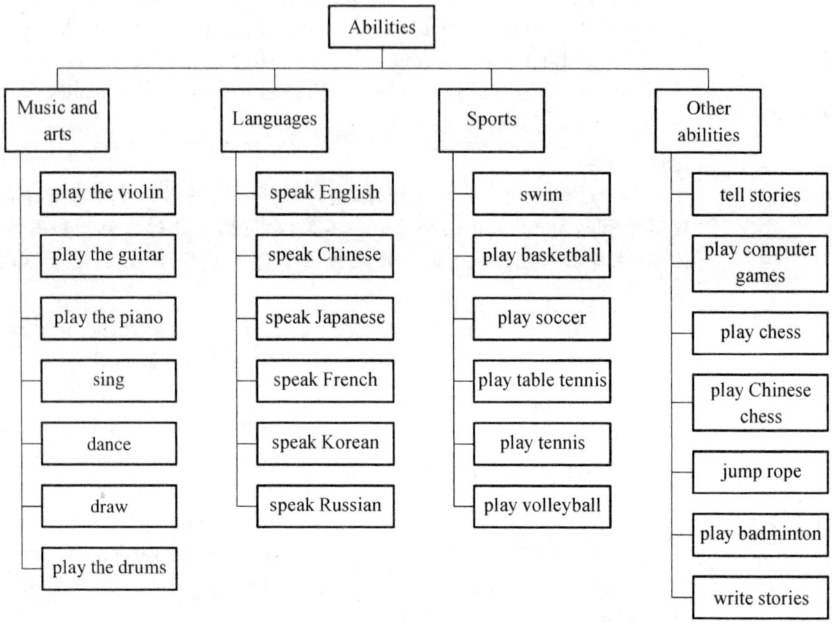
</td></tr>
<tr><td colspan="2">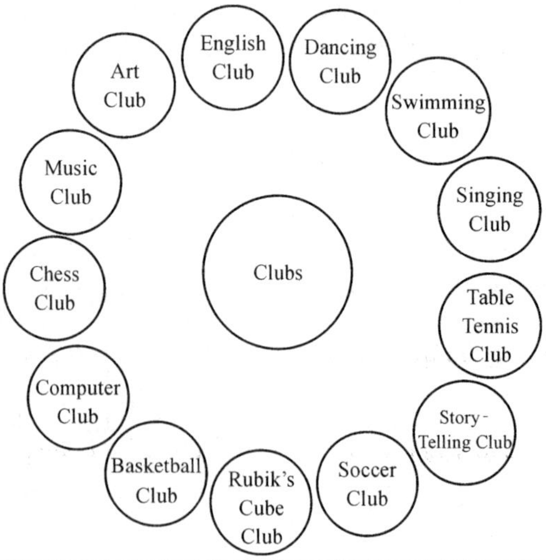
</td></tr>
<tr><td colspan="2">设计意图：
通过让聋生绘制思维导图达到掌握目标词汇和区分不同词汇的能力，从而牢固掌握本节课的目标词汇，拓展词汇量。</td></tr>
</table>

续 表

教学步骤	课堂活动	学生活动
Step 7 Exercises	Let the students complete the exercise according to the students' abilities in our class. ________ can ________. He wants to ________. ________ can ________. She ________ to ________. ________ can ________. He ________. ________ can ________. She ________.	Finish the exercise.
	设计意图： 通过本活动进一步加深对情态动词 can 以及 want to do sth 短语的运用，同时也能了解自己的同学有哪些才能，更好地学习他人身上的长处。	
Step 8 Summary	对本节课的重点内容进行总结。 Summarize what they have learned.	利用思维导图，跟老师一起进行内容总结。
Step 9 Homework	Assign the homework	

板书设计

Unit 1　Can you play the guitar?

Section A (1a—1c)

New words and phrases	Key sentences
guitar, sing, swim, dance, chess, play chess, draw, speak, join, club	1. Can you play the guitar? Yes, I can. /No, I can't. 2. What club do you want to join? I want to join the art club. 3. I can speak English well.

1. 关于思维导图可视化的教学反思

(1) 听障儿童英语学习中使用思维导图可用在单词、阅读等具有一定规律的教学内容中。

(2) 在辅助英语学习时建立的思维导图不宜过于复杂和庞大，一般而言，不超过三级目录。

(3) 思维导图中的文字大小不宜过小，而应该根据学生的学习特点，适当放大字号，使之清晰可辨。

(4) 创建思维导图的软件不需要太复杂，可以直接使用希沃白板中的思维导图、PPT 中的 smart，或者 WPS 中的模板。如果要丰富思维导图的形式，也可以下载 iMindMap 等更为专业的思维导图软件。

(5) 可以根据学习的内容绘制不同形状的思维导图。常见可以是圆圈图、气泡图、鱼骨图、树形图、括号图、流程图和桥状图等，在教学时，教师要根据学生的学习兴趣和教学内容来丰富和变幻思维导图的形状，以便持续提升学生的学习兴趣。

2. 关于听觉可视化的教学反思

(1) 不能因为学生听不到，就认为他们感觉不到音乐的魅力，或者以为音乐对他们来说并不重要。但至少他们能看到每一种乐器的形状、材质以及弹奏的方式，甚至可以通过触摸乐器或者体验震动、观察节奏，从而感受到音乐的魅力。

续表

(2) 对于不同的乐器,可以有不同的"看"的方式,教师要在实践过程中去摸索和尝试,先将自己的耳朵"捂"起来,看看如何让音乐通过自己的手指或者演奏家的表演流动出来,从而找到让学生"看"到音乐的方式。 (3) 对于部分听力比较好的学生,我们要更加重视将"看"音乐和"听"音乐两者结合起来。对于部分听力补偿较好的学生而言,他们是可以比较清晰地听到音乐的,特别是打击乐器,如鼓、锣等,那他们将更加有机会去感受、体验甚至亲自尝试演奏这些乐器。有了兴趣为引导,学生学习这些乐器及相关的英语词汇及课文时,将会更容易理解和吸收。 3. 关于抽象思维可视化的教学反思 (1) 对于听障学生而言,中英文的转换需要以手语为桥梁。而手语本身就是一种直观的手势,通过肢体动作来表达不同词汇。学生在用手语表达中文抽象词汇的时候,就已经将其直观化了。当学生再将直观的手语转换成英文时,其连接的部分就大打折扣。他们需要通过更加丰富的手段来将抽象的概念具体化。 (2) 将抽象思维可视化是尽量用一种更加直观和客观的方式,如"图形""符号""文字""手语""肢体动作"的组合来辅助学生更好地理解抽象的词汇。听障学生的抽象思维可视化方式可以更加多样和丰富。 4. 本节课创设的主题情境是学校刚刚举办的"朗读节",在活动中,听障学生表现出来的口语能力、表现能力令人刮目相看,因此,教师要时刻鼓励学生。"我们除了听,什么都可以做!"这节课,也正是诠释了这一点。

3.3 听障儿童英语混合式教学案例

近年来,随着教育数字化快速发展,如何融入现代化教学手段,让信息技术助力特殊教育成为每一位特教工作者深度学习和思考的问题。在遵循教育规律和人才成长规律的同时,以培育核心素养为指引、数字化信息和网络为基础,合理利用多媒体教室、移动学习设备等硬件设施,在互联网环境下,通过各类数字化平台、资源、工具及技术开展线上线下混合式学习。教师还可以借助教学数据的反馈,及时发现学生中存在的学习问题和困难,从而进行个别化调整和改进。在授课环节,充分展现出启发式、互动式、体验式、探究式、分享式、合作式、开放式等现代课堂特点,增强课堂互动交流,调动学生学习兴趣,启迪学生智慧,提升课堂效果,实现因材施教、有教无类。

以南京聋校为例,在每一间教室里,都安装了两块智慧黑板,教师可以通过多媒体讲台分别对左右屏进行控制,如在左屏播放课件,在右屏进行板书;或者可以利用实物展台在左屏中呈现纸质稿上的内容,右屏利用讯飞、音书等软件,将声音实时转换成文字;或者利用投屏功能,将移动教学设备如手机、iPad、纸笔系统把学生的个性化学习成果展示在智慧黑板上,便于教师在线批改和点评。这些现代化教学手段,更好地辅助了听障学生自主完成学科学习特别是英语学习,实现了信息技术与教育教学深度融合,这种线上线下混合式教学把互联网学习与传统课堂教学模式有效融为一体,实现了真实教学环境与网络在线虚拟环境的混合,师生间课堂交流与网络交流的混合,网络自主学习、合作学习、接受式学习与发现式学习等多种学习模式的混合,重塑了教与学的关系。

教学案例

"How often do you exercise?"教学设计与评析

一、教材分析

本节课的教学内容是人教版新目标《英语》八年级上册中的 Unit 1　Section B "How often do you exercise?"。在 Section A 中，学生已经初步认识并使用了频率副词(always、usually、often、sometimes、hardly、ever、never)。本课时，重点掌握短语 look after、the same as、try to do sth、get good grades，句型 how often 等，在此基础上培养学生对语言知识点的综合运用能力，让学生学会阅读、读懂介绍个人生活方式的文章，描述出有关自己或熟人生活习惯的短文，从而内化语言知识。

二、学情分析

本课的教学对象是聋校高一的学生，聋生英语学习起步晚、基础弱、困难大、学习通道缺失等原因，在词汇记忆和语言表达方面较弱，这些都制约着他们对阅读文本的理解和语法知识的掌握。所以在阅读教学中，采用混合式教学方式，鼓励学生在课前利用 APP 开展单词学习，提高单词学习的兴趣和效率。在课后，布置拓展作业，使用电子书、iMovie、剪映等软件完成英语短文的练习，提升对文章的理解。

三、教学手段

本节课用了移动学习设备，如 iPad 或手机。即学生和教师可以充分利用移动设备多样、灵活、交互地实现教学活动。教师在课上除了使用 PPT 进行授课，还使用了在线测评工具:Kahoot。以上教学手段可使学生实现自主学习、合作交流、有效监控和自我评价。

四、教学过程片段

片段 1　课堂引入环节:巧用视频制作，创设课堂情景

这节阅读课的内容与学生的生活息息相关，主要描述的是如何养成健康的饮食习惯，保证充足的睡眠时间，进行合理的运动锻炼以保持健康的体魄。聋校的高中生大多住校，他们的饮食、作息都非常规律，笔者设计的课堂引入环节就是请同学们课前拍摄一组生活起居、运动锻炼的视频，并要求在视频中体现出本课的重点词汇和短语。学生使用 iMovie 软件进行拍摄和制作，在食堂吃饭的镜头中插入了"I eat eggs and drink milk every morning. And I often eat vegetables..."这样的句型，及在操场运动的镜头中，插入"Excuse me. Do you like..."和"How often do you...""It's good/bad for your health"等对话文字。通过这样的表演和表述，学生不仅复习了上一课的教学重点，同时也为本课学习作好了铺垫。

学生在制作视频的过程中，积极参与，主动合作，学会用英语进行书面交流，培养了运用英语的能力。在引入环节中，播放学生自己制作的视频，增加了学生的自信心和课堂参与度，同时也能够让老师真切地了解学生在校生活的场景，拉近了师生之间的距离。

片段2　阅读训练环节：活用 Kahoot，检测阅读效果

Kahoot 是一款在线测试软件，教师提前在平台中录入题库，课堂中随时进行在线测试，多名学生通过移动终端进行答题，教师端能够立刻获得学生的测试结果，学生答题后也能即时得到正误反馈。最后，终端还能自动对学生成绩排行，进行鼓励。

学生通过阅读文章，逐步掌握了本课的阅读内容，为了检测学生领悟主旨大意的能力，及对文章的理解能力，教师通过 Kahoot 设计出相应的选择题，让学生回答。

如：What does Katrina talk about in her letter?

A. Her exercise　B. Her eating habits　C. Her sleep　D. Her lifestyle

当教师在屏幕上推出题目的时候，学生使用移动终端快速进行抢答，回答正确并且用时最短的学生将得到最高的分数。通过这样的阅读训练，可以培训学生的专注力，快速阅读的能力，捕捉主旨大意的能力，对事物的判断能力等，并且活泼生动的游戏化的检测方式更有助于提高学生的学习兴趣。学生在答题过程中，学习热情高涨，参与度高，自动生成的评价，更能够真实反映出学生的实际水平和能力，有助于教师根据在线数据及时发现问题和不足，而教师的及时帮助更有助于激发学生学习英语的自信心。

Kahoot 同样适用于生词、语法知识点、短语等检测环节。

片段3　课后作业环节：善用电子书，提高聋生的写作能力

聋生在学习英语时因为缺失了听和说，所以更加重视阅读和书写训练。阅读课最后教学环节通常需要学生通过写作训练来强化和巩固所学的知识。Book Creator 是一款创作电子书的软件，通过插入文字、图片、视频，插入互动式提问等方式，制作出精致的电子书。笔者在布置课后作业时，以电子书的形式发送给学生，其中设计了三项作业：

一篇拓展阅读的文章，老师标识出学生可能不认识的词汇和短语(使用电子书的弹出窗功能)，并要求学生在课后进行识记和默写。

看图写话，根据提示单词和短语完成一篇短文。学生完成后，拍照保存在电子书中。

以“My lifestyle”为主题，完成一封给朋友的信，介绍自己的生活习惯。使用连词 and、but、although、so 等，使文章更流畅。拍摄一段介绍自己的短视频，配合短文，插入到电子书中，增加可读性。

对于聋生而言,进行独立写作训练,提升语言输出能力显得尤其重要。但因为学生学习能力差异较大,教师为不同层次的学生设计出具有难易梯度的作业,便于激发各个层次的学生获取语言信息知识的欲望。用电子书的方式完成课后作业,学生的兴趣浓厚,完成度更高。

以上作业可以根据本班学生的不同学习能力和层次,分别布置给相应的学生,不做统一的要求。

教学反思:

(1) 混合式学习是一种新型的学习方式,不仅突破了时间和空间的限制,更提高了学生学习的独立性、自主性、有效性。而在聋校高中英语阅读教学采用混合式教学模式,是在传统教学的基础上进行的一次创新和突破。这有利于创造生动有趣的交互式学习环境,有利于提高学生的学习兴趣,激发学生的自主性,促进学生的个性化发展。但在运用的过程中,也要根据实际情况,灵活切换线下和线上的教学策略。

(2) 线上线下混合式教学对教师的教学能力也提出了更高的要求和挑战。教师要做一个终身学习者和学生学习的引领者。我们所面对的是不限时空、资源无限的学习环境,教师只有提高学习的意识和能力才能胜任新时代教育工作者的角色。教师还应善于发现、整理和开发优质资源,并及时推送给学生,实现教学效益的最大化。互联网上有很多针对普通中小学的优质教学资源,聋校教师要善于发现、整合和再开发,将其二次开发成适合聋校学生线上线下学习的优质资源。

(3) 在线测评工具还有:剥豆豆、问卷星,教师可以根据检测的内容、题型和难度,进行选择。制作英文阅读文本的软件之所以首选电子书,是因为它制作简单,播放方便,形式活泼。但该软件只能在 iPad 上进行编辑,所以也可以用其他软件来代替,如 WPS 中的 PPT 等。

(4) 在混合式学习中,更加依赖于学生独立学习,所以自主学习能力和自控力强的学生更能从中受益。对于在这方面较弱的学生,教师可以通过正确的学习方式进行引导,或者利用线上直播平台进行在线监督,激励学生比学赶超、互相竞争,达到激励学生、营造良好学习氛围的目的。

本章小结

本章主要介绍听障儿童的学习特点和困难,在此基础上从词汇、阅读和写作三个方面探讨听障儿童英语教学方法,同时提出教师应从语言、学习者和学习情境层面入手,把激发学习动机贯穿教学过程。本章最后提供了真实教学案例,展示针对听障儿童的生活化、可视化和混合式英语教学实践。

思考题

1. 基于听障儿童英语学习过程中存在的困难，教师在开展英语教学的时候可以采取哪些措施？请从客观和主观两方面进行思考。

2. 结合教学案例“How do you make a banana milk shake? ”，说一说教师是如何针对听障儿童的学习特点开展英语教学的。

3. 结合教学案例“Can you play the guitar?”说一说可视化教学对于听障儿童的积极意义。

4. 请谈一谈面向听障儿童的英语线上线下混合式教学路径。

5. 根据《中国英语能力等级量表》，如何在英语教学中培养听障儿童的英语语言能力？

第四章　视障儿童英语教学与案例

篇首语

党的二十大提出要“强化特殊教育普惠发展”，为新时代我国特殊教育现代化发展指明了方向。视觉障碍儿童和普通儿童一样，也有权利接受高质量英语教育，适应社会需要。《盲校义务教育英语课程标准》(2016 版)也明确了盲校义务教育阶段英语课程的主要任务。本章从视力障碍儿童的认知特点和英语学习困难、视力障碍儿童的英语教学方法和视力障碍儿童的英语教学案例三个方面，全面概述视力障碍儿童的英语教学。

学习目标

通过本章学习，希望学习者了解视障儿童的认知特点及英语学习困难，在新课标框架下制定符合视障儿童认知的英语学习方法，从而有效进行视障儿童英语教学。

知识点思维导图

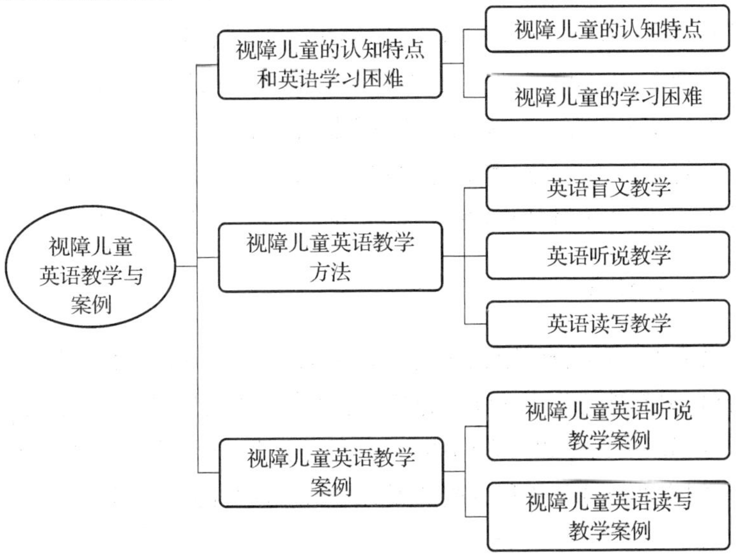

第一节　视障儿童的认知特点和英语学习困难

心理学研究表明，人类获取外界信息 83%靠视觉，11%靠听觉，3.5%靠嗅觉，1.5%靠触觉，1%靠味觉。视觉是人的重要感觉，也是获得知识和经验的主要渠道，其次是听觉（韦昀，2004）。视觉障碍是由于视觉感官的损伤与缺陷所致，广义上分为盲和低视力两类。视觉缺陷对盲童和低视力儿童活动产生困难，对身心发展造成障碍。虽然障碍出现早晚与障碍程度对视觉缺陷者影响不一样，但总体而言，视力障碍儿童在认知方面出现与明眼儿童不同的特征。

1.1　视障儿童的认知特点

1.1.1　知觉特点

传统观点认为，盲人通过发展其他感官来补偿视觉缺失。感觉补偿是指通过使用听觉和触觉与周围环境的互动来补偿他们的视觉限制。先天失明者（如出生时失明）或早期失明者在其他感官上的增强能力要比后天失明者更强。因此，作为感知客观事物和学习的主要途径，盲童的听觉和触觉发展得非常灵敏。盲童可以通过听觉进行空间定位，利用声音判断方向，通过听觉来了解和熟悉生活和学习环境。早期失明的儿童会拥有更强的听觉语义处理能力，包括理解超快合成语音的能力。同时，盲童的触觉也十分敏锐。通过训练，盲童不仅能学会六点盲字，还可以认识到物体，触觉也能帮助盲童形成正确的概念和发展思维。低视力儿童有一定残余视力，在学习中还是以视觉为主导，但需要使用大字课本进行学习（Carpenter，2020）。

视障儿童在空间知觉方面比明眼儿童困难得多，尤其对距离的准确知觉和深度知觉。法国学者 Y. Hatwell 研究发现：空间知觉的形成以视觉为主，因此视障儿童对空间关系的认知显著迟钝。原因在于，明眼人常依靠双眼线索来进行距离、方位、深度等空间知觉。虽然听觉也可为方位和距离知觉提供一定信息，但往往不太准确。触觉对物体大小、距离知觉的形成限制也十分明显（贺荟中、方俊明，2003）。

1.1.2　注意特点

在认知发展上，盲童较明眼儿童有一定滞后，但听、触等注意力却表现很好。首先，盲童只能根据其他感官如触觉、听觉、嗅觉等来获取信息，因此需要大量有意注意。盲童需要不断加强有意注意的能力，有意注意便得到不断强化并得以发展。其次，由于来自视觉通道的干扰很少或全无，视障儿童比视力正常儿童在听觉注意方面有较大优势。但对于低视力儿童来说，有限的视力常使他们有“想看又看不清”的感觉经验，结果致使注意资源浪费，于是出现了低年级低视儿童有意注意、学习不及盲童的现象（贺荟中、方俊明，2003）。

1.1.3 记忆特点

视觉经验的匮乏导致视觉表象形成困难，因此低年级视障儿童表现出以机械记忆为主的特点。视障儿童主要凭借听觉和触觉获取信息，其信息往往不够全面和完整。但由于感觉补偿，视障儿童有较强的听力记忆，以听觉信息编码为主的短时记忆和永久性记忆较好（张宁芯，2018）。研究表明，个体在执行认知任务中对信息暂时储存与操作的能力方面，低中年级视障儿童的工作记忆明显落后于视力正常儿童；但随年级的升高，差异逐渐减少，并趋于消失（贺荟中、方俊明，2003）。

1.1.4 思维能力

1.1.4.1 概念形成

概念形成方面，即在把握事物的本质特征方面，视障儿童往往存在较大困难。因为无论具体概念还是抽象概念，明眼儿童都是通过辨别事物正反例子的特征逐步概括出事物的共同特征从而达到概念的形成。然而，视障儿童缺乏视觉经验，也就无法形成具体事物的视觉表象，更不用说像明眼儿童那样借助事物的表象通过比较达到对事物本质属性的认识。虽然他们能依靠听觉和触觉感知到一些事物的特征，但犹如“盲人摸象”，感知信息往往不完全、不连贯，甚至不正确；而且有些事物是无法通过听或触摸感知的。因此，哪怕是对于明眼儿童非常简单的具体概念，对于视障儿童也相当困难（贺荟中、方俊明，2003）。

1.1.4.2 分类能力、分析与综合、概括与抽象能力

分类能力，是指通过比较事物之间的特征区分出这些特征的异同，从中抽取出事物的本质特征，把具有共同本质特征的事物归为一类的能力。视障儿童在概念形成方面的缺陷导致他们对事物进行分类的能力也较明眼儿童弱。事实上，视障儿童并非没有分析、综合、概括、抽象等思维能力，只是感性经验的缺乏较大地限制了他们思维的发展。据皮亚杰的认知发展理论，即使正常儿童，若没有丰富的具体感性经验做基础，也很难达到对抽象事物的一般认识。视障儿童缺乏感性经验，尤其缺乏来自视觉通道的感性经验，由触觉和听觉无法补偿的大量信息经验极大地阻碍了视障儿童抽象思维的发展（贺荟中、方俊明，2003）。

1.1.4.3 类比推理、因果推理能力

实验研究表明：先天盲童与正常儿童在类比推理能力方面不存在显著性差异；因果推理能力的发展又好于类比推理能力的发展。究其原因，可能是对于很多无法用

听觉和触觉感知的事物，家长和教师常借一些视障儿童能够感知到的事物通过类比推理的方法进行说明，促使盲童类比推理能力得到提高（贺荟中、方俊明，2003）。

1.1.4.4 智力

视障儿童智商与正常儿童是否存在差异的问题尚无定论。因为大多数智力测验依赖视觉，虽也有一些智力测验包含部分依赖听觉的测题（如韦氏儿童智力测验的言语部分、专为盲童设计的海叶斯—比奈特测验），然而仅是对智力的部分测验（即言语能力的测验）而非对智力较全面测验。由于视障儿童在学习、生活中较多依靠听觉器官和语言，所以若以视障儿童在语言上的表现作为他们智力的评价标准，并与正常儿童相比，整体上可能不会有显著差异（尽管他们在概念形成和抽象思维等方面有发展滞后的表现）。有学者使用韦氏儿童智力测验语言部分对视障儿童和明眼儿童进行的研究证实了这一点。但也有研究发现：视障儿童与明眼儿童在言语智商上存在显著差异，但在记忆广度项目上表现最佳，而类同项目最差；另外，视障儿童智商和教育年龄显著相关（贺荟中、方俊明，2003）。

1.2 视障儿童的英语学习困难

视力缺失或受损必然会影响个体的学习能力，但影响程度却是因人而异的。就视觉障碍儿童的学习能力问题，国内外学者的研究结论大致归纳如下：视力的缺陷并不明显影响智力，视觉障碍儿童并不一定比明眼儿童智力低下；视觉障碍儿童在概念形成上常有较大困难；视觉障碍儿童的学业成绩通常较明眼儿童差。视障儿童不能使用所有的感官功能，所以他们将“感觉补偿”作为非语言信息的一部分来学习第二语言。因此，不管视觉能力如何，视障儿童不可避免地使用补偿机制来获取语言。语言的习得主要是通过听觉而不是视觉，所以就视觉障碍本身而言，并不影响儿童语言的发展。如果得到足够的支持，失明本身也不会阻碍他们第二语言的学习。事实上，视觉障碍一般不会影响视障儿童的英语学习，因为记忆和听力技能的提高会使他们达到与视力正常学生相同的水平。影响视障儿童外语学习的因素主要分为内部因素和外部因素两类。内部因素包括学习者的身体状况、他们对语言的态度和动机；外部因素包括周围环境、社会环境和教学方面（Buarattana & Pragasit，2021）。由于内外因素的影响，要有效实现外语学习目标，视障儿童仍面临较大的挑战。目前面临的困难可能有以下三个方面。

1.2.1 学习动机

大多数视障儿童早期生活环境比较封闭，在一定程度上形成了依赖他人、自卑焦虑的性格特征，这种性格特征迁移到英语学习中，易产生畏难心理。由于盲童丧失视觉功能，总觉得自己不如别人，加上家庭社会对他们关怀备至，对他们的要求也相对较低(韦昀,2004)。因此,有些视障儿童会对自己降低要求,欠缺外语学习动机。

1.2.2 英语学习环境

视障儿童在英语学习中的困难大小和学校的外部因素息息相关。盲童或低视力儿童很难获得和明眼儿童同样的英语学习环境。盲文版英语教辅和学习资源的缺乏是他们首先要面对的。普校学生除了课本之外还有大量的课外书籍,而盲生学英语只局限于一本普通教科书的盲文翻译本,其中还删除了不适合盲生的内容。另外,在融合教育课堂,教师可能也缺乏相应的英语教学经验和教学评估方法。

1.2.3 英语技能学习

听力技能方面,视障儿童通过阅读有声书从听觉输入中学习信息,因此阅读和听力的技能都是在听力活动中发展的。阅读音频盲文文本既需要阅读技能又需要听力技能。因此可以预见,听力和阅读技能都只能通过听觉这一单一通道输入,必然会带来一定的困难和挑战。

关于口语技能,一般会认为视障儿童听力比较灵敏,口语技能也不难掌握。但实际上,困难仍然存在。盲童言语表达方面与明眼儿童无明显差异,能很好地完成以口语方式进行的活动,但语言姿势和体态等非言语特征会表现出异样,如缺乏面部表情,手势也少。英语发音方面,由于盲童看不到教师的口型,若缺乏相应的口型和舌位讲解,会导致语音模仿上的困难。另外,语流中的音变现象如连读、失去爆破、弱读等超音段特征也会对他们造成捕捉字音和模仿发音上的障碍(韦昀,2004)。在语言表达上使用的词汇缺乏感性基础,缺少视觉形象,常出现词与视觉形象相互脱节,不能准确把握一些视觉词汇的内涵的现象。许多低视力儿童和盲童一样,可能仅有短暂的视觉经验或根本没有视觉经验,缺乏进一步建立视觉记忆的基础。

就阅读技能而言,盲童在英语课中最常用的学习材料是盲文文本,且只能以线性顺序阅读,这在某种程度上限制了一些快速阅读技巧的使用,如略读和扫读等,也因此影响了他们的阅读输入。视障儿童的工作记忆和短时记忆较明眼儿童更容易超载,阅读过程会更加耗时耗力。顺序阅读使他们无法回读,也很难通过跳读找到包含有用信息的内容,他们也许无法以整体的方式掌握阅读文本。低视力儿童由于近距离看书视野小、眼球震颤等,阅读速度要低于盲童和明眼儿童。(Buarattana & Pragasit, 2021)

在写作技能方面,视力障碍的学生主要依赖语法和词汇知识,这被认为是英语学习中最难的技能之一(Özer & Cabaroğlu,2018)。盲生的书面语言以盲文为主,对视觉形象为主的词语、篇章以及非交际手段的学习有一定的困难,对词汇理解可能不深刻、不透彻,可能会出现用词不当现象。

第二节　盲文的起源、发展、应用

2.1　盲文的起源

盲文又称点字，国际通用的点字由 6 个凸起的圆点为基本结构组成，是专供盲人摸读、书写的文字符号。作为一种文字，盲文究竟缘起何时，已无详细材料可资稽考。从现在能见到的文献资料看，盲文的出现已约有 400 年的历史。

2.2　盲文的演变

最早出现的可供盲人摸读的文字，是 1517 年由西班牙人弗兰西斯格·路克斯(Francesco Lucas)发明的。他曾把字母雕刻在木板上，教盲人摸读。其后，又有人用较大的铅字字母，或用大头针在软垫上扎出字母，或用厚纸直接压印出字母等，供盲人摸读使用。这种盲文，实际上与普通拉丁字母形体如出一辙，没有任何本质区别，最多不过是普通字母的一种变体。作为适用于盲人阅读和书写的文字工具，它只解决了摸读问题，而未从根本上解决书写问题，因此早已不使用了。

在众多的字母方案中，相比较而言，较为实用的是“月”型盲文方案，亦称穆恩体(Moon type)盲文。它是英国的威廉·穆恩(William Moon)创造的。与字母型盲文相比，其特点是形体上只部分保留了罗马字母的轮廓，以最简单的线条来表示字母，字体都是凸起的线条形式，这可以说是一种简单的线条形式的盲文。19 世纪 40 年代，英国伦敦盲校曾使用过它，据传国外迄今仍有年纪较大的讲英语的盲人使用。穆恩体盲文的缺陷是不便于盲人书写。

布莱尔及其盲文。1824 年，法国盲人布莱尔(Louis Braille)受夜文的启发，创造出了以简单的凸点代替拉丁字母的盲文体系。这种盲字别开生面，一改过去许多盲文方案的不足，结构简单明了，易于摸读，便于书写，是一种理想的盲人文字。至此，全世界盲人共同使用的盲文才正式诞生。

2.3　英语点字的应用

英语盲文以英语点字字母为基础，组成英语单词、句子的英语语言学习要素。目前我国盲人学校英语教材，小学三年级到六年级、高中一年级到三年级学习和使用英语一级点字，初中学习和使用英语二级点字。英语一级点字的特点就是英语字母盲文点字的组合，英语二级点字简写规则比较繁多，对有意向在英语语言有更高层次学习和研究意向的视力障碍人士来说，阅读和书写时掌握英语二级点字能够提高阅读和书写的效率，对深度的英语语言学习有更好的促进作用。

2.3.1 英语点字字母表

英语点字 26 个字母分别由相应的点字符号代替，从规律上说字母 a—j 为点字基础符号，字母 k—t 为前面 a—j 点字的点位上加上第 3 点，字母 u、v、x、y、z 点位为 a—e 点字的点位上加上 3，6 点；其中字母 w 的点位比较特殊，点位为⠺(2，456)。字母大写需要在字母点字前加第 6 点。

英语点字字母表

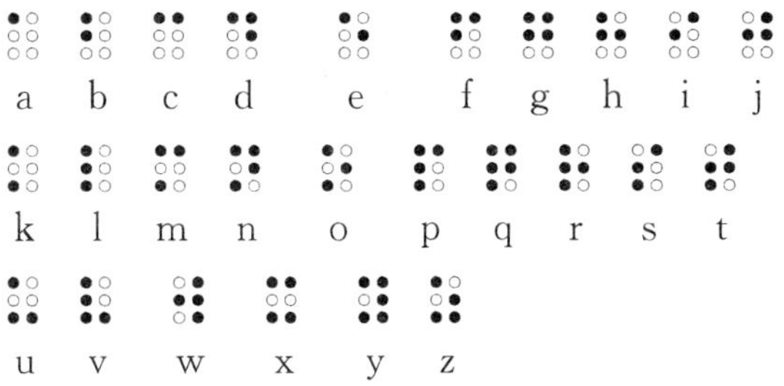

2.3.2 英语点字标点符号

英语盲文点字代表的标点符号，不同于汉语盲文标点符号。

2.3.3 英语点字简写

英语点字简写也称为“二级点字”，与之相对，全拼的书写方式为“一级点字”。了解掌握英语点字简写，要从部分词简写、整体词简写、开头字母的简写、末尾字母的简写、词缩写、简要简写规则等几个方面的内容开始学习。英语点字的简写看起来非常复杂，使用英语点字学习阅读和写作，对学习英语的视力障碍人士有一定的难度。但我们也不要被它的多变吓到，掌握一些基本的简写点字和简写规则，有利于视障儿童扩大阅读的量和范围，提升语言学习的效率，进而实现语言的综合运用。英语二级点字是一种高效便捷的英语点字符号，熟练掌握运用会更好地为阅读英语语言类书籍增添一条高速通道。

简单举例如下：

部分词简写　for　of　with

整体词简写　but　from　child

开头字母简写　father　here

词缩写　after　tomorrow

第三节　英语盲文教学要点

3.1　简写规则提示

规则提示 1：开头字母简写符号可以用作整体词，也可以用作部分词。末尾字母简写符号只能用作部分词，不可以用在一个词的开头。

试比较：

（1）开头字母简写用作单词的部分

ever　never

many　Germany

（2）末尾字母的简写只能作部分使用，不能用在一个单词的开头

例：

ance

ancestor

glance

例：less

useless

lesson

规则提示 2：为了避免拼写错误，在拼写 after、blind、friend 等构成更长的单词时，如其后有元音字母，不能采用词缩写，只能采用字母组合缩写。例如：after effects 中 effect 是元音开头，after 只能缩写 er，后面部分缩写 ff。

blindness 中 blind 简写 bl 后，连写 ness 的简写符号。

规则提示 3：词缩写在原有词义不发生变化的条件下可以作为部分词使用。例如：

should  shouldn't 

must  mustn't 

mustache 

规则提示 4：一个词能使用几种简写方法的时候，使用包含字母多的高层简写方式。例如：

wither  不能写作  或者 

then  不能写作 

other  不能写作 

dear  不能写作 

3.2 二级英语盲文教授方法

视障儿童的英语学习过程必须加强盲文解码训练，熟练掌握二级英语盲文，具备学习英语的关键素质：语音意识、拼读技巧、流利程度等，融合好听说读写，让学生沉浸在英语学习中，鼓励学生自主参与到学习活动中来。一级盲文是将每一个单词进行解码，书写或打印在盲文纸张上，这种方式有助于视障儿童对词汇的完整认知。但随着年级的升高，视障儿童对基本词汇和常见词汇的熟悉程度有所提高，加之文章篇幅加长，语言知识难度加大，学习二级盲文（简写版盲文）的书写规则势在必行。二级英语盲文点字的用法共有 189 种，包括单词连用、字母简写、常用标点符号、常用词缩写的方法，规律性较强，需要学习者具有扎实的英语盲文基础。对二级英语盲文的深入系统学习，能够提高学生的阅读速度和书写速度，增强学习的实效性。另外，由于二级点字为英语母语国家盲文出版物的规范用字，国外的英语盲文出版物以及国内的课外英语盲文出版物均使用二级点字制作。因此，英语教师应重视对二级英语盲文的教授，为视障儿童系统地接受英语知识与教育扫除障碍。

视障儿童的触觉感官在学习过程中发挥着重要作用，学生通过直接触摸真实的物体、标本、模型等，能对事物的各种属性有完整、确切的感性认识。在英语课堂中，教师应尽量使用触摸图、凸型平面触摸图、模型等直观教具，丰富视障儿童的感性认识，完成对新知的认识与掌握。例如，在学习"Can you tell me the way to your school?"一课时，教师可以利用凸线图，将学校周围的道路、设施、商店等呈现于凸线图中，提前让视障儿童触摸商店、学校和道路之间的位置关系，其中"turn left, turn right, go straight on"等方向性信息可以使用箭头表示，以便在课堂学习中顺利展开自主对话，强化学生对相应语言知识的掌握（屠芸芸，2021）。

第四节 视障儿童英语听说教学

4.1 视障儿童听说教学原则

根据上述特点，对视障儿童实施听说教学要把握好以下原则：

4.1.1 课堂上听力训练以口头检查为主

普通学校的老师在做听力训练时常常会辅以一些书面练习来检查学生的理解情况，但视障儿童的书写和阅读速度是远远慢于常人的。视障儿童在课堂上过多的书写不利于课堂效率的提高，白白浪费许多可以用来进行听说练习的时间。

4.1.2 限制母语但不排斥母语

结构主义语言学家认为一种语言的词义很难用另外一种语言确切地表达出来，主张用直观手段、情景、上下文或用英语释义。例如，现行教材的特点之一就是用图片来说明单词、句子的意思，这种直观的方法非常适合明眼学生，不用老师多作解释。但是视障儿童看不见所有的直观教具，有的也许可以用手摸一下或用鼻子闻一闻，但很多视障儿童生活中没有实际接触过的东西还有一些抽象的单词即使用英语解释了，视障儿童也不一定明白，这时候老师用中文解释一下还是很有必要的，不能一味地排斥母语。

4.1.3 大量实践形成语言习惯

结构主义语言学家认为语言是一套习惯，而习惯是要靠大量的练习来形成的。因此课堂教学中要把大部分的时间用在让学生进行语言实践活动上，当量的积累达到一定程度时就会引起质的飞跃。

4.2 视障儿童听说教学方法

4.2.1 精听与泛听相结合

“听”分为精听和泛听。精听的目的除了耳听会意之外，重点在于模仿语音语调，以作“说”的准备。教师在课堂上用英语讲课，是视障儿童练习听力的重要途径，但不是唯一途径。相关二维码等是精听的主要工具。精听时要求视障儿童特别专心，初始阶段要逐字逐句地反复模仿，注意轻重读、升降调、意群停顿、失去爆破等语音语调的要求，力求模仿得惟妙惟肖。泛听的目的是训练视障儿童在听正常速度的录音或讲话时抓住大意，以提高听力理解能力，不要求抓住每个词也不要求模仿语音语调。但是，泛听要求抓住关键词语，并通过对语篇的整体理解抓住主旨大意。例如当视障儿童听一篇叙述文时，要求视障儿童把有关 who/what（人/物）、when（时间）、where（地点）、how（情况）的词语抓住，才能对文章有一个大致的了解。现在网络上已经出现很多英语经典名著或英语童话故事的音视频资源，也有很多英语广播或电视节目，都可以作为视障儿童课余的听力材料。视障儿童在练习的过程中也许会碰到许多困难，许多政治、经济、地理等方面的生词可能听不懂，但是没有关系，不必介意，这些词能听懂多少就算多少，只要能起到潜移默化的熏陶作用就行了。

总之，精听要求细，要求重复模仿，不仅要听懂大意，而且要了解细节，在听的同时要做说的练习。在听不懂的地方或需要着重模仿的地方，可以随时暂停重放，直到听懂、读准为止。泛听则要求粗，要求听的量大，只求抓住大意，不必了解细节。因此，泛听时要求一气呵成，中间不要打断重放。精听、泛听这两种方法要结合使用，只泛不精，会导致似是而非、不求甚解的后果；反之，只精不泛，则会见树木不见林，抓不住大意。教师还要抽时间让视障儿童听听自己的录音。比如要求视障儿童把自己朗读课文的声音录下来，然后放出来全班欣赏、评价。最后，再放课文的原音，和视障儿童的录音对照检查，从而改进视障儿童的朗读技巧。

4.2.2 运用多种形式反复实践

4.2.2.1 句型操练

结构主义语言学家认为语言虽然庞杂，但都是由不同结构的句型生成的，句型是外语教学的核心部分。这里介绍一种叫 MMC（Mechanical Meaningful Communicative）的句型练习方法，也就是从机械性练习，到有意义的练习，再到交际性练习的方法。学生可以用 Pair work（配对练习）或 Group work（小组练习）形式进行。

M（Mechanical 机械的）：句型练习的第一步，即机械性替换练习。例如练习一般问句的句型“Do you like...?”可以用不同的名词作宾语，代入这个句型，进行机械性地重复练习。

M（Meaningful 意义的）：这类练习中所学到的句子都是有可能用于实际生活中的较为自然的口语，不像上述机械性练习那样只是孤立的句子操练。在进行有意义的操练时要注意用正确的语音语调，通过对话来进行。

C（Communicative 交际的）：这类练习更加符合交际的需要，更加接近生活的实际。

以上三种句型练习是逐步深入、起不同作用的，但是有一个共同的要求，就是需要反复、正确地朗读。

4.2.2.2 情景对话

在上述句型练习的基础上，可进一步进行情景对话。教材的编写就是按情景分类的，教师可让视障儿童按项目把有关的交际语进行归纳。日常交际用语是供对话时用的套语，即在不同场合所用的口语句型，要求视障儿童学会、套用。

4.2.2.3 英语释义

在开口说话时碰到一个单词不会说，可以用浅近的英语来表达，例如你不知道鸭蹼(web)这个词，改用"duck's feet"，别人照样可以懂得你的意思。

4.2.2.4 复述和口头作文

当视障儿童读完一篇课文或者一篇小故事以后，可以根据其情节，用自己的话语重新进行表述。这样做既可以重温故事内容，复习所学词语，更可以锻炼视障儿童分析综合、去粗存精、有重点地重新组织语言进行表述的能力，并在这个基础上发展成为口头作文。可以自己命题，如："My family""A good diet""Our school"等熟悉且又可以口述的题目。复述和口头作文的目的在于流利地、连贯地表达成段或成篇的思想，而不在于口头表述的速度和准确度。

4.2.2.5 表演

课堂上的表演是为提高口语能力而进行的一些创设情景的活动。这些活动可以是两人对话、多人交谈、新闻采访、电话应答、叙述故事、诗歌朗诵、唱歌表演、演出小品等。这样做既可以提高学习英语的兴趣，又可以锻炼语音、语调和口语能力。不少视障儿童喜爱音乐，有一定的天赋，《盲校义务教育英语课程标准》(2016版)也相应增加了歌曲学习的要求。课本里不少英语歌的歌词，无论是唱起来还是朗诵起来，既有音韵，又有节奏，而且还接近生活，唱歌学英语是视障儿童最喜欢的方式之一。

4.3 对视障儿童实施听说教学应注意的问题

4.3.1 心理因素

在进行听说训练时，对于一些较长或较难的句子，如果语速过快，视障儿童常常会产生紧张畏惧情绪，从而影响听说的质量和效果。怕听不懂，怕说不清，结果越怕就越听不懂，越怕就越说不清。教师教学时应该由浅入深、循序渐进，多鼓励多肯定他们，增强他们学好英语的信心。

4.3.2 教材使用

虽然听说法是一种符合实际,行之有效的教学方法,但也有弊端。大量的阅读不仅能帮助学生细嚼慢咽,更好地消化所学知识,对一些有基础的学生能更快地提高其英语水平。虽然教材缺乏,但教师可以利用课余时间打印一些深浅程度不一的材料,以弥补听说法的不足。如果能开发一系列盲文英语学习丛书就能助视障儿童一臂之力了。(韦昀,2004)

第五节 视障儿童英语读写教学

5.1 英语阅读教学难点

5.1.1 身体因素

视障儿童视觉功能丧失,靠手指尖的触摸阅读文章,虽然有一定局限性,但教学实践中发现,通过正确的训练,可以使视障儿童阅读速度有较大提高,其中,双手默读训练是最行之有效的方法。单手默读是逐个摸完一行单词,摸完读完后另起一行时,有时会出现错行,不得已又要回到刚读的那一行,从而严重降低了阅读的速读。而用双手摸读法,当右手摸读时,左手食指则放在下一行的开头,一行读完能迅速进入下一行阅读,有效节约阅读时间。在双手摸读训练过程中,有些视障儿童还能用右手的食指、中指、无名指和小指同时摸读,扩大了摸读的范围,通过一段时间的强化训练,虽然不能和明眼人相比,但手指的灵活运用,使得阅读速度大大提高,不出声默读可以达到每分钟 200 个单词。

5.1.2 心理因素

针对盲童畏难的心理,在教学过程中可以因材施教,培养他们的阅读兴趣,激发他们积极向上的人生态度,告诉他们可以和正常人一样读好书,甚至读得更好,培养他们敢于和正常人竞争的意识。有了这样积极向上的心态,视障儿童就会懂得珍惜时间,并由此产生一种紧迫感,珍惜每一次的阅读时光。在这样的心理铺垫下,教师可以定期组织他们进行阅读速度比赛,并对比赛结果进行分析,比较了解同学间的差距,互相促进,从而进一步加快阅读速度。

5.2 英语阅读教学强化方法

除了掌握基本的语法知识能力之外，足够的词汇量是有效阅读的必要条件。调查发现，虽然视障儿童对词汇学习非常重视，但词汇仍然是一个薄弱环节。因此，作为阅读的组织者和引导者，在阅读教学中，教师应注重几个环节的组织引导，让视障儿童（阅读的主体）最终学会自主阅读，直接阅读。

5.2.1 导入

课文的导入是阅读中必不可少的重要环节，根据课文灵活导入，能激发视障儿童的阅读兴趣，及时进入阅读状态。课文背景导入法，能帮助视障儿童开阔视野，补充不完整或欠缺的背景知识，使视障儿童对阅读内容有更丰富的了解。标题是一篇文章的文眼和灵魂，是文章内容的浓缩，也是文章信息的发散中心，体现了文章的主旨和作者的意图。在进行阅读教学前，教师引导视障儿童从分析标题入手，对文章的内容做出判断，这样在阅读教学时，视障儿童就可以将自己的预测与课文实际表达的思想内容加以比较，达到对课文内容的深层理解。课文内容导入，在阅读教学之前，教师就课文内容提出问题，以引导视障儿童预测文章的主要信息，推测其大意，从而自然导入。阅读导入是否成功，取决于他是否完成以下三项任务：从视障儿童已有的认知出发，引入新话题；为自主阅读提供语言支撑，扫除文化障碍；为阅读前的预测设置情境，让视障儿童带着问题阅读。

5.2.2 文章的分析

在阅读过程中，要对视障儿童的阅读习惯、阅读方法加以指导，让视障儿童觉得很具体、很实际，这比单纯的理论讲授更能产生效果。

5.2.2.1 略读

如果阅读材料篇幅较长，内容多时，略读全文是一种较好的选择，例如在阅读一篇文章时，从文章的摘要或前言中可略知文章的端倪，发挥左手食指的探行作用，结合右手手指快速阅读每一章节的小标题和段落的起始句，从中找出主题句。略读的过程就是寻找主题句掌握文章要点的过程，避免在无关紧要的章节内容上浪费时间和精力，一般来说，这种阅读的速度是普通阅读的二倍或三倍，理解的效果比普通阅读要低得多，但可以快速获得文章或段落的主题。略读的方法省时有效，可以在没有必要全面通篇阅读时，知其主题思想，可以在受到某一标题或内容的吸引时进行针对性的阅读。因此在进行阅读课教学时，要有意识地培养视障儿童，找出主题句，理解主题句与文章具体事实细节的关系；对没有主题句的段落，就引导视障儿童依靠段落中的衔接来分析，推断和概括段落的大意，从而达到整体理解的目的，获得文章表达的正确信息。

5.2.2.2 查读

同略读一样，查读也是一种快速阅读技巧，熟练的视障儿童，善于运用查读获得具体信息，以提高阅读效率。查读是一种从大量的资料中迅速查找某一项具体事实或某一项特定信息，如人物、事件、时间、地点、数字等，而对其他无关部分，则略去不读的快速阅读方法，运用这种方法，就能在最短的时间内略过尽可能多的材料，找到所需要的信息。作为一种快速查找信息的阅读技巧，查读既要求速度，又要求准确性，具体来说，查读带有明确的目的性，是有针对性地选择问题的答案，因此手指在阅读材料上略过时，一旦发现有关的内容，就要稍做停留，将它记住。查读与阅读不同，阅读时，读者事先对材料一无所知，而查读是在读者对材料有所了解的情况下进行的。为了有效地进行查读，视障儿童可以利用章节标题和说明。查读之前，先看看文章标题或章节标题，确定文章是否包含自己所需要的材料，这样就可以直接翻到那个部分进行寻找。视障儿童找到包含所需信息的章节，准备查读时要留心与那个具体信息有关的提示词(韦昀，2012)。

5.2.2.3 文体分析

文体分析能帮助视障儿童掌握文体结构特点和语言特点，进而快速预测文章内容，把握文章大意，猜测作者意图。文体分析包括对文体结构和语言特点的分析。学生掌握常见文体，如对话、故事、游记、日记、百科全书、说明、议论、新闻、海报、信件、电子邮件等结构和语言特点。文体结构分析包括段落与文章关系、段落与段落关系、文章的连贯与衔接手段。典型的文体结构，如故事的时间顺序、议论文的总—分—总结构、新闻的倒三角结构，可以帮助学生快速把握主题句、理解主旨，帮助学生区别主要信息与细节信息，提高阅读速度和效率。识别文章的连贯与衔接手段，能帮助学生判断文章重点内容，理解上下文的关联。语言特点包括修辞手法、选词特征。学生对比喻、举例、排比、重复、拟人、夸张、对比、反问等修辞手法的掌握，有助于其对文章内容和作者意图的理解。比如，可以通过例子推断说明文中专有名词的含义。通过发现重复、夸张、反问等修辞手法，理解作者想要强调或表达的某种强烈情感态度。

5.3 英语写作教学

5.3.1 英语写作教学实施背景

全日制盲校义务教育阶段课程设置方案出台，据此，盲人学校英语课程教学从小学三年级开始，小学周课时数 3 节，初中学周课时数 4 节，盲校英语教学开始受到前所未有的重视。盲生由于视觉的缺失，对事物的感知不够完整，思维想象的空间也很有限，往往需要借助具体的描述，才能完成书写任务。

5.3.2 英语写作教学实施方法

5.3.2.1 给视障儿童必要的有效指导

写作要求表达清楚且完整的思想，要提高视障儿童用英语写作的能力，涉及的问题很多，都需要仔细考虑，认真对待。重点分阶段分步骤进行训练，通过介绍各种体裁文章格式，尤其是考试常用文体，如书信、日记、通知、记叙文、留言条等；进行综合语言训练，书面表达不能孤立进行，可以指导学生在阅读后书写感想，续写结尾，在听力后做材料梳理，也可以在讨论话题后进行文字记录，利用教学中的基本句型、词组，训练学生书面表达语言运用的准确性、规范性和整体性，在实际语言学习中学会书面表达的书写和进行分享交流，养成勤于书写的习惯；教师还可以要求视障儿童多读、多背，掌握各文体的书写格式。做好平时教学常规要求，要求视障儿童一日一读，一日一背，一日一写，督促他们多收集素材，书面表达的能力也就在训练中提高了。

5.3.2.2 将书面表达训练纳入考试题型

盲校初中年级尝试开设英语写作指导课，并将书面表达纳入期中测试、期末测试、中考考试题型，以引起教师、学生的足够重视。适当改编普通中学英语书写要求，以更直观的方式呈现书面表达要求和评分细则。充实学校的英语教学内容，分阶段利用功能话题开展书面表达训练，提高盲校英语教学的整体检测体系和实际教学效果。盲校英语书面表达题目的设置一定要细化描述，比如具体的人物、位置、颜色、时间、事件、结果、次序等，提供直观、丰富的信息帮助视障儿童写作，减少视障儿童因视觉缺失而带来的思维阻碍。

5.3.2.3 在中学高年级提倡用电脑书写

在学生能用英语二级点字摸读教材、读物，书写小作文时，我们也提倡中学高年级学生利用电脑进行机上书写。在盲用软件的帮助下，学生在电脑上建立自己的书写文件，输入自己的书写内容，编辑和修改自己的书面表达材料，形成完整的文档。在信息无障碍化的今天，视障儿童通过机上书写，结合当代科技，如邮箱、QQ、微信等上传自己的写作作品，教师及时指导和反馈，实现了教与学的互动（王吉星，2014）。当然，书面表达的训练不能仅依靠电脑实现，传统的盲文点字书写和盲文书阅读这一提供信息的渠道也不能轻易丢弃，否则书面表达的训练和提高则是无源之水（王吉星，2014）。

第六节　视障儿童英语教学案例

教学案例

视障英语听说课大单元设计教学课例“How Abu Simbel was saved”

一、教学分析

1. 单元教材分析

本单元是人教版《普通高中课程标准实验教科书英语必修2》第一单元“Cultural relics”，指向“人与社会”主题语境中的“文化遗产与保护”，主要涉及以下16个语篇：

表1　人教版必修二第一单元学生用书“Cultural relics”语篇统计表

编号	语篇	语篇类型（技能）	语篇内容	语篇主题	预计课时
1—1	Warming up	问题对话（口语、看）	讨论文化遗产概念与内涵	文化遗产的特征；认识著名文化遗产	0.5—1
1—2	Pre-reading	问题对话（口语、看）	讨论琥珀是什么；预测阅读语篇的内容	了解琥珀	0.3
1—3	Reading: In search of the amber room	记叙文（阅读）	德俄两国艺术精品琥珀屋的历史故事	文化遗产琥珀屋的历史与传奇	3—4
1—4	Learning about Language: E2	记叙文（阅读）	艺术历史系学生陈雷上交文物	个人文物保护意识与行为	0.3
1—5	Using Language: A fact or an opinion	说明文（阅读）	定义“事实”与“观点”，说明二者区别	了解“事实”与“观点”，对两者进行区分	1
1—6	Using Language: E2	记叙文（阅读）	Jan Hasek 见证琥珀屋的失踪	文化遗产琥珀屋的历史与传奇；区分关于琥珀屋失踪的“事实”与“观点”	0.5

续 表

编号	语篇	语篇类型（技能）	语篇内容	语篇主题	预计课时
1—7	Using Language：E4，E6	记叙文（听力、口语）	Hans Braun 和 Anna Petrov 见证琥珀屋的失踪	文化遗产琥珀屋的历史与传奇；区分关于琥珀屋失踪的“事实”与“观点”	1—2
1—8	Reading and writing：E2	信件（阅读、写作）	柏林学生对琥珀屋归属是个人还是国家的探讨	文化遗产琥珀屋归属	1

表 2　人教版必修二第一单元学生用书“Cultural relics”workbook 语篇统计表

编号	语篇	语篇类型（技能）	语篇内容	语篇主题	预计课时
2—1	WB，listening talking	记叙文（听力、口语）	成功保护古埃及文物 Abu Simbel Temple 的故事	文化遗产 Abu Simbel Temple 重建与保护	1—2
2—2	WB，using words and expressions	问题讨论（看、口语）	文化遗产的描述	文化遗产的特征	0.5
2—3	Using structures	记叙文（阅读）	英国巨石阵之谜	了解文化遗产：英语巨石阵	1
2—4	Listening task	记叙文（听力）	故宫介绍	了解中国文化遗产：北京故宫	1
2—5	Listening task E4	讨论（口语）	世界著名文化建筑及价值	文化遗产的价值	0.5
2—6	Reading task	人物传记（阅读）	冯骥才保护天津古文化街	个人文物保护意识与行为	2—3
2—7	Speaking task	讨论（口语）	学生自己故乡的文物问题讨论	文化遗产保护	1
2—8	Writing task	倡议书（写作）	学生自己故乡的文物问题讨论	文化遗产保护	1

在梳理各个语篇内容，寻找语篇的内在关联后，在“文化遗产”这一话题下，对主题进行提炼。得到以下主题线索：

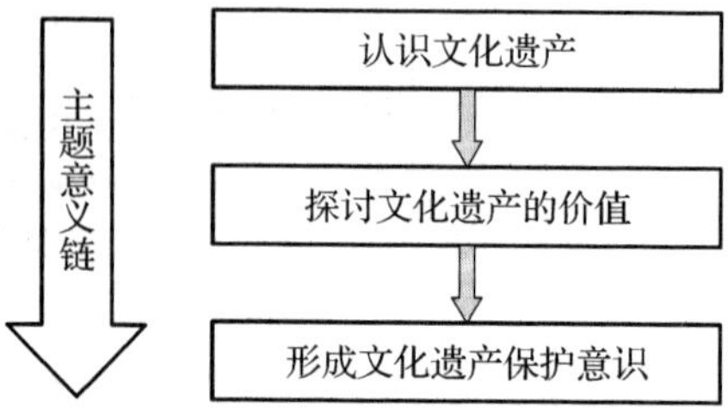

确立主题线索后，对单元内容进行整合，结合核心素养的要求，以主题意义探究为主线，将语言知识、文化意识、思维品质和学习能力有机融合到意义探究的学习过程中，由浅入深，螺旋式对单元话题“文化遗产”进行探讨。

在每个主题线索中，根据综合能力要求由低到高，提炼出以下单元教学目标：

表 3　单元教学目标表

认识文化遗产	1. 能说出一些中外著名文化遗产，如：琥珀屋、阿布辛贝神庙、寞高窟、泰姬陵、故宫、巨石阵、长城、温莎城堡、金字塔、布达拉宫、吴哥窟等。
	2. 知道部分著名文化遗产的故事，如：琥珀屋、阿布辛贝神庙、寞高窟、泰姬陵、故宫等。
	3. 初步掌握对文化遗产材质、大小、外表特征、历史故事等方面的描述。
探讨文化遗产价值	1. 初步了解文化遗产的价值，能从稀有度、材料的珍贵、工艺、历史、文化、文明等方面认识文化遗产的价值。
	2. 在讨论文化遗产价值时，能找出并使用具体的客观事实性信息佐证自己的主观看法。
	3. 讨论家乡特定文化遗产的价值(大报恩寺)。
形成文化遗产保护意识	1. 能欣赏文化遗产的珍贵、精美和其中的文化底蕴。
	2. 具有保护国家乃至世界文化遗产的意识，知道文化遗产属于全人类。
	3. 初步探讨文化遗产保护的方式，如：重建、维护、宣传、国家博物馆收藏等。
	4. 辩证看待文化遗产的保护与人们生活的关系。

单元教学目标中包含了所有语篇所涉及话题的相关内容，但是，学生的学习能力有限，完全完整的学习需要 16—21 课时，而在实际教学中，只有 10—12 课时的教学时间。因此，需要根据语篇与主题线索的相关性，对语篇的重要性进行区分，明确重点语篇，确定每个课时的教学目标，根据学生实际进行课时目标分配。如下表：

表 4　课时目标表

课时	涉及语篇	课时教学目标	对应单元教学目标
1	1—1 Warming up 1—2 Pre-reading 1—3 Reading: In search of the amber room	1. 认识文化遗产：寞高窟、泰姬陵、故宫、琥珀屋等。	1—1
		2. 了解莫高窟、泰姬陵、故宫的背景故事信息。	1—2
		3. 知道并能描述琥珀的外形特征。	1—3
		4. 感知文化遗产的稀有、珍贵和精美，并用简单的词、句描述。	1—3；3—1
2	1—3 Reading: In search of the amber room	1. 了解琥珀屋的故事，大体知道当时德、俄两国背景及其外交作用。	1—2
		2. 提取原文词句以描述琥珀屋的外形特点、工艺技术。	1—3

续 表

课时	涉及语篇	课时教学目标	对应单元教学目标
3	1—3 Reading：In search of the amber room 2—2 WB，using words and expressions	1. 了解琥珀屋的故事，有能力的学生用简单词句进行叙述；简单了解温莎城堡。	1—1；1—2
		2. 提取原文词句以描述琥珀屋和其他文化遗产工艺品的外形特点、工艺技术和精美程度。	1—3
4	1—3 Reading：In search of the amber room	1. 能用简单的词句描述琥珀屋外观，主动收集资料了解琥珀屋的具体外观信息。	1—3；
		2. 初步探讨琥珀屋的价值。	2—1；2—2
		3. 尝试探讨琥珀屋重建的价值与意义。	2—1；3—3；3—4
5	1—6 Using language：E2 1—5 Using language：A fact or an opinion	1. 了解琥珀屋失踪的故事。	1—2
		2. 知道"事实"与"观点"的定义与区别。	2—2
		3. 区分琥珀屋失踪的事实性信息与观点。	2—2
6	1—7 Using language：E4，6	1. 了解琥珀屋失踪的故事。	1—2
		2. 区分琥珀屋失踪的事实性信息与观点。	2—2
7	1—7 Using language：E4，6 1—8 Reading and writing：E2 1—4 Learning about language：E2	1. 区分琥珀屋失踪的事实性信息与观点。	2—2
		2. 初步探讨文化遗产归属和保护。	3—2；3—3
8	1—3 Reading：In search of the amber room 1—8 Reading and writing： E2	1. 探讨文化遗产琥珀屋价值：从稀有度、材料的珍贵、工艺、历史、文化、文明等方面认识，并给出具体客观信息支撑。	2—1；2—2
		2. 探讨文化遗产归属和保护。	3—1；3—3
9	2—1 WB，listening and talking	1. 了解阿布辛贝神庙，探讨其价值。	2—1；2—2
		2. 知道阿布辛贝神庙折迁保护的大概信息。	1—2
		3. 辩证看待文化遗产的保护与人们生活的关系。	3—4

续 表

课时	涉及语篇	课时教学目标	对应单元教学目标
10	1—8 Reading and writing： E2	1. 整合所学内容，充分讨论文化遗产归属与保护。 2. 了解辩论论点的写作框架。	2—2
		3. 能结合所学内容，表述自己对文化遗产的归属的观点，并给出原因。	2—2
11	2—7 Speaking task： 1—3 2—1	1. 运用所学内容和收集到的信息，讨论南京大报恩寺的价值。	1—3；2—1；2—2
		2. 探讨文化遗产的保护方式。	3—3
		3. 辩证看待文化遗产的保护与人们生活的关系。	3—4
12	Review	1. 回顾所学文化遗产，总结文化遗产的价值。	1、2
		2. 能简单回想或复述重点文化遗产琥珀屋等故事。	1、2
		3. 能欣赏文化遗产，乐于保护文化遗产，并说出一些保护方法。	3

2. 课时教材分析

本节课的教材选自人教版《普通高中课程标准实验教科书英语必修 2》第一单元 workbook 听说部分。其主题为“人与社会”话题下文化遗产中阿布辛贝神庙的搬迁保护。本节课是本单元的第九个课时。

语篇类型为记叙文，以听力的形式出现。

What：听力文本的内容分为两个部分，A 部分讲述埃及阿斯旺水坝修建时的两难问题：人们建造高坝，会使水位上升，淹没包括阿布辛贝神庙在内的多个古庙，但建高坝能给国家提供半数以上的电力。听力文本对神庙进行了基本的描述：建造于公元前 13 世纪，刻有 20 米高的神像。B 部分讲述了阿布辛贝神庙成功搬迁保护的过程，工程在 20 世纪 60 年代进行，由 1 900 名工人，历时 4 年，耗费 7 000 万（现在约 7 亿）美元搬到了高处。工程很成功。神庙受到游客的欢迎。

How：A 部分通过对建高坝的好处和神庙价值进行简单对比，陈述了高坝建设和神庙保护的两难问题。B 部分以数字说明神庙搬迁保护的过程，对神庙保护行动表示肯定。

Why：了解文化遗产阿布辛贝神庙的保护故事，引发学生思考文化遗产保护和人们生活的辩证关系，学习文化遗产保护的方法。

本课为听说课，既涉及语言的输入也需要语言的输出。对于视障学生，其输出的内容高度依赖输入。本课要求学生通过简单比较高坝和神庙重要性，辩证讨论神庙搬迁的花费是否值得。要想学生进行充分的讨论，他们需要了解高坝的价值、神庙的价值和神庙搬迁中人力、物力、时间上的巨大花费。听力材料中对高坝的价值和神庙搬迁的花费提供了充分的信息。虽然在高坝价值中只说明是最大的大坝之一，提供全国一半的电力，但提供半数电力这一点有足够的说服力，让学生意识到绝不可能放弃大坝修建。但是，听力中缺少关于神庙价值的描述。听力文本中简单描述了神庙修建的时间和外貌，远不能让学生感受到这一文化遗产瑰宝的重要意义。因此，需要通过背景知识的补充，帮助学生充分认识神庙的价值。

3. 学情分析

本课学生为盲校高二学生，全班共 8 人，全视障儿童 6 人，低视生 2 人；男生 5 人，女生 3 人。其中，英语基础较好的 3 人，英语基础较弱 5 人。本课为单元第九课，在前八课时的学习中，学生通过对琥珀屋这个文化遗产的深入学习，已经尝试过从文化遗产材质、大小、外表特征、历史故事等方面进行描述；同时，也学习到从稀有度、材料、工艺、历史、文化等方面欣赏文化遗产的价值；对文化遗产保护有了基本的意识。这为本课的学习打下了思维和语言框架基础。另外，基础较好的学生已经具备了区分观点和事实的能力，基础较弱的学生仍然会有混淆。特别是课本中给出的观点，因为作者有着充分的论述，很容易被学生赞同，并被当成事实。

但是学生对于埃及的了解不够，仅限于金字塔和法老。对于语篇中出现的阿布辛贝神庙和阿斯旺高坝并不熟悉。而且通过听力呈现新信息，学生掌握起来更加吃力。再加上课时内容分析时发现神庙价值描述不足的情况，教师决定在课前帮助学生补充神庙的具体信息，以帮助学生扫除部分听力障碍，同时促进讨论时的内容表述，帮助输出。另外，通过对音频的切割，减轻基础较弱学生的听力压力，并帮助他们理解关键信息。

从学生的学习态度和方法来看，全班整体氛围主动热情，都有着较强探索精神，适合探究性学习。就听力的学习方法来看，他们能熟练使用电子设备进行泛听和精听。但是，低视的学生仍然不适应边听边记关键词，需要进一步提示他们进行关键词速记练习。就口语表达来看，基础较弱的学生依然不自信，不太能也不太敢说。

基于以上分析，本课将采取分组探究的学习方式，以强带弱；使用电子设备进行组内自定步速听力练习，满足不同学生的听力需求。将听力 A 部分切分为三个片段帮助学生获得关键信息，并降低一开始的听力难度，增强信心；同时，通过不同数量和难度的任务，帮助不同英语基础的学生理解听力的主要信息。另外，在课前发放阿布辛贝神庙基本介绍的阅读理解任务，要求学生按照学习琥珀屋的方式，总结神庙外观和价值。

4. 教学目标

- 低视生通过图片感知埃及的位置、阿斯旺高坝、阿布辛贝神庙等形象；视障儿童通过触摸教师标记好的世界地图，感知埃及位置和阿斯旺高坝、阿布辛贝神庙大致位置。

• 通过图片、课前背景信息和听力内容，理解阿斯旺高坝建设必要性、阿布辛贝神庙价值，知道神庙通过搬迁得以保护，梳理神庙搬迁过程。听力中，基础较好的学生，特别是低视生能进行关键词速记，再进行转述；基础较弱的学生指出关键句在听力文本中的位置或给出关键词。

• 以琥珀屋的故事为语言和思维框架，通过听力内容和课前阅读，讨论神庙保护是否值得。借助课本中提供的语言框架，表达自己的观点并给出事实依据。认识到文化遗产保护的新方式，辩证看待文化遗产保护和人们生活的关系。基础较好的学生能完整地表述自己的观点，基础较弱的学生能读出课本中的例子，积极参与讨论。

• 能欣赏文化遗产，对文化遗产有向往之情，理解文化遗产属于全人类，树立文化遗产保护意识。

5. 教学重难点

(1) 教学重点

• 能理解听力的关键内容，了解阿布辛贝神庙搬迁保护的来龙去脉。

• 能通过讨论神庙的搬迁和神庙保护是否值得，辩证看待文化遗产保护和人们生活的关系。

• 能欣赏文化遗产，有向往之情，理解文化遗产属于全人类，树立文化遗产保护意识。

(2) 教学难点

• 基础较弱的学生能够理解听力的关键内容，把握神庙搬迁保护的来龙去脉。

• 就神庙保护值不值得的问题能够表达自己的观点并给出充分的事实依据。

二、教学过程

步骤一：热身

【内容】

教师给低视生呈现两张埃及图片，学生通过教师的提示，找到埃及和尼罗河的位置，通过图片解读，了解尼罗河为埃及提供电力。

老师给视障儿童呈现带有标记的世界地图，学生触摸感知埃及位置、尼罗河的位置和阿布辛贝神庙的大致位置。

【设计意图与教学效果】

培养低视生的读图能力：一、要求低视生能通过两张图片上尼罗河的形状定位夜晚图片中埃及的位置。二、通过白天和夜晚尼罗河沿岸的不同颜色，意识到尼罗河通过给埃及提供水以供养生命。特别是通过夜晚的灯光，联想到电力。

丰富视障儿童的感性认知：通过触摸地图，视障儿童可以通过对比中国的位置，理解埃及在世界中的位置和大小，知道尼罗河在哪里，如何流经埃及，知道阿布辛贝神庙就在尼罗河边上，为后面需要搬迁打下认知基础。

【教学目的】

通过上述的任务，将学生的注意力拉到埃及的情境中，激活相关词汇知识，如：the River Nile、Egypt、Egyptian、electricity 等，为听力打下基础。

步骤二：听前热身

【内容】

引导学生回答河流如何为人们提供电力，向低视生呈现阿斯旺高坝的图片，提示视障儿童三峡水电站的发电情况，引出阿斯旺高坝的建设。

【设计意图与教学效果】

通过图片提示低视生，引导他们想到建设大坝以发电，并丰富他们对阿斯旺高坝的感性认知。学习生词 dam，创建本课的话题情境：二十世纪中期，埃及建设阿斯旺高坝时遇到的问题。

步骤三：精听

【任务一】

全班共听剪切片段 1，回答阿斯旺高坝能为埃及提供多少电力。

【设计意图与教学效果】

通过简单问题和剪切的短小片段，听出高坝为埃及提供了半数电力，进而得出高坝的重要性，为后面思考要不要保护高坝做好铺垫，也帮助学生意识到文化遗产保护与我们生活关系的复杂性。

【任务二】

分组自定步速听剪切片段 2，发现高坝建设与阿布辛贝神庙保护的两难问题。

分组自定步速听剪切片段 2，回答下列问题：

（1）大坝建设中遇到了什么问题？

（2）这一问题引起了什么两难困境？

能力较强学生可以完成以下选做题：阿布辛贝神庙基本信息。

Information about the Abu Simbel Temple

1. Time：________

2. Material：it was made of ________

3. Decoration：4 large ________ and each ________ high.

【设计意图与教学效果】

知道高坝建成，神庙将被淹没。引导学生思考面对这种两难困境时，要怎么办。在自定步速听力的过程中，关注学生能不能使用泛听定位答案位置，精听记录关键词的听力策略，特别是低视生有没有写下关键词。另外，关注基础较弱的学生，是否能在同组基础较好的学生的帮助下理解听力的大致内容。同时，在基础较弱的学生继续听关键信息时，鼓励基础较好的学生完成选做题，提高他们精听的能力。

【任务三】

比较大坝和神庙哪个更重要，理解搬迁保护的选择。回答问题：

(1) 高坝和神庙哪个更重要？

(2) 共同听剪切片段3，人们会不会拯救神庙？

【设计意图与教学效果】

引导学生思考文化遗产保护和人们生活的复杂关系。意识到，文化遗产保护固然重要，但是，面对对人们有着更重要现实意义的高坝建设，也必须有一定的取舍。在回答中，引导学生使用听到的信息，比较两者的重要性，用事实证明自己的观点。能说出大坝可能提供全国一半的电力。同时，通过人们决定继续建设高坝，另想办法拯救神庙，铺垫引出神庙的搬迁。

【任务四】

梳理神庙搬迁过程，理解作者态度。

分组自定步速听B部分内容，回答下列问题：

(1) 下列数字代表什么？

- 1900
- 4
- 70 million
- 1966

基础较弱的学生可以选择以匹配的方式，完成这个任务，如下：

• 1900	years to do it
• 4	US dollars spent on it
• 70 million	finished in this year
• 1966	workers to move and rebuilt the temple

(2) 神庙的拯救是否成功？如何得知？

【选做任务】尝试复述神庙的拯救过程。

【设计意图与教学效果】

通过组内自定步速的听力，利用关键信息数字，厘清神庙搬迁过程中人力、财力和时间的花费，理解搬迁过程的艰辛，为下面的讨论进行铺垫。同时，通过关键词，找出作者对神庙搬迁的态度。在这一过程中，基础较弱的学生能成功完成数字匹配，基础较好的学生，尝试自己找到数字含义的关键词。在找出作者态度的任务中，基础较好的学生能注意到作者表明态度的词 worth 和作者提供的事实的关键词 beautiful、visitors are glad to visit。基础较弱的学生可以在同组同学的帮助下理解作者态度。基础较好的学生可以在完成任务后通过复述的方式内化搬迁的过程，为后续的讨论进行铺垫。

步骤四：讨论

【内容】

学生分组讨论花费七千万美元的搬迁项目是否值得？教师为学生呈现课本提供的讨论模版，并修改整理出课前作业中学生写下的神庙价值的评论，为学生提供足够的讨论语料。

• Reasons to agree

I think so because

* it belongs to the world.

* it helps us to understand Egyptian history.

• Reasons to disagree

I don't think so because

* it belongs to the past.

* it is more important to build a dam to provide electricity

• Value of the Abu Simbel

* It is rare because it is big and difficult to build at that time.

* It is valuable because it tells historical stories of the famous king and stories of wars.

* It is amazing to have the special sun ray on February 22 and October 22.

* It is valuable because it shows culture of Egypt.

在学生讨论的过程中，教师引导基础较弱的学生使用课本提供的句型表达观点，并帮助他们通过听力内容和课前阅读梳理更多的自己的观点。引导学生从两方面比较进行讨论，既要看到巨大的花费，也要看到神庙本身的历史和经济价值。

【设计意图与教学效果】

通过足够的语料和语言框架，促进学生整合听力和课前阅读内容将输入转化为输出，实现语言的内化和综合语言能力的提高。通过正反两方面的分析，培养学生的辩证思维。通过对神庙价值的肯定，进一步提高学生欣赏文化遗产的能力，理解文化遗产属于全人类，增强文化遗产保护意识。在讨论后每小组请代表发言，给出自己的观点和事实证据。请其他同学进行评价，重点关注是否使用事实支撑观点。教师点评，鼓励大家多角度思考文化遗产与人们生活的关系。

步骤五：自评

【内容】

学生通过以下几个问题，对本课内容进行自我评价，帮助学生自我调节学习内容和重点。

• I know something about how Abu Simbel was saved.

- I can express agree and disagree.
- I can use facts to support my opinions.
- I can think both sides of a problem.
- I want to protect cultural relics.

【设计意图与教学效果】通过1—5评分，帮助学生整理学习重点，进行自察和课后自学补救。帮助教师了解学生学习和掌握的情况，以此改进教学过程和教学设计以及帮助学生进行学业补救。

步骤六：作业布置

【内容】

要求完成以下作业：

（1）Keep in mind the new words and phrases：dam，provide electricity，rescue the temple...

（2）Listen to the clips and finish the selective tasks

（3）Preview：reading and writing on P7 and P23

（4）Group project：A report about the history and the rebuilding of the Giant Baoen Temple

Reference：the story of Amber Room；the rebuilt of Abu Simbel

【设计意图与教学效果】

作业1、2帮助学生进一步内化本课所学内容；作业3为下一课的学习进行铺垫；作业4为单元作业，要求学生小组合作，整合单元内容，上网找到语料和事实，对资料进行梳理、评价、筛选、整合，完成报告写作。这一过程中，学生提高了语言使用能力；了解大报恩寺的历史与重建，提高了对本地文化的认知，培养了文化自信；通过对资料的梳理、评价、筛选、整合提高了学习能力和思维品质，指向核心素养的养成。

三、教学反思

（一）课时设计的亮点

1. 大单元主题统领，助力学生整合内化

大单元主题教学是将一个单元看成相对完整的教学单位，基于课程标准，对整个单元的内容进行规划、设计的教学方法。《普通高中英语教学标准》(2017年版2020年修订)(以下简称《课标》)提出主题语境、语篇类型、语言知识、文化知识、语言技能和学习策略课程内容六要素，对原有三维目标识知与技能、过程与方法、情感态度价值观继承与发扬。其中主题语境的提出为单元整体教学设计的实现铺平道路，帮助英语教学走出“碎片化”的怪圈。本课就是将阿布辛贝神庙的搬迁放到文化遗产这个大主题下进行解析，提取出教与学的重点内容。学生在学习本课前，已经对另一个相似的文化遗产琥珀屋进行了充分的解析，得到了理解和讨论本课内容的语言和思维框架,在本课呈现出情况更加复杂的神庙保护后,学生对文化遗产的认识又能得到进一步的深化。通过在一个主题语境下,对不同内容、不同层次的多次多向呈现,学生对文化遗产的认识由浅到深,由具体到抽象,促进知识和能力的内化。

2. 分层分类探究学习,满足学生个性化需求

在教学设计中,充分分析了学生的学习特点及差异化需求。对于特殊教育而言,满足学生差异化的学习需求是保证教育教学质量的重要因素。

本课首先分析了学生的学习特征,抓住他们爱探索的特点,设计了任务探究的学习过程。整体的听力任务,借助信息化设备,实现了自定步速的学习,让学生可以相对自由地根据自己的需要进行自主探究。同时,通过小组合作,实现互补,比如,不会操作电子设备的同学可与同小组同学共用一个电子设备;小组成员可以相互讨论听到的内容,让英语基础较好的学生帮助英语基础较弱的学生理解听力内容。

针对低视生和视障儿童的不同,教学中做出了区分。教学活动中多次为低视生设计看图环节,一来增强感性认知,二来培养学生的读图能力。特别是热身部分两幅图,学生必须通过对比分析,思考图中色彩的含义,结合已有的知识,读懂图片。《课标》在传统的听说读写之外,增加"看"这一语言技能,旨在信息化的社会中培养学生的读图、读表能力。因此,在教学设计时,应充分利用低视生的残存视力,引导他们学会看图。另外,鼓励低视生边听边记关键词,使他们克服班级其他同学的影响(视障儿童难以边听边记,因此,整个班级不太有边听边记的气氛),掌握良好的听力学习策略。对视障儿童,在课堂之初,使用触摸地图,让他们感知埃及的方位、大小、尼罗河的基本信息和神庙大致位置,帮助他们形成初步的感知,激发他们对课本内容的兴趣。另外,针对他们不方便做听力速记的情况,在匹配题教学辅助纸条上使用数字标记,通过扣去点位的方式进行题目的匹配。

针对不同英语水平的学生。教学活动中进行小组合作,以好带弱,实现共同学习进步。同时,在多个活动中进行分层教学设计,如,在两个自定步速听力活动中增加了选做题;在第二个自定步速的活动中,还设计了降低任务难度的匹配题教学辅助纸条,让学生自由选择难度。另外,对任务完成度的评价标准也不同。如,在找出建造高坝造成的困境这个问题中,要求学生:① 用自己的话复述完整答案;② 给出关键词;③ 能在听力中定位答案句。给出三个评价的标准,以适应学生不同的英语水平,鼓励学生都能完成任务。

3. 教学评一体化设计,促进教与学及时反馈

《课标》多次强调在教学评一体化的课堂中,通过对课堂活动的评价达到反拨教学的目的。因此,本课根据教学目标设计课堂教学活动时,为每项教学活动设计指向教学目标完成度设计评价标准。

在涉及语言能力的评价标准中,根据学生不同的英语基础水平,进行分层评价。比如,在口语输出活动中,设计不同的学评标准,如最后在讨论是否值得花费巨大搬

迁神庙的问题中，基础较弱的学生能使用课本提供的句型表达观点，基础较强的学生可以通过听力内容和课前阅读梳理更多的自己的观点，并顺利表述。

另外，教学设计还要特别体现评价主体的多样性。课程设计中既有师生评价，也有生生评价和学生自评。在自主探究的学习过程中，师生评价是贯穿全课的。教师在学生分组学习的过程中不断发现学生学习的亮点，及时给予肯定。比如，在低视生听力速记时可以肯定地告诉他，这样的学习方法很好；学生反复听关键信息时，肯定学生精听的策略；学生说可以从两方面讨论一下问题时，表扬学生的辩证思维；学生回答想去参观神庙时，赞扬学生对神庙的喜欢之情。当然，如果学生遇到问题也要及时通过评价纠正。比如，学生分不清观点和事实时，可以鼓励他们再思考一下事实和观点的定义，从定义出发进行分辨。生生评价中重视教师的指导性，学生往往不知如何评价。因此，在本单元学习完事实和观点之后，教师就指明能用事实支撑观点是我们评价的重要标准。在本课讨论学生发言后，请其他学生进行评价，学生就指出了同学发言中在观点后给出了事实佐证。学生自评则是在课程结束时，通过 5 分量表，结合教学目标让学生对自己的课堂学习进行主观的评价。从评价结果来看，基础较好的学生基本达到了教师预想的目标，而基础较弱的学生中存在个别自我评分较低的情况。经过谈话后，发现问题在于教学过程较快，学生没有跟上课堂进度。通过这样的及时评价，学生能够意识到学习的成就和不足，教师也能及时对教学设计进行修正。

（二）课后反思问题

1. 关注学生英语共同基础，适当设置内容容量

通过课堂最后学生的自评，教师发现，有个别学生在听力理解中打分较低，他们表示在一开始没有听懂后，一时不能跟上，被带着走。教师认真分析后发现，本课容量较多。在单元整体分析之初，本部分内容就预估了 1—2 节课的课时。但由于之前单元内容的教学中琥珀屋的学习时间超出预计，并且学生掌握也较好，教师预估学生已经具备较好的语言和思维框架。另外，在课前阅读作业的反馈中，教师看到学生对神庙价值的掌握也较好。因此，本课采用一课时完成。但实际上，对于基础最弱的 2 名学生，他们接受起来仍然较为吃力。因此，在今后的教学设计中要更加关注学生的共同基础，合理设置内容容量，帮助全班学生共同学习和进步。

2. 关注学生差异化学习需求，提供适当辅助支持

在实际教学过程中，教师发现，选做任务完成得并不好。在课后的交流中，基础较好的学生表示，因为小组四人共用一个电子设备听听力，即使自己有时想做选做任务，也因为要配合小组进度而放弃。在今后的设计中，可以更多关注学习形式的多样性，使独立学习和小组合作相结合，并且提供更多的设备支持，以满足学生不同的学习需求。

本章小结

本章首先介绍了视障儿童的认知在知觉、注意、记忆、思维能力和智力方面具有不同于明眼人的特点；其面临的学习困难主要体现在学习动机、英语学习环境和英语技能学习三个方面。同时，本章论述了英语盲文教学、听说教学和读写教学的相关问题和实施策略，提供了视障儿童英语教学的详细案例。本章为视障儿童的英语教学提供了理论与实践基础。

思考题

1. 根据视障儿童的认知特点，教师在课堂中可以开展哪些教学活动来激发和培养视障儿童英语学习兴趣?

2. 针对视障儿童的学习困难，教师如何在课内外有效开展听说法教学?

3. 结合文中英语教学方法，谈一谈如何运用信息技术辅助视障儿童提高英语读写能力?

4. 英语盲文的简写规则是什么？请各举一例。

5. 请根据视障儿童的特点，设计一份阅读教案。

第五章　学习障碍儿童英语教学与案例

篇首语

党的二十大报告指出："坚持以人民为中心发展教育，加快建设高质量教育体系，发展素质教育，促进教育公平。"教育公平是社会公平的重要基础。在教育领域，公平是对残疾人等弱势群体的最大尊重。保障弱势群体受教育的权益，才能实现更加全面的教育公平。特殊儿童中一半以上具有学习障碍，这些儿童主要在普通学校就读。融合教育在推动实现教育公平方面发挥了重要作用，主要方式是将特殊学生安置在普通教育环境中，和健全学生一起学习，共同成长进步。同时，普通学校要配备融合教育教师，融合教育教师要具备融合教育能力与素养，能根据特殊学生的身心特点采取科学有效的教育措施，帮助特殊儿童适应普通班级集体教学，懂得制订和实施个别化教育计划，帮助特殊学生和健全学生一样获得身心发展和学业进步。教师需要在集体教育环境中为学习障碍儿童调整教学目标、教学内容和教学策略；在课后个别辅导环节，利用资源教室为他们查漏补缺，及时开展缺陷补偿和潜能开发。

学习目标

通过本章学习，希望学习者了解学习障碍儿童的分类与特征、学习困难。面对具有学习障碍的儿童如何有效地开展英语学习，掌握基本的教学方法，在随班就读的融合教育教学中，有效进行学习障碍儿童的英语教学。

知识点思维导图

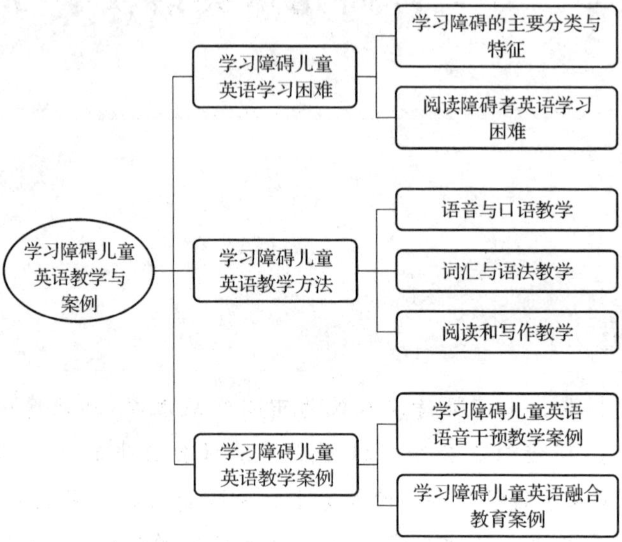

学习障碍(Learning disability)的概念首次在 1963 年由美国教育心理学家科克(S. Kirk)提出，至今已经有超过 60 年的历史。他认为学习障碍是指儿童在语言、说话、阅读和社会交往技能方面的发育障碍。这些障碍不包括视觉、听觉障碍和智力障碍。也就是说伴随有学习障碍的儿童，他的智商一般不低于两个标准差，即韦氏智力测验 WISC 的得分可能在 80—100 分，他们仍然能够与一般人正常沟通，但是在学习上可能遇到的问题都算是学习障碍。所谓学习障碍是指与理解、运用语言有关的一种或几种基本心理过程上的障碍，这使得个体可能表现出听、说、读、拼写、思考或数学运算能力的缺陷。常见的学习障碍会影响儿童的阅读、书面表达、数学或非语言技能等。

长期以来，我国教育工作者是在“差生”“双差生”“后进生”“学业不良”等名义下进行学习障碍的相关研究。20 世纪 80 年代以来，出现了“学习困难”“学习无能”“学习障碍”等词语，以“学习困难”的出现频率为最高，这几个概念一直在混淆使用。一些研究者对学习障碍的界定，时常简化为“差生”或“学习成绩低下”。例如，把智商在正常水平、学习的主要科目成绩不及格或低于平均成绩一个标准差以上的儿童认定为学习障碍儿童，或把因学习差而留级、被教师评定为学习能力差的儿童认定为学习障碍儿童。

因此，我国对“学习障碍”的定义如下：

(1) 学习障碍儿童的总体智商(IQ)基本在正常范围内，也有的偏低或偏高；

(2) 在听、说、读、写、计算、思考等学习能力的某一方面或某几方面表现为显著困难；

(3) 大多数学习障碍儿童伴有社会交往和自我行为调节方面的障碍；

(4) 原因是个体内在的大脑中枢神经系统功能不全；

(5) 需要排除由于智力障碍、视觉障碍、听觉障碍、情绪障碍等或由于受经济、文化水平的影响，未能接受正规教育的原因所产生的学习方面的障碍。

除学业不良外，学习障碍者常见的表现有：

(1) 注意力不集中，做事磨蹭，有头无尾，缺乏时间观念和任务感。慵懒、拖沓，学习迁移能力差，易形成习惯性惰性及自慰心理。社会适应技能缺陷，凡事都要依赖别人，缺乏良好的学习习惯与学习方法。

(2) 动作迟缓，笨手笨脚，身体协调能力不良，书写笨拙、幼稚，缺少笔画。

(3) 缺乏学习兴趣，缺乏好奇心，对人对事缺乏兴趣；或学习兴趣肤浅、范围狭窄、兴趣不能稳定持久，易于“见异思迁”，带有情绪性影响。

(4) 缺乏学习动机，或学习动机多停留在短暂、肤浅的消极水平上，具有游移摇摆的特点，缺乏强大而稳固的动机支持。一般其动机水平低，目标不明确，学习的社会意义和个人意义不统一。动机只表现在口头上，很少落实在行动上。

(5) 学习态度不良，目的不明确，呈现一种漫无目的的学习倾向。缺乏学习热情和自觉性。自制性和坚持性差。

(6) 活动过度、问题行为、违纪行为、自我控制力差，不易与同学建立良好人际关系。寻求反面心理补偿，出现逆反心理及情绪对抗。

(7) 自我评价差，容易挫折；忧郁、焦虑，易自卑及封闭。

第一节　学习障碍儿童英语学习困难

1.1　学习障碍的主要分类与特征

学习障碍主要分为阅读障碍、书写障碍、数学障碍、非语言技能学习障碍等。本章主要介绍影响英语学习的阅读障碍和书写障碍。

1.1.1　阅读障碍

学习障碍者中 80%可能具有阅读障碍。首先我们了解一下阅读障碍(dyslexia/reading disorder)。阅读中的学习障碍通常称为阅读障碍，一些专家也会用这个词来描述一些阅读中遇到的信息处理问题。阅读障碍是描述在智力无缺损的状况下，对于阅读和书写文字具有困难的症状。这类孩子往往记不住字词，听写与拼音困难，或朗读时增字减字，写作文语言干巴巴，阅读速度特别慢，逐字地阅读。他们可能在下棋和玩电脑游戏方面头脑很灵，但在复习功课和写作业及听讲方面表现极差。其他的症状包括难以拼出单词，难以快速朗读字词、无法专注阅读、难以连续书写、无法言说脑中的词汇，或是无法理解阅读的内容。这些症状最先往往在学校被发现。这些读写上的困难，并不是阅读障碍儿童自己可以控制的，相反，其实阅读障碍儿童对于学习也是有所渴望的。

在儿童入学之前，可能很难发现存在阅读障碍的迹象，但可以从一些早期线索中发现问题。

上学前，幼儿可能有患阅读障碍风险的体征包括：

(1) 说话的时间比较晚；

(2) 学习生词慢；

(3) 正确构词困难，如颠倒词汇中的发音或混淆发音相似的词汇；

(4) 记忆困难或说出字母、数字和颜色存在困难；

(5) 学习童谣或玩押韵游戏有困难。

在学龄阶段，阅读障碍的症状可能变得更加明显，其中包括：

(1) 阅读能力远低于同龄预期水平；

(2) 难以处理和理解所听到的内容；

(3) 难以找到合适的词语或难以构建问题的答案；

(4) 记忆事物顺序存在困难；

(5) 很难发现(以及偶尔听出)字母和词汇的相似性和差异；

(6) 无法听出不熟悉词汇的发音；

(7) 拼写困难；

(8) 凡涉及阅读或写作的任务，都需要特别长的时间才能完成；

(9) 回避涉及阅读的活动。

青少年和成人阶段的阅读障碍症状与儿童的症状非常相似。青少年和成人中的一些常见阅读障碍症状包括：

(1) 阅读困难，包括大声阅读；

(2) 阅读和写作迟缓并且很吃力；

(3) 拼写困难；

(4) 回避涉及阅读的活动；

(5) 名字或词汇发音错误，或者检索词汇存在困难；

(6) 凡涉及阅读或写作的任务，都需要特别长的时间才能完成；

(7) 概述故事困难；

(8) 学习外语存在困难；

(9) 做数学应用题困难。

1.1.2 书写障碍

书写障碍(dysgraphia/agraphia),是一种以手写字所产生的学习不利现象,跟阅读能力或是智能障碍无关,研究发现书写障碍儿童手指敲击速度正常,显示出障碍也并非来自小脑的损伤。书写障碍者通常可以写字,但是缺乏某些精细动作技巧,例如做绑鞋带等任务有困难。有些人在学习中也缺乏基础的拼音技巧,例如对于英文字母 p、q、b、d 等的辨识,以及对中文拼音符号的辨识有困难。与此同时,在书面作文时经常会写错字。书写障碍问题会在幼童接触书写时逐渐浮现,可能会出现字体大小和书写空间安排不合理的问题,或者如果没有提醒会写错或拼错字。

许多儿童可能会合并两到三种类型的学习障碍,比如,阅读书写障碍(reading dysgraphia),主要是指阅读障碍儿童大多同步写字也很困难,誊写相对正常,但是拼写不好。书写障碍并不一定有阅读障碍(阅读障碍不一定跟书写障碍相关,但经常会一并产生)。

第二种书写障碍可归类为动作书写障碍(motor dysgraphia)。动作书写障碍是由于缺乏运动技巧,灵巧性差,肌肉张力差,或不明原因的动作笨拙,但没有拼字问题。动作书写障碍另外可能更大的问题是动作失调。一般来说,即使看着另一个文件来复制,字迹还是会令人难以辨认。短篇的文字构成可以达成,但却需要极端的努力和违反常理的时间来完成,而且无法持续书写太久,但拼字能力正常。长篇写作非常痛苦和不能持久。字体的形状和大小会变得越来越不一致,难以辨认。拼写能力弱。手指敲击速度比正常的慢。这通常与动作协调能力丧失有连带性。

空间书写障碍(spatial dysgraphia)为第三种类型,对空间知觉有书写障碍的人,对于同步书写与抄写工作会有困难,但是对于一般的拼字和听写速度则表现正常。虽然具有书写障碍的儿童的智力水平在平均范围之内或甚至更高,但是他们比同龄人需要花费更多时间完成作业,不愿意或拒绝书写的工作。

另外一种空间书写障碍症状包括字体极难辨认,字体异常倾斜,写字顺序、方向错误,又或数字、文字反转,文字不完整,文字无法固定在页面线框中,奇异的握持方式,字形大大小小,写字时会自言自语,手臂和肩膀抽搐(有时是全身抽搐),肌肉无法曲张(有时是无法动作)等。有些障碍儿童的阅读能力、口语表达没有问题,只是书写有困难,有时花很多时间、力气也写不完一段文字,即使纯粹抄写("搬字过纸")也会出现问题。

因此,无论是哪一种书写障碍,对于有此障碍儿童的教师与家长,我们有以下建议:

(1) 使用较细的笔(三角铅笔)促进有效握持。粗铅笔适用于某些类型的颤抖或脑性麻痹者。

(2) 在此类学生开始写作前,让他们从事准备活动,如编造,或说出他们想写的内容。

(3) 允许此类学生用较多的时间来完成课堂的作业;否则他们无法受益于教学活动。

(4) 允许此类学生使用笔记本电脑或其他电子产品做作业。

(5) 允许此类学生用录音机口述;他本人或者是成年人可以在事后誊写。这样可以让创意产生过程不会被执行的问题所打断。

(6) 可以使用具有口语辨识系统的电脑。

1.2 阅读障碍者英语学习困难

阅读中的英语学习障碍通常是指学生难以将一个个口语单词理解为不同声音的组合。这会导致学习者很难理解一个或多个字母是如何代表一个声音的,以及字母组合是如何构成单词的。通常情况下,英语阅读障碍是指智力正常但英语阅读水平明显落后于相应的智力水平或年龄的一种常见学习障碍。

对于英语学习困难儿童而言,形成阅读障碍的成因分为几种类型:语音加工障碍、视觉信息加工障碍、快速命名障碍以及高级认知技能缺陷等不同的障碍类型。

语音障碍 (phonological deficit)是阅读障碍中一个最显著的原因。与普通学习者相比,阅读障碍儿童在假词(pseudo-word)的诵读、语音流利、音位学习和语音短时记忆等语音处理任务上都要略差一些;缺乏语音分辨的敏感度及各种语音的拼读与语调的熟练应用能力。而对于普通学习者的研究则发现语音意识和阅读有着密切的联系,语音意识可以很好地预测阅读能力,通过语音意识训练也能提高阅读能力。这也从反面印证了语音障碍是阅读障碍的主要原因之一。

除了语音障碍,英语学习困难儿童在阅读时,还有可能出现第二种困难,视觉注意困难(visual attention deficit)。研究人员发现,阅读障碍儿童注意力很难集中;他们的眼球运动异常,视觉选择性注意和视觉记忆能力也异于普通儿童;有的阅读障碍儿童在视觉注意的空间分布上有问题,他们一般只注意右边视野的信息,却很少注意左边视野的信息。

视觉注意困难造成阅读障碍的原因有二:

(1) 视觉注意困难儿童阅读时摄取信息的视觉注意窗比一般儿童的要小,这使其不能同时对完整的一个或几个词进行处理,而只能对词中的几个字母甚至单个字母进行处理,因而不能对单词形成正确的语音和语义表征。

(2) 有些视觉注意困难的儿童不能有选择地注意。如果转移了视觉注意,就会妨碍阅读过程中视觉信息的获得。

快速命名障碍(rapid naming deficit)是阅读障碍的第三个可能原因。在听力理解和口语表达的过程中,如果学习者无法快速提取其已习得的心理词汇库内的词语,则他的口语理解与表达可能会遇到困难。学习障碍儿童可能经常出现"想不起来"

"该用什么恰当的词语来形容"的口语问题。快速命名任务一般用来检测阅读者的语音通达速度。许多研究发现命名障碍和阅读障碍有显著的关联。如果控制住语音变量,命名障碍同样能影响阅读能力的习得,而且研究者们发现命名速度比语音技能更能影响阅读的速度和对词法句法的习得。

上述三个原因都是从字词识读这个微观层面上来解释阅读障碍,主要涉及基本认知加工过程。而元认知障碍和工作记忆障碍是阅读障碍在高级认知加工层面上的原因,它们妨碍了对阅读信息宏观的、自上而下的处理。

元认知策略能够帮助阅读障碍儿童监控和调整自己的阅读行为,并以此补偿其阅读技能上的不足。例如连续性语言处理问题,即英语学习障碍儿童无法有效地处理听力及表达过程中快速而连续不断出现的语言信息,以至于难以理解前后语意或无法表达出语意前后一致的内容。阅读障碍儿童往往缺乏元认知策略,即使有些具有元认知知识,在阅读中或者不会灵活使用,或者因单词解码占据太多认知资源,而无法使用。

在工作记忆方面,学习过程是将及时接收的信息暂存于短期记忆的同时对信息做出判断处理的过程。工作记忆的限制造成了学习障碍儿童无法同时处理迅速出现的大量信息,因而,阅读障碍儿童与正常儿童也有着明显的差异。由于工作记忆主要是对信息进行加工和储存,儿童在工作记忆方面的障碍使其很难对信息进行选择性注意、组织和复述,从而导致阅读障碍。

第二节　学习障碍儿童英语教学方法

2.1　语音与口语教学

在日常生活中,口语的理解与表达是沟通交流的前提。就整体语言而言,在听、说、读、写四项基本技能中,即使具有适当的口语能力也未必代表可以自然发展出读写技能,但是听与说却是读与写的基础,如果学生未具备听说能力,那么读与写的发展必将受到明显的限制。因此,增进学习障碍儿童的语音与口语能力,不但可以促进其社会适应性,更有助于其语言文字符号系统的技能发展。

广义的语言包括口语、文字、符号、表情姿态、手语、盲文、旗语等具有沟通功能的各种系统。狭义的语言包括听、说、读、写等口语及文字的读写能力。而语言的重要组成成分包括语音、词汇、语义、语法、语用等五个主要成分。

"语音"代表对口语语音、音素及语调的快速听觉分辨、拼读及发音。具有语音缺陷者,可能难以分辨各种类似的语音或语调,也难以快速发出及拼出各种沟通所需的语音语调。

一般而言，具有学习障碍口语困难的儿童可能缺乏语言学的基本知识，从而形成口语语言理解与应用的困难。针对英语学习障碍的儿童的语音与口语教学，首先需要注意学生是否具有听力问题和发音器官的构造问题。若有，要积极进行矫治，然后重新对学生进行正确发音的指导。

其次，教师在系统指导学生正确发音时，要注重音标，拼读规律，字母、单词、句子的语音、语调、连读、重读、略读等英语字词句的教学方法，只有重视语音和口语教学，才能及时发现学生的口语问题，并将之列为补救教学方案的重要内容。

探讨国内外文献，发现自然拼读法对学习障碍学生在念读与拼写英语字词方面有良好的成效。用自然拼读法使学生在面对英语字词的学习时，能见字读音，能试图拼写听到的字词。当学生学习有了成就，能提升其自信心，增强对英语学习的兴趣。

在以英语为母语的英语系国家中，自然拼读法是一种用来增进学生识字、拼字甚至提升阅读能力的教学策略，但对于英语作为外来语学习的学习者，自然拼读法常被归类为发音教学的方法之一。自然拼读法是为了了解拼音文字的原则，教导其字母与发音的对应关系，并利用字母和发音的对应把字词念出来。

语音由音素及音节组成，其中“音素”是最小单位，如/f/、/g/、/k/、/p/等。例如听到 dog 就知道是由/d/、/ɒ/、/g/这三个音素组成。在口语中，音素常常与其他音素相结合，因此在一连串的语音当中不易察觉到单一音素的存在。音节是由音素所组成的，每个音节都有核心音，而核心音通常为元音，元音可自成一个音节；辅音通常不会单独存在，而是置于音节之首或音节之尾。在英语教学中，我们提出以下对学习障碍儿童进行语音和口语技巧的练习原则：

(1) 从/s/、/m/、/f/这样的摩擦音开始训练，比/p/、/b/和/k/这样的爆破音更容易发音。

(2) 仔细设计每一次活动，要做到每一次的活动过程都要像第一次一样吸引人。

(3) 发音练习要从大单位到小单位，例如先从单词发音，逐步到单个音素练习。

(4) 从简单的任务转向复杂任务的过程，例如从简单的押韵到复杂词语的混合和拆分。

(5) 可以考虑使用其他策略来帮助有语音障碍的儿童处理声音，包括使用一些具体的实物，例如积木、道具、玩具等。

2.2 词汇与语法教学

英语词汇与语法教学主要以提高学生的语言交际能力为目标。

2.2.1 词汇教学方法

词汇代表对各种词类变化的认知。就英语学习而言，包括单复数、过去式等各种词性变化。词汇不是长长的、孤立的单词表，而是在语义情境中具有实在意义的“交际语言”。词汇作为学习外语的重要工具，与良好的阅读能力相辅相成，培养学生对词汇含义的理解将有助于整体英语能力的提升。

学习障碍学生的词汇量非常有限，而且对于字词的含义非常特定、狭窄和具体。因此，常会出现因缺乏足够的词汇量而导致阅读不流畅的困难。同时，他们自动解码的能力较差，鲜能借着推敲字义来帮助理解文本内容。因此，学习障碍学生对不认识的字词比率过高也阻碍了其对文本的理解，最终造成阅读理解上的显著困难。

以下总结了学习障碍学生在英语词汇学习方面常遇到的困难。

(1) 英语词汇认读困难。学生难以分辨及认读英文的 26 个字母，其中小写字母的认读难度高于大写字母。另外也容易出现字形与发音上的联结对应困难，在学习词汇时，因缺乏对音节的敏感度、不了解词汇的基本组词规则，造成正确认读英语词汇的困难。

(2) 英语词汇读音困难。由于学习障碍学生缺乏语音解码能力，对正确念读发音有困难，有可能出现元音混淆的情况，例如将 son/sɒn/念成/səʊn/。其次，也有可能混淆两个字形相似的英语词汇，过度依赖已知的字形而念错单词的发音，例如将 safe 与 save 念成相同的发音。另外一种情况是学习障碍学生因不具备拼读规则的能力，在学习英语词汇的过程中遇到不认识的单词时，就会随意猜测单词的含义。

(3) 英语词汇词义理解困难。学习障碍学生可能会出现词义混淆的情况，错误替代语意相近的单词，例如：将 sixteen 理解为 six；混淆字形相似单词的词义，例如将 sunny(晴天)记成 sun(太阳)。他们无法依据英语单词的字形做出正确的音形义的判断，容易因随意猜测词义而出现不理解或错误理解文本内容的情况。

综上所述，我们了解了词汇对于英语学习的重要作用。对于英语词汇教学，总结了以下一些实用的教学技巧：

(1) 在词汇教学中，可以利用各种生活情境，随时告诉学生各种物名及代表各种情景的相关词语。

(2) 系统指导学生认识各类词汇。教师除充分利用生活情境外，也必须要系统指导学生认识各类词语，例如有关家庭生活、学校生活、露营生活等各种相关词汇。除了注意经常复习外，更需要注意与实际发生的情景结合应用。

(3) 利用口语造句、接龙组词造句及头脑风暴等游戏丰富词汇。

(4) 利用构词法等变化增进学生词汇，例如增加前缀、后缀，找同义词、反义词等方式，扩增学生的词汇量。

2.2.2 语法教学方法

语法教学主要是句法、语义和语用三方面的结合，目的在于让学生能够使用各种不同句型描述事件，并能根据不同句型理解语意。

针对具有学习障碍的儿童而言,英语教学必须遵守以下原则:

(1) 避免纯“语法”的教学。我们已知学习障碍儿童在概念等抽象知识的理解上有困难,因此,例如“什么是主语”“形容词是用来形容什么的”等等语法知识的教学会使学生遭遇学习挫折感。

(2) 利用“换句话说”“仿写”的方式练习。让学生了解同一情景下不同说法与表达。例如,表达“我最喜欢 xxx”,既可以是“I like xxx best.”,也可以表达为“My favorite is xxx.”。

(3) 利用语句增长游戏,让学生了解各种句型变化。

比如:A pear —It's a pear. — It's a yellow pear. — It's a yellow pear to eat.

(4) 指导学生以各种叙述方式来判断正确性。

“Yesterday I went to the zoo.”是一个陈述句,那么我们可以使用疑问句的形式来让学生判断表达的正确性“When did you go to the zoo, is it yesterday?”

(5) 利用画图或形象理解的测验方式了解学生对词语及句子的理解。

(6) 指导学生依据不同的情景使用正确的词汇和句子。比如想了解对方的年龄,一般情况下不会直接询问“How old are you?”那么,可以委婉礼貌地问:“Are you comfortable sharing your age?” 以及“Do you feel all right sharing your age?”

(7) 帮助学生掌握沟通和表达自己的技巧,包括在生活中如何说服、澄清、礼貌称赞,以及如何拒绝、道歉以及表达自己的不满等。

(8) 引导学生依据情境判断隐含意义。例如与人谈话时,对方频繁看表;进入办公室时,对方正在忙碌无暇交谈等情况下的隐含意义及应对方法。

(9) 引导学生判断不同对话中的隐喻。例如“It's beautiful!”和“It's beautiful?”升降调的变化可能代表了不同的语意,而学习障碍儿童常常因无法解读交流中的各种隐喻而造成沟通困难。

2.3 阅读和写作教学

2.3.1 阅读教学方法

阅读障碍是影响学习障碍儿童最主要的学习困扰,而在学习障碍儿童中,约有80%有此问题。要纠正阅读问题,需要培养孩子正确的阅读习惯,指导阅读策略。对于特殊儿童,可以考虑多感觉通道法、神经组织纠正法等。教师在教学过程中也需要做一些小小的改变,比如使用一些阅读理解的策略,选择适合学习障碍学生的教学活动设计,再依据学生个别差异及课堂学习状况做调整,以协助学生增进阅读理解能力,享受阅读的乐趣,或许可以增进阅读活动的效果。以下为指导学习障碍儿童的阅读理解提出几点建议:

(1) 选择适合的材料。供学生阅读的文章,一般字体大小适中,段落分明,有清楚的标题及分题，并按需要附有插图来解释说明。

(2) 找出重要的单词和主句。引导学生找出对话、语篇中的重要词语和主旨句，用不同颜色的笔标注出来。

(3) 阅读前，进行相关内容的讨论。安排时间协助学生建立与文章相关的背景知识，使学生进入阅读活动时能运用自己的背景知识，与文章的知识产生连结。

(4) 引导学生掌握阅读技巧，例如：① 阅读标题或题目，从题目或插图猜测内容。② 重视文章组织结构。好的文章架构，可以帮助学生产生适当的故事基模，让学生从短期记忆或长期记忆中提取文章所需要的知识进行阅读理解。③ 在故事结束之前，猜测结局。④ 阅读后，和学生一起设计与内容相关的问题，或改编结局。

(5) 教导学生利用"手指"掌握故事内容，依据认知发展，以故事为主要文体。教授内容也可以选择与生活经验相结合。选择学生生活中容易遇到的事件、问题等，一旦学生发觉所学的知识可以运用于生活中，而且可以解决日常生活中所遇到的困难时，学生将会更有动机去完成阅读活动。

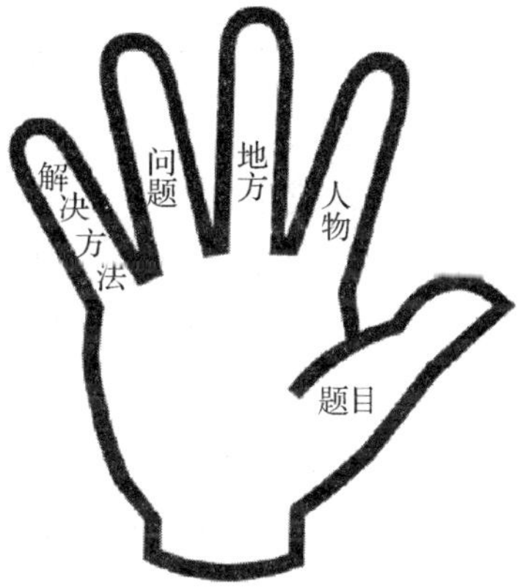

图 5-1

(6) 与学生一起读。与学生进行伴读，由老师或家长对课程内容录音，让学生的阅读比较流畅，不会因为忙于读取单词发音而影响对内容的理解。

(7) 鼓励学生用自己的话把内容复述出来。

(8) 角色扮演。鼓励学生扮演故事中的人物或情节，加深他们对字词和文意的理解，同时也可增加对英语学习的兴趣与乐趣。

2.3.2 写作教学方法

写作是个人学习结果的整体展现。通过写作，可以表达个人情感，交流思想，与他人沟通，传递信息。写作作为复杂的认知活动，需要经历起草、计划、编辑、修改等过程，因此学生在写作时必须具备写作题材的储备知识、语法结构、提取和组织信息的能力、逻辑思维能力等。只有具备了较高的写作能力，才能从容应对日常工作学习中的问题。

写作的过程是复杂的，学习障碍学生常见的英语写作问题可能也不尽相同，例如：

（1）听、说、读、写等接收与表达能力障碍。学生无法看图说故事，无法理解文章内容或无法根据问题独立思考并表达出自己的想法的障碍。

（2）文章组织结构不佳。写作时不会分段，段落之间的关系不清晰，文章结构杂乱。

（3）语句表达困难。学生易因缺乏创造性，阅读不流畅等，无法准确表述文章主题，例如在描述某个事件时，无法深入描写事件细节与心理感受，造成写作量少而且内容简短的现象。

（4）写作中多次重复使用相同的词汇，精确表述事件的能力较低。写作中较少使用连接词、形容词、副词等现象。

（5）写作中常有拼写错误。对于比较相像的字母分不清楚，例如 b 和 d、m 和 n、s 和 z 等等。

（6）易有语法错误，尤其是句子成分的顺序错误或缺失。比如“I school go to today”“I swimming”等。

（7）文意的一致性较低，文不对题或跑题。

学习障碍学生的写作问题出现在不同的写作阶段，因此在教学时，需要了解学生的写作过程，针对学生的学习弱点，设计个性化的教学内容。以下建议可以提供给教师：

① 为有需要的学生提供大纲及相关词汇。

② 允许他们用录音进行口头作文，或利用读写的方式进行。

③ 允许学生用图画代替不会写的字词。

④ 进行协作学习。例如让有读写困难的学生口头作文，由写作较佳的同学代笔，再由学生抄写一次。

⑤ 利用写作机会，感受文字的魅力。例如，每日写一句话日记、给爸爸妈妈写便条、列购物清单、写短诗、设计广告等。

⑥ 利用生活照片启发写作乐趣。

⑦ 利用“5W1H”引导学生写作。

When	Who	Where
What	Why	How

（8）鼓励学生制作词库，供写作时参考，例如：

Holiday	Mid-Autumn Day, Spring Festival...
Food	rice, noodle, meat...
Emotions	happy, cry, angry...
Conjunctions	first, second, so...

(9) 写作完成之后,念给别人听。鼓励学生把文章念给同学听,一起尝试找出错漏的地方。

(10) 为学生提供一张校对清单,例如:

格式	标点符号	错字
漏字	分段	标题

(11) 注重内容及创意。在评分时,教师要着重内容及创意,不要纯粹因为错别字多或语句不通畅而给学生很低的分数,要提高学生写作的兴趣,培养学习的积极性,增强自信。

2.4 阅读困难儿童课后辅导记录

教学案例

小张同学目前上三年级,是个性格温和的小女生,与他人交往融洽,老师和同学都喜欢她。小张同学上课听讲状态良好,但不太愿意参与课堂活动,能够及时完成各项作业,但作业的正确率不高。小张同学在学习方面的主要问题或者说困难表现在识记单词和口语表达上。她记不住单词的拼写,会随意拼凑字母;无法口头表达简单的单词、短语或句子,对这种情况会有无奈且自责的情绪。

以下这份表格记录了该同学在2023年11月不同时间段所接受的英语阅读障碍课后辅导信息。张同学的辅导主题包括英语字母认读、单词识记、句型认读和答题训练。教师课后辅导教学方法主要采用了个性化支持、多媒体辅助、口语讲解等方式,辅导活动则包括多感官体验、形象化的比喻等。在评估与反馈方面,虽然张同学在学习过程中有所进步,但仍需要进一步提高速度和口语表达能力。为了达到这些目标,她将继续接受多种教学方法的辅导,并且教师将根据她的需求和反馈提供个性化的支持和跟进。

时间 辅导主题 组成要素	2023.11.5	2023.11.12	2023.11.19	2023.11.26
	字母认读	单词识记	句型认读	答题训练
学习目标	能够正确读出字母;能正确区分音和形相近的字母	能够正确认读单词,并能记忆个别“四会”词汇	能够正确认读句子,并能运用这些句子进行简单交流	能够运用老师所教的方法完成一些练习
学习内容	能够区分字母 Bb Dd、Gg Jj、Pp Qq	学习 Unit 5 的 6 个服装类词汇	学习 Unit 6 重要交际句型“Look at...”“It's...”“What colour is...?”“It's...”	完成 Unit 6 部分练习
教学方法	个性化支持、分步指导、形象化的讲解、口语讲解	个性化支持、分步指导、多媒体辅助、口语讲解	个性化支持、分步指导、多媒体辅助、口语讲解	个性化支持、分步指导、多媒体辅助、口语讲解
辅导活动	1. 多感官体验+个性化练习:通过想象化的比喻帮助学生区分书写相似的字母,通过观察老师口型区分发音相似的字母;带学生做字母操,通过形象化的身体动作辅助学生区分和记忆字母 2. 辅导作业:布置学做字母操的任务;鼓励学生画一画字母,通过可爱的字母形象化记忆和区分字形上相近的字母	让学生利用在家时间多听,并学唱服装类的词汇;将服装类单词与图片进行匹配,并观察老师的口型;讲解词汇读音时运用自然拼读法,关注字母,尤其是元音字母的发音,同时通过音节切分的方式帮助学生正确掌握字母的发音;训练学生逐步由单词过渡到短语的认读和表达;通过自然拼读法拼读单词,同时借助 chant 的形式帮助记忆	通过颜色类歌曲的听和唱,帮助学生不断熟悉核心句型;通过富有节奏感的 chant 帮助学生认读句子;通过同伴互助,提高口语表达和对句型的实际运用能力	引导学生正确理解题意以及题目中的句子,通过场景回忆以及 chant 和 rhyme 等口头练习的积累正确答题
评估与反馈	学生对这些字母在听、读和写方面有进步,但速度比较慢;做听力练习时由于强调速度,容易出错	学生在单词的朗读和认读方面有进步,口头表达单词拼写时速度比较慢,说明对字母的掌握还有待加强	学生认读句子方面有所提升,在口语表达和实际运用方面还有所欠缺	学生答题质量有所提高,答题速度还有待提高

续　表

时间 辅导主题 组成要素	2023.11.5	2023.11.12	2023.11.19	2023.11.26
	字母认读	单词识记	句型认读	答题训练
反馈与跟进	在能够正确识记这些字母的基础上，逐步提高听、读、写方面的速度	学生在认读词汇方面较好，但口语表达还比较迟缓，继续通过英文歌曲和同伴帮助来提高这方面的速度	一方面学生继续通过英文歌曲提升口语表达能力，另一方面通过同伴帮助，在情境中进行实际运用方面的训练	尝试让学生讲解解题思路，梳理一些必要的答题方法；通过反复多次，且鼓励性的交流帮助学生建立答题信心

总体而言，这份记录展示了张同学在面对阅读障碍时所接受的针对性辅导内容和措施。学生在老师帮助下，通过不同形式的教学活动和方法，致力于克服阅读障碍，提高学习效果。该记录也反映了个性化支持和多样化的教学方法如何帮助学生逐步克服困难，取得学习进步。

第三节　学习障碍儿童英语教学案例

3.1　学习障碍儿童英语语音干预教学案例

学习障碍儿童主要存在语音加工问题，这在以往的研究中均有显示，研究表明，对儿童进行语音教学干预可以降低阅读障碍的发生。下面将介绍在以英语为第二语言的国家以及以英语为母语国家进行的语音教学干预案例。

教学案例

一、中国香港地区 5—7 岁儿童的语音教学

对香港地区的儿童进行英语教学时，通常采用整词教学，没有系统的语音教学，因此该干预主要在课外对儿童开展语音教学。首先让儿童意识到英语单词是由不同的音节构成的，使其初步掌握语音意识。其次，让儿童学会切分单词的音节，例如“watermelon”有四个音节。再次，让儿童辨别尾韵，例如“king”“ring”“man”中不同韵的是哪一个单词。最后，让儿童识别单词的首音和尾音。在语音教学中同时进行一定的词汇学习，让学生在单词学习中提高语音意识。该训练持续 12 周，每周两次，每次 30 分钟。训练后发现接受语音训练的儿童语音意识有了显著提高，而且在单词

阅读和单词拼写上也有了显著提高，由此可见语音教学有助于英语为二语的儿童学习英语单词阅读和拼写。

二、北京英语阅读学习困难儿童的核心语音技能干预

北京普通小学中存在英语阅读学习困难的学生，为提高他们的英语阅读能力，决定给这些英语学习困难儿童提供以英语语音意识和字母声音知识为核心的语音技能干预。该干预采用了佛罗里达阅读中心提供的语音意识的干预方案(Blachman, Ball, Black& Tangel, 2000)，语音意识训练包括语音综合和分割任务，例如 spauk 去掉/p/读/sauk/，字母声音知识的训练主要是针对 26 个字母的声音和常见的 20 个字母组合的发音训练。一共有 72 名英语阅读存在困难的四年级学生接受了小组干预，每次训练的时间为 60 分钟，分为 10 个单元，每周 2—3 次，持续 4 周，总计 600 分钟，采用小组学习(6—8 人)的方式进行。经过干预后，英语阅读困难学生不仅在字母声音知识和语音意识方面取得了显著提高，而且在单词阅读和假词拼写能力上有所提高，对于部分儿童来说该训练效应持续到一年后。

三、美国学习困难儿童开展的多层干预模式

美国对学习障碍儿童进行多层干预，以此筛选出阅读障碍者。通常分为三层干预，第一层干预是对全班进行有效的阅读教学，经过班级教学后可能有 20%的学生无法达到学习要求，这些学生会进入第二层干预。第二层干预采用小组干预，给学生进行融合式课程教学，一般在课外时间进行，这种额外的学习内容主要包括语音教学，培养学生语音意识的养成，学习字母发音知识，掌握单词解码技能，练习单词和句子的阅读，阅读理解活动包括了排序、复述和语法学习；最后还要教授单词和句子的拼写。在二层干预后依然达不到标准的学生将会接受第三层干预。第三层干预通常采用个别化教学，对学生进行更加高强度的训练。伴随多层干预是多层评估，每层干预后需要接受评估，达到标准的被排除在外，没有达到标准的继续接受干预和新的评估。

四、美国以英语作为二语的学习者干预

美国各个州对移民中的儿童进行了早期阅读干预。教学内容是语音意识与字母声音规则，前者教音素切分和整合，后者教书面语言与声音的对应关系。语音意识和字母声音知识存在关联，在教学中不可分开。在早期阅读项目 Early reading intervention curriculum(Simmons & Kame'enul, 2003)中采用系统化的外显教学，每次课包括 6 个活动，第一个活动是 2—3 分钟字母和对应发音的学习，第二个活动是掌握如何切分单词的发音，一般持续 6—7 分钟，第三个活动是复习字母声音，需要 2—3 分钟，第四个活动是听声音写字母并且重复该声音，需要 2—3 分钟，第五个活动是综合语音和字母技能，介绍目标字母，让学生跟图片中的首字母配对，需要 2—3 分钟，第六个活动需要 6—8 分钟，测试学生语音和拼写能力，让学生找

出声音和字母之间的关系。同样采用分层干预，分为三组不同强度的干预，第1组为15周，每周4次，每次20分钟，有进步后进入第2组，持续11周，第三组持续7周，每周2次，干预过程中每周搜集一次数据，并根据此数据确定干预的效果。

3.2 学习障碍儿童英语融合教育案例

一般来说，学习障碍儿童都在普通学校就读，因此学习障碍儿童需要接受融合教育教学。有必要为其制定个别化教育方案，提供学业支持。由于专业师资的缺乏，当前小学缺乏给学习障碍儿童的学业支持。

教学案例

小飞（化名），男，6岁3个月，独生子，主要照顾者是母亲，父亲长期出差在外，经济状况为小康；智力正常，语言发展、动作协调能力和生活自理能力与同龄普通儿童相同，无任何患病史；无同桌，上课不能专注，喜欢做小动作，课间爱与同学打闹；CAS认知测验成绩不合格，计划和注意力成绩明显低于同龄普通儿童的水平，理解能力弱，各科成绩都差。

【分析】该儿童可能存在以下问题：① 注意力存在缺陷；② 认知能力低下；③ 学业成绩在班级属于下游。学习障碍儿童的认知能力低于同龄正常儿童水平，其注意力也有缺陷，学校、家庭、同伴和社区等对学习障碍儿童的教育支持力度不够，多方面原因的综合致使学习障碍儿童的学习状态不佳，学业成绩不突出，心理压力大。针对该学习困难儿童的诸多问题，制定了以下干预方案。

（1）加强注意力训练。学习障碍儿童的注意力存在着较大的问题，只有对其进行专门化的注意力训练，才能提升其学习效率，改善其学习效果。训练时间分为上课时间和课余时间。课余时间的训练以“舒尔特方格”和“数字连线”为主，选择这两种训练材料的原因在于，一是做到了从研究对象的兴趣点出发；二是较多的实验数据证明该训练材料对矫正注意力缺陷是有效的。课余时间的训练需要小飞的家长和资源教师配合研究者一起完成，这样才能保证训练的强度和实效性。采用了训练儿童注意力的“舒尔特方格”游戏，以“5×5 舒尔特方格”为例，要求研究对象用手指按1—25的顺序依次指出其位置，并朗读出声，电脑会自动记录下研究对象的准确用时。

（2）合理培养计划能力。计划系统负责调节和控制心理活动，是最高层次的认知功能系统，从事整个认知活动的计划性工作，即计划、监控、调节、评价等高级功能，可见计划系统在认知活动中的重要性。

(3) 科学制定支持策略。为了使学习障碍儿童的各科成绩有所提高，也为减轻教师和家长的心理压力，研究者针对学习障碍儿童各科的实际学习情况，对其进行了学科知识方面的干预。首先，要扩大小飞身上的闪光点，满足其兴趣爱好。据小飞的美术老师反映，小飞很有绘画天赋，所以要尽力满足小飞在绘画方面的学习需求，当其表现较好时应给予充分的肯定与表扬，使其不但能够保持积极的学习动机，还可以获得高度的自信心。其次，家长和英语教师在帮助小飞进行英语功课的学习时，应有灵活的辅导方案。尤其在对小飞进行英语听力训练时，家长可以用英文歌曲和英文电影代替录音。一来语言训练需要情景，置于情境中训练的语言才会更有效；二来不会引起小飞对英语听力学习的排斥。

(4) 完善学校支持系统。学校支持是随班就读支持体系的核心，对学习障碍儿童的受教育质量起着主导作用。小飞已成为被学校忽视的“落后生”，可见小飞所在学校支持系统并不完善，系统内的各要素并未达到和谐、统一的状态，需要科学整合。研究者主要与学习障碍儿童的领导、教师和同伴进行了交流，希望他们三方能够给予小飞足够的支持，为小飞营造一个轻松快乐的学习环境。学校领导不仅要重视本校的制度化建设，保证学习障碍儿童受教育的权利，还要积极倡导“以人为本”的教育理念，因材施教，给予学习障碍儿童更多的关注和鼓舞，激发其学习的潜能。教师支持包括普通教师的支持和资源教师的支持。同伴是儿童学习和生活过程中不可缺少的重要群体，良好的同伴支持可以为学习障碍儿童提供情感支持，缓解不良环境带给他的不利因素，也可为其提供工具性帮助，促进其认知能力的训练等。

(5) 充分发挥家庭功能。家庭是学习障碍儿童最重要和最健康的支持源，家长应与学习障碍儿童建立起亲密、和谐的亲子互动关系。

在该个案中，研究者首先详细地分析了该学习障碍儿童的心理、生活和学习特点；在其进行了三个月的干预后，又对其认知、学习、心理和生活等方面做了全方位的评估。该生在干预后的期末考试中取得了较优异的成绩，不再是班级倒数的水平。认知成绩已达到中等水平，由之前的58分提升到了82分，注意和计划的成绩明显有所提高。小飞的性格开朗了许多，学校与社区的好朋友也多了起来，课堂上变得活跃了，经常得到老师的表扬。总之，小飞的心理、生活和学习上都发生了很大的变化，这离不开学校、家庭和同伴对他的支持和关爱，也证明了此次干预方案的有效性和可操作性。

本章小结

本章主要从学习障碍的定义出发，了解了学习障碍儿童的不同类型和特征，主要分析了具有阅读障碍的儿童在英语学习中遇到的学习困难和障碍；从英语语音与口语、词汇与语法、阅读与写作等方面介绍了一些实用的英语教学方法。在党的二十大会议精神强调教育公平原则的要求下，学习障碍儿童在随班就读的融合教育教学中，教师应学会发现问题，完善教学方法，以达到最优的学习效果。

思考题

1. 如何定义学习障碍？它分为几种类型？
2. 形成阅读障碍的成因分为几种类型？如何区分这几种不同的障碍类型？
3. 哪些是学习障碍学生在英语词汇学习方面常遇到的困难？针对词汇学习障碍可以使用什么样的教学技巧？
4. 从哪些方面可以纠正学习障碍儿童的英语阅读问题？
5. 学习障碍儿童在随班就读的案例中，教师针对具有阅读障碍的儿童的行为及学习问题，是如何制定干预方案的？

第六章　孤独症儿童英语教学与案例

篇首语

党的二十大提出要“强化特殊教育普惠发展”。从“支持”到“办好”，再到“强化”，无不体现了党和国家办好特殊教育的决心。孤独症儿童和普通儿童一样，也有权利接受高质量英语教育，适应社会需要。本章从孤独症儿童的认知特点及教育对策、孤独症儿童的英语教学方法和孤独症儿童的英语教学案例三个方面，全面概述孤独症儿童的英语教学。

学习目标

通过本章学习，希望学习者了解孤独症儿童的认知特点及教育对策，在新课标框架下制定符合孤独症儿童认知特点的英语学习方法，从而有效进行孤独症儿童英语教学。

知识点思维导图

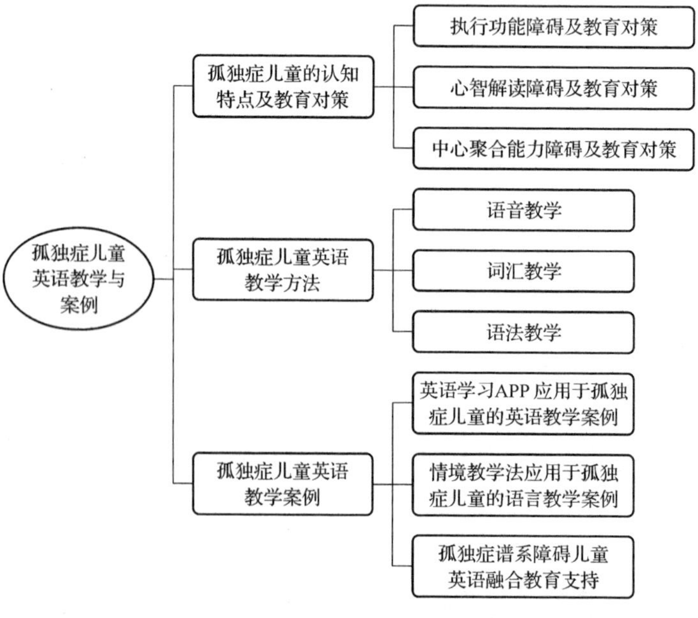

第一节 孤独症儿童的认知特点及教育对策

孤独症(或称自闭症)是一种神经发育障碍性疾病。该疾病起病于婴幼儿时期,以社会交往障碍、交流障碍、局限的兴趣、刻板与重复行为方式为主要临床表现。多数患儿还会伴有不同程度的精神发育迟滞。目前由于缺乏明确的生物学证据,孤独症一般使用行为标准进行诊断。同时又由于孤独症临床表现的多样性,大家一般使用谱系观点来区分孤独症。这个谱系除了典型孤独症,还包括高功能孤独症和阿斯伯格综合征。

虽然孤独症谱系儿童情况各不相同,但他们有着普遍的认知特点,主要表现为三个方面,即执行功能障碍、心智理论发展滞后以及中枢集合功能不足。这些特征在强度、程度和数量上各不相同,并随着时间的推移因人而异。

1.1 执行功能障碍及教育对策

1.1.1 执行功能障碍及其表现

1943 年,Kanner 首次报告孤独症后,Scheerer 等人研究发现患有孤独症的青少年抽象能力严重受损。这些早期研究涉及孤独症的执行功能。执行功能常常被看作主要由前额叶调节的一种复杂的认知功能,是指一个人在实现某一特定目标时,通过灵活、优化的方式控制多种认知加工工艺协同操作的认知神经机制,涉及一个或多个以下能力的心理加工工艺,表现为行动中的控制、抽离、停止转换、开始等活动,以及对行动的组织、规划、控制、解决问题和纠正。执行功能强的人可以在快速变化的复杂任务中保持高度的合理性,从大量信息中筛选出必要的信息,组织信息,制订实施计划,形成推理解决问题。执行功能障碍患者调节和控制自己行为的能力较弱。

孤独症执行功能障碍理论源于 1978 年 Damasio 和 Maurer 的报道,他们在比较了孤独症与那些额叶脑部受损的患者对任务的执行情况后,提出了执行功能障碍假说。自 20 世纪 80 年代以来,随着执行功能逐渐成为发展心理学研究的一个热点,对孤独症执行功能的探讨也逐渐受到关注。孤独症执行功能障碍理论已经成为解释孤独症核心症状的主要理论之一。

孤独症患者的执行功能障碍表现为重复刻板的行为。他们的思维和学习出现组织排名或计划困难、灵活性和变通性不足、过渡困难、泛化困难,认知转移能力差,感情分离能力差,社会理解差,容易出现感情问题。

1.1.2 教育对策

为了改善孤独症儿童的执行功能，教师可以在系列结构化教学课程中建立常规，制订清晰的常规时间表，让孤独症的孩子明白去哪里，做什么；帮助他们组织和规划活动，学会适应；将学习任务分解为一些小步骤，采用过渡的教学策略，在同一个培训熟练后更换场景或教学器材，以达到技能的泛化。大部分广泛干预方案采用高度结构化的环境和常规活动，帮助孤独症儿童进行社会理解，稳定情绪。

以下是教师可以采取的一些具体的干预措施，以改善孤独症孩子的工作记忆、组织能力、注意力、计划能力以及自控力。

(1) 改善工作记忆

- 玩记忆游戏或电话游戏。
- 将信息分成更小的部分。
- 使用视觉效果来支持主题。
- 为一项任务列出一份步骤清单。
- 使用简洁的语言。
- 重教和复习困难的课程。
- 使用手势来支持一个活动。
- 让学生与他们的生活建立联系。
- 继续复习已掌握的技能。
- 在教室里限制干扰。
- 教学生把正在思考的想法想象出来。

(2) 提高组织能力

- 在教室里标出重要的区域和东西。
- 用视觉来勾勒更重要的任务，比如打开书包或者完成多步骤的工作表。
- 确保每样东西在教室里都有一席之地。
- 所有学生都有一个指定的颜色，与他们的时间表、小隔间和工作盒对应。
- 使用时间表，确保学生知道当天事件的顺序，确保让学生们意识到课程表的变化。
- 定期指导如何组织事件并进行示范。

(3) 改善注意力

- 在教学中使用学生喜欢的话题。
- 灵活安排座位，以确保学生在学习时获得足够的感官反馈，促进注意力。
- 对孤独症学生来说，少即是多，不要过度装饰房间，保持简单，限制干扰。
- 使用计时器或过渡提示。
- 教导和示范积极的注意。

• 满足学生感官需要，保证注意力。

• 使用简单的指令。比如，不要说："我想让你匹配这些形状的积木。"而应该说："匹配这些形状的积木。"

• 重复关键词或指示语。

（4）提高计划能力

• 与学生及他们的家长讨论学生想要完成的目标。

• 帮助学生创建一个逐步实现目标的计划，并经常和学生讨论这个计划。

• 获取数据并使用数据来支持结果。

• 给学生提供选择并解释具体某个决策会有什么样的结果。

• 为学生创建一个自我监控清单。

• 允许学生使用计时器来完成任务。

（5）提高自控能力

• 使用视觉支持来展示如何表达情绪。

• 模拟并表演社交情境。

• 教授做出选择的能力。

• 在教室里留出一个区域用于帮助孤独症学生平静下来。

• 为学生准备镇静工具，比如音乐、耳机、黏土等。

• 教学生意识到诱发他们情绪失控的原因。

• 使用强化来鼓励积极的行为。

• 让教室成为一个平静、安全的地方。

1.2 心智解读障碍及教育对策

1.2.1 心智解读障碍及其表现

心智解读能力是指儿童理解别人心理状态（如信念、愿望、情绪等），并以此作为理解和预测别人行为途径的能力。以往研究发现，孤独症儿童并未如普通儿童那样自然而渐进地获得心智解读的能力，而是在理解别人的心理上存在着缺损。Baron-Cohen 等人最早发现孤独症儿童难以理解别人的错误信念，之后这一结果被许多其他研究者证实。后续研究结果还发现孤独症儿童在理解不同的心理状态时显示出很大差异。绝大多数孤独症儿童能理解别人的愿望，依据别人的愿望预测后续的行为，还能明了别人的愿望是否对别人的情绪产生影响。但他们不能理解别人的错误信念及与此相关联的情绪，也不能正确地预测建立在错误信念基础上的行为。

孤独症儿童的心智解读障碍可以用以下两种观点来解释。先天论者持一种神经生物学的观点，认为在孤独症儿童不同的临床表现（包括语言能力、想象力及社会性等能力的削弱）之下潜藏着同样的先天神经异常情况，这是个体发生"心理失明"的根本原因。近年来，Howard应用MRI和PET技术的脑功能研究提供了直接的实验证据。该研究发现，孤独症患者大脑颞叶内侧杏仁核发生损害，并认为这是导致他们社会认知方面存在问题的原因。

社会经验论则采取了“后天”的立场，将对心理状态的理解的发展看作儿童社会参与和言语发展相互作用的产物。这种观点重视语言和相互作用的重要性，强调家庭讨论、假装游戏和关于感受的描述的作用，并认为他们是吸引儿童对心理状态产生注意的重要手段。

Tager-Flusberg的后天观察表明，包括孤独症儿童家庭在内的大多数家庭都较少使用有关心理状态的术语。这一结论支持了后天论的立场，即错误信念理解困难更可能是对有关心理状态交流较少的缘故。反过来，社会性逃避、想象力减退和言语障碍等临床症状，可能使得孤独症儿童关于无形的心理状态的家庭对话变得更加困难。莫书亮、苏彦捷认为，心智理论与言语、交往和社会功能之间的关系可能是双向的，在个体发展的不同阶段表现为不同的关系。神经生物损坏可能会延缓孤独症儿童心智理论的发展，而社会性和交流性经验也会对有感觉或者运动障碍的儿童产生影响。在某种情况下，有可能先天和后天因素发生相互作用，致使孤独症儿童心智理论的发展落后于正常儿童。

1.2.2 教育对策

促进孤独症儿童心智理论发展，可以从家庭教育和学校教育两大支持系统出发。

首先，家庭内的一些社会经验可以促进儿童心智解读能力的发展。一般来说，大家庭中的儿童的错误信念发展更快。如Jenkins和Aftingtion的研究表明，兄弟姐妹多的学前儿童比兄弟姐妹少的学前儿童在错误看法任务上的成绩会更好。家庭的大小和心智解读的任务的关系在语言技能差的儿童身上表现得更强。这意味着语言能力差的儿童可以通过家中兄弟姐妹改善对错误信念的理解。

除了谈话的频率和内容外，育儿风格和纪律的策略也都与儿童的错误信念的理解有关。母亲如果能够将处于11个月到3岁的孩子的行为看成有意图、有意识的，那该儿童在5岁时对他人的理解将会与此有正相关。那些会与孩子解释和讨论的父母，其孩子比那些对不能接受的行为进行惩罚的父母的孩子，在错误信念的任务中的得分更高。

儿童的社会成熟是在学校能取得成功的一个重要方面。教育理论学家和教师应该帮助儿童更好地形成元认知能力，进而使儿童具有很好的“心智理论”。在教学语言中体现对“心智理论”的培养是很重要的一个途径。所以，教师可以在教学中多用一些反问、设问的词句，如：“你是怎么知道的？”“真的知道还是猜的？”

以下是教师可以开展的一些具体活动，以促进孤独症儿童的心智理论发展。

首先，和孩子们一起读故事，让他们猜故事的结局是发展心智理论的有效方法。

鼓励读者想象角色会选择做什么，就像他们在脑海中上演的结局一样。读者需要问自己，故事中的人物对发生在他们身上的事件有什么感觉？接下来会发生什么？为什么故事会这样发展？为了帮助孤独症儿童掌握这些技能，你可以分享你自己的猜测和推理。

另一个有用的活动是模拟他人的面部表情和肢体语言表达的不同情绪。帮助他们理解人们可能对他们有不同的情绪，以及人们可能如何表现这种情绪（微笑、皱眉等），这是建立孤独症儿童心智理论的重要一步。在他们掌握了情绪的窍门后，你可以挑战他们，让他们在日常生活中找到情绪的例子，比如观察家里的情绪，他们的父母或兄弟姐妹感觉如何？他们怎么知道的？

教师还可以鼓励孤独症儿童玩猜谜游戏、角色扮演、捉迷藏和假装游戏等。通过在一个虚构的情境中扮演一个角色，他们将不得不创造一个经历可能与现实不同的人。这可能会帮助他们学会思考在不同情况下，真实的人可能会经历的、与孤独症儿童或青少年不同的事情。

总之，要培养孤独症儿童的心智解读技能，教师的角色是关键。当孤独症孩子的处理方式与教师不同时，教师要有耐心。教师也可以与他们合作，培养他们所需的技能，以便与他人建立更好的关系，并通过他人的视角引导孤独症孩子体验世界。

1.3　中心聚合能力障碍及教育对策

1.3.1　中心聚合能力障碍及其表现

中心聚合能力障碍是指偏重事物的细节而常常忽略整体，即“只见树木，不见森林”，以致行为刻板或具有某些特殊能力。

人们观察和分析事物存在两种思维模式：整体以及局部。所谓局部是指事物的各个细节，如同盲人摸象中，各个盲人摸到的部分。所谓整体是指将局部信息综合分析，从而形成总体印象。中央聚合性指的是人们在观察和分析事物时，倾向于整体性，使前后联系的信息组合成一幅“大的画面”，并忽略大部分细节的思维模式，如回忆一个故事时，容易抓住故事的要点，而忽略故事的细节。正常人一般不会通过抓住事物的各个细节形成对事物的印象，而是倾向于对整体产生一个总体的印象，然后在这个基础上，构建事物一些可能的细节。比如走进一个房间，首先看到的是这个房间的整体装修风格，然后才会去注意这种风格下，使用了什么样的窗帘、电视柜的摆放等细节问题。这种以整体为导向的认知方式，称为中心聚合能力。然而孤独症儿童则刚好相反，他们常常倾向于局部视觉优势。

1989 年，Firth 提出了中心聚合能力缺陷理论。该理论是指整体思维方式的处理过程比局部思维方式的相对较弱，形成局部领域的优先运作，其特点是偏好细节部分多于全盘思考，对细节有很强的观察力。比如部分孤独症儿童在玩汽车玩具时，常常会过分偏好玩车轮，而忽略了玩具本身作为汽车的整体概念。

中心聚合能力缺陷可同时引起在某些方面的特殊能力和另外一些方面的缺陷。Firth 认为孤独症儿童的认知模式是以偏好局部多于整体的信息处理，不能根据前后联系处理信息，即输入的信息不能整合成一个有意义的整体，而是保持信息片段或无意义状态。该理论既能解释孤独症儿童认知和社交方面潜在的缺陷，也能解释其优势方面。由于社会认知在很大程度上依赖于信息的整合和概念的形成，孤独症儿童不能看到整体，只能看到局部，因此注意涣散，不能理解深层次的含义，不能建立社交联系，也不能发展出心智解读能力，表现在语言、社交上严重受损。另外，他们有很强的视觉空间能力，有些儿童还存在一些特殊的技能，其出众的能力包括在音乐、数学、美术方面的天赋，优秀的机械记忆能力及智力拼图和其他空间技能，擅于注意微细变化等。由于孤独症儿童对细节的特殊偏好，他们的记忆也会比普通人更详细和特殊。在巴特利特的测试中，孤独症儿童与普通儿童的反应表现相反。他们能记起故事中确切的词语，却不记得故事的主要情节。因此，他认为孤独症个体有与众不同的认知方式导致其操作的优劣势，即中心聚合能力缺陷的认知方式。

1.3.2 教育对策

在三大认知理论训练方式中，中心聚合能力的训练相对发展较为缓慢，训练效果的研究结果还较少，医学界似乎尚未找到有效的改善方式。不过在既往的研究和探索中，仍然有一些训练方法被认为可能产生正性效应。

（1）整体与局部关系训练

整体与局部关系训练主要是通过给出一些局部具有明显的统一特征、容易让人忽略整体的图形，教导儿童如何忽略局部细节，从而产生整体认识的概念。比如下图：

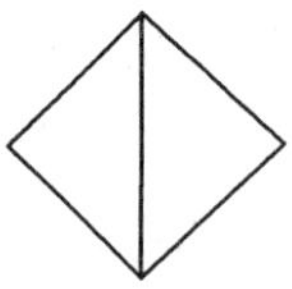

训练者需要引导孤独症儿童认识图形的整体是正方形，而忽略图形是由三角形组成的。

（2）思维图训练

思维图，又称心智图、脑图、心智地图等，是英国的东尼·博赞于二十世纪七十年代提出的一种利用图像式思考辅助工具，引导儿童将相关事件整合在一个主题上。

思维图是使用一个中央关键词或想法引起形象化的构造和分类的想法，用一个中央关键词或想法以辐射线形连接所有代表字词、想法、任务或其他关联项目的图解方式，通过视觉策略将整体与具体要素的概念及关系呈现出来。近些年来，思维图的训练模式充分利用孤独症儿童的视觉认知优势以及引导思考的理念，被逐步应用于孤独症的训练中。

第二节　孤独症儿童英语教学方法

孤独症是一种广泛性发展障碍，它有三个典型特征，分别是社会交往障碍、语言障碍，以及刻板的兴趣和行为。与正常儿童语言发展相比，孤独症儿童的语言发展速率存在明显差异，他们的语言发展每一步都很缓慢。因此，在针对孤独症儿童进行英语教学的时候，传统教学模式并不适合，必须采用多样化、可操作性强并且富有趣味性的教学方法。

2.1　语音教学

语言障碍是孤独症儿童的主要症状之一，与正常儿童相比，孤独症儿童说话的声音语调比较单调平板，缺乏抑扬顿挫之感，偶尔还会出现异常的叫声。此外，孤独症儿童在韵律的感知与表达方面也有着十分明显的障碍，因此，在英语学习过程中，语音训练难度非常大，对教师的要求也非常高。

英语是拼音文字的一种，利用声音来记忆拼音文字是最自然的方法。自然拼读法是指教师根据英语字母及字母教学的发音规律和拼读技巧来进行词汇讲授的一种教学方法，距今已经有上百年的历史，在英美国家基础教育阶段被广泛使用，多项研究表明，自然拼读在帮助孩子们规范读音、记忆单词、提升口语交际能力、增强阅读水平等方面效果显著。因此教师可采用自然拼读法对孤独症儿童进行语音教学。

教师在利用自然拼读法进行语音教学时，应结合学生的实际水平，遵循由易到难、循序渐进的原则，一步一步引导学生学习发音。结合多媒体资源，引导学生熟悉字母、字母组合与发音规则之间的关系，帮助学生先从拼读单音节词开始，慢慢地发展到拼读多音节词。通过反复训练使学生能够听其音，辨其形。另外，教师在教授学生字母及字母组合的发音时，一定要注意示范的准确性，并且保证每个学生都有足够多的练习时间，并经常带领学生复习回顾学过的音节，从而加深学生的印象，逐渐达到音形一致的状态。

考虑到孤独症儿童属于特殊群体，不具备自控力，注意力集中时间短，对新事物接受较慢等特点，教师可在课堂教学中多引入多媒体音视频资源，通过简单易懂的动画、儿歌、绕口令等调动学生的学习热情，丰富课堂活动。例如，在学习单词“apple”的时候，可以给学生播放“Apple Song”这首经典儿歌，结合苹果实物，使学生先通过听读练习掌握正确的单词发音方法，又通过观看和触摸实物将物品与英文单词结合起来记忆，在掌握发音的同时积累词汇，起到事半功倍的作用。

此外，可通过阅读英文绘本的方式将自然拼读法运用到语音教学中来，教师选择图文并茂、简单有趣的绘本，通过生动的故事帮助学生习得语音，建立单词音形义之间的联系，进而拓展阅读能力。对于孤独症儿童来说，尽量选择一些情节简单，语言信息量较少，但有生动的旋律和故事情节的绘本，通过教师讲解注入丰富情感，使学生置身于绘本创设的语境之中，达到良好的教学效果。

2.2 词汇教学

词汇是语言的基石，儿童学语言，不管是母语还是外语，词汇都是最基本的单位，没有一定的词汇量，就不能有效地传达意义。研究表明，孤独症儿童能够理解并掌握一定数量的常用词汇，在词汇广度层面上，孤独症儿童的接受性词汇量显著多于输出性词汇量；在词汇深度层面上，孤独症儿童对词义的理解有其特殊的规律和特点。在教学过程中，应尊重孤独症儿童自然的语言发展规律，根据其特点制定相应的教学方法。

首先，由于刻板性思维、语音知觉优先等原因，孤独症儿童倾向于片面地、单一地理解词汇，根据这一特点，教师可运用直观教学法来进行词汇教学。直观教学法是指运用图片、教具、实物、简笔画、身体语言等直观手段进行教学活动。

教师在上课前，可以针对不同的词汇准备相应的实物或图片、教具等直观的物品来吸引学生的注意力。比如在进行水果蔬菜等名词的教学时，教师可以用水果蔬菜的实物来展示，并且展示在前，词汇拼读在后，这样更符合儿童学语言的习惯。孤独症儿童的认知能力有限，不宜同一时间给他们传授太多概念相似的单词，要注意把握好节奏，循序渐进。

在动词、形容词的教学中，教师可以运用身体语言和动作来辅助教学，这种方式会比只教拼写和发音的方法效果要好很多。比如教“eat”“drink”“run”“cry”“smile”这些词时，教师可通过生动真实的动作进行示范，引起学生好奇心，吸引学生的注意力，使学生能够自动地把动作和词语结合起来进行记忆。如果条件允许，也可以鼓励学生尝试模仿相应的动作来加深理解。

其次，孤独症儿童不喜欢与人交流，在语言交流以及想象方面也存在一定的障碍，教师可适当运用情景教学法进行词汇教学。情景教学法是教师根据课文所描绘的情景，创设出形象鲜明的图画，辅之生动的文学语言，并借助音乐的艺术感染力，再现课文所描绘的情景，使学生如闻其声，如见其人，仿佛置身其间，如临其境；师生就在此情此景之中进行着一种情景交融的教学活动。

研究证明，音乐干预能够明显改善孤独症儿童的语言障碍。对于孤独症儿童来说，教师无须创设过于复杂的情景，可以在教学过程中插入简单易懂、轻松活泼的英文儿歌，调动儿童的情绪，激发其英语学习的乐趣。比如认识颜色词时可以播放“Color”这首歌曲，教数字时可以播放“Five Little Ducks”，学习动物词汇时可播放“Old MacDonald Had a Farm”等。使用音乐创设学习情景、将音乐作为学习背景等音乐干预方法，能有效促进孤独症儿童的语言表达和交流。

除了直观教学法和情景教学法之外，针对轻症孤独症儿童，也可采用游戏教学法来学习单词。游戏可以让儿童在安全、熟悉的环境下学习和练习新的技能，包括语言技能、活动技能、社会交往技能等。对于不喜欢与人交流的孤独症儿童来说，恰当运用游戏教学法不仅能够使其学会英语单词，也能在一定程度上提高其交际能力。在国际上，游戏治疗法作为一种独立的心理治疗方法，也被心理学家用于孤独症的临床治疗。但是，游戏设计要根据儿童的实际情况合理设计难度和时长，教师需要适时鼓励学生，使其在轻松的氛围下学习英语，增强其信心，培养英语学习的兴趣，加深儿童对词语的理解，帮助孤独症儿童在语言表达和理解方面取得进步。

孤独症儿童以其独特的方式来储备自己的词汇库，教师应善于利用词汇之间的不同关联，增强词汇之间的语义联结，拓展儿童对词汇原型的感知和理解，减少儿童对语义的误解，并鼓励儿童大胆表达自己的想法和意愿，在不断地理解和应用词汇的过程中提升孤独症儿童的语言表达能力。

2.3 语法教学

按照常规教学模式，一般小学语法教学都是由教师先讲授语法规则，再让学生通过阅读例句、做练习题等流程来学习和掌握该语法知识点，这种模式对于学生自身的理解能力和学习主动性要求较高，而孤独症儿童在这一方面很难做到。针对孤独症儿童，教师在教学过程中不应过度强调语法的重要性，而需要尝试引导学生观察简单而有趣的语言材料，通过对比引出其中的语法现象，再通过生动的讨论、归纳，总结出其中的语法规则。

首先，语法教学不能孤立进行，而应与语音和词汇等教学自然融为一体，以兴趣为手段，采取生动活泼、趣味盎然的形式，把枯燥乏味的语法教学变得通俗易懂。比如，教师可以站在儿童的视角，运用拟人化手法，将语法中的术语，如“名词”“动词”等比作“小明”“红红”等人物，再结合多媒体图像、视频和教具，像讲绘本故事一样围绕这些“人物”娓娓道来，晦涩难懂的语法知识变成了简单有趣的童话故事，效果远胜于简单地灌输语法规则。

其次，教师可构建简易的思维导图，将语法思维外化。英语语法不仅关注句子的结构和句法，也关注词形的变化。英语语言结构严谨，规律性很强，但和中文有很大的不同。对于孤独症儿童来说，学习母语本就吃力，再接受一门新的语言更有挑战。如果教师能用简单的箭头、弧线、图案等形式把语法思维外化，这将有助于儿童思考和理解。脉络清晰、简单易懂的思维导图，有助于儿童理解语法体系，并形成清晰准确的语法思维。

此外,创设生动的语言环境,将语法运用活化,创设丰富的、接近学生生活的语境。将语法知识活化,有助于学生将孤立的语法知识转化为灵活运用语言的能力,学以致用。比如将语法知识改编为朗朗上口的"chant",语句简单押韵,易读易记且动感十足。教师带领学生一起重复说唱,在轻松的氛围中潜移默化,使学生对该语法点印象更为深刻。

孤独症儿童也是儿童,因此英语语法学习要从儿童的视角切入,尊重儿童身心发展的特点,注重趣味性、理解性、情境性,同时充分考虑语言学习的渐进性和持续性的特点,合理设计语法教学,让学生在充分理解语法知识的基础上,灵活运用语法规则,最终提高综合语言运用能力。

第三节　孤独症儿童英语教学案例

3.1　英语学习 APP 应用于孤独症儿童的英语教学案例

教学案例

2016 年 9 月,上海市宝山区某小学迎来了两位随班就读的一年级新生——天天和意意。开学第一天,天天、意意的怪异行为就引起了教师的注意:不与他人交流、不听从老师指令,不时哭闹、上蹿下跳,自说自话随便走动;天天小便不去厕所,直接到花坛边解决,而意意则是在离厕所很远的地方把裤子拉下,露着小屁股跑向厕所;他们生活自理能力差,不会整理课本、书包、饭盒;没有班级活动参与意识,身体协调性差。

【分析】初次面对这样两个中度孤独症学生,老师们充满担忧,他们在集体中能不能融合?课堂上能不能适应?学习上能不能跟上?这些都是老师们担心的问题。接纳孤独症学生随班就读,他们的课堂既要面向全体学生的发展,又要兼顾特殊个体。老师们从学校融合环境、同伴融合环境和家庭支持几方面多管齐下。第一步,合理安置,把双胞胎分别安置到一(1)班和一(2)班,让班主任和任课老师有更多精力实施个别化教育和行为干预;第二步,配精兵强将,两位班主任都是学校的优秀班主任,行政领导带头进班授课,其他任课老师也尽量配骨干教师。学校副校长高老师承担了一(1)班英语教学，教导主任李老师承担了一(2)班英语教学。在英语教学中，他们率先尝试运用现代信息技术，通过引入合适的APP(应用程序)、个别辅导、家校联系等途径，克服了一个个难题。

- **从“复读机”到“点读机”**

刻板行为是孤独症学生的典型问题。初学英语，天天喜欢听录音，也能模仿录音“拷贝不走样”；他喜欢一个人翻英语书，像录音机开启了播放键一样，按照顺序一页一页往下读，就像一台“复读机”。可是在课堂上需要集体朗读教材的某一页或某行内容时，他就会表现出异常的烦躁和不安，每次都要大声哭闹，非要全班同学和他一样，按录音顺序从封面文字开始读。如果把教材内容写到黑板上或者其他纸上，他就无法识别，也毫无兴趣。一个多月下来，他的英语学习能力仅仅停留在课本朗读上，而对所读的内容不太理解，更谈不上应用交流了。

针对这个问题，高老师在个别化辅导时用了“纳米盒”APP。其中，课本点读可以任意选择Module和Unit，每个页面与教材一致，只要触摸每一个文字和图片，就可以自动播放当前文字和图片的音频，静态文本变成了生动的页面，天天对手指触摸点读开始感兴趣了，“按顺序放录音”式的模仿习惯有了改变。

“英语趣配音”APP中给课文内容配音也是天天喜欢的形式，动画背景、音乐音效的自动合成，常常让他手舞足蹈、自我陶醉，对语音语调的模仿训练更是乐此不疲、坚持不懈，天天的语音能力在班级里有了优势，也有了表现自己的欲望，喜欢在全班同学面前“秀”朗读了，同学们对他也是刮目相看。

为了巩固学校的学习成果，家庭作业也是不可忽视的重要内容。天天和其他小朋友一样，也加入了“一起作业”APP的班级群，在家长坚持不懈地督促下，看到“一起作业”中班级同学的作业进度和成绩，他也有了责任意识和紧迫感，有时听力和口语练习的正确率、完成速度方面还能登上排行榜的前列。他还对APP系统设置的攒奖励“积分”和“学豆”有了兴趣，学习质量也得到了保证。

“多说英语”APP中的少儿英语歌曲板块，有不少经典歌曲朗朗上口。英语老师发起了“每周一歌”的倡议，学生们积极参加，对于天天，老师则进行个别辅导，手把手教他模仿视频中卡通人物的动作，帮助他理解歌词意思，在“两分钟预备铃”的时段，经常鼓励他上讲台演唱，他的英语学习兴趣更浓了。

不同功能APP的使用，慢慢改变了天天脑海里那个单调的复读机，把他带入了一个多姿多彩的英语天地。他在英语学习上逐步摆脱刻板，让语言与文字在脑子里灵动起来，课文朗读终于不再局限于“复读机”模式了，可以完成“点读机”的随机朗读功能，他的语言学习也慢慢由机械模仿逐渐变为有意义的习得。

- **网络社交，开启沟通之门**

信息技术高速发展的现代社会，许多人以网络为媒介，借用聊天工具等互相聊天，经过双方坦诚的交流，最后产生共鸣，形成情感依赖。这引发了高老师的思考：通过网络平台开展个别化辅导、检查每日学习成果的同时，与孤独症孩子坚持网络交流，会不会开启他封闭的心门、慢慢走进他的世界呢？

在对比了时下各款网络即时通信服务APP的优劣性后，在不打扰学生、家长和老师原有社交圈私密性的前提下，高老师选择了易信软件作为英语家校互动和学习的专用平台。每天，她都会与天天在易信平台见面。他们最初的交流以作业指导和验收为目的，每天作业的发音难点要点、容易错误的地方，不管是词汇朗读、句型练习、儿歌诵读，还是校本课程的朗读材料，每一项作业都要求天天进行一对一的口语反馈。高老师对每条音频逐词逐句地认真听，有问题当场范读纠正。当他久读不得要领时，高老师就会通过视频让他看口型来矫正发音。每一次朗读作业老师都会及时给予评价，最初天天是在爸爸妈妈的生拉硬拽、软硬兼施的前提下完成作业的，每项上传的作业老师会按照完成的质量发各种动态表情包进行评价，天天最喜欢看竖起大拇指点赞的表情包，慢慢地他不需要爸爸妈妈督促，主动要求网络提交作业了。高老师又在作业验收时，向天天发送见面打招呼、道别、拥抱等表情包，同时用语音跟他进行交流，他从“Hi，Miss Gao.”“Bye-bye，Miss Gao.”等简单机械的问候开始，慢慢地能够热情、主动地与老师网络交流；在每天的互动中，高老师和天天建立起了一定的感情，有时天天还会在语音中告诉老师家里发生的事情。在课堂上，天天愿意回答问题了，答对了会拉起老师的手做出与网络上一模一样的点赞动作，对其他同学的精彩回答，他也会来一个“手动”点赞，向主动交流迈出了可喜的一步。天天也开始把高老师当成他校园世界里最熟悉、最信任的人，愿意在现实生活中“搭理”老师了，尽管有时候还比较勉强，需要更多的引导。

孤独症孩子的核心障碍是社会交往，其实他们也有丰富的情感与敏感的内心，但因为他们思维与语言表达的障碍，又没有安全感，导致他们表情冷漠，少与人交往交流。

通过“网络交流”建立起来的情感，让高老师逐步走进了天天的内心世界，迈出了开启自闭心门的第一步。教天天一个多学期后，看到天天在易信里给老师的留言：“I love my miss Gao.”虽然大小写、表达还不够准确，但是就像一个漠然的孩子终于在妈妈面前表达出情感。看到这一句话，高老师激动了好一阵子，她也由衷地回应天天：“I love you too，Tiantian.”

除了与天天的互动外，高老师还利用易信的“朋友圈”，帮助天天建立亲密的伙伴关系。天天口语作业表现突出的时候，高老师会“隆重”推荐他来当“小小范读员”，并将他的照片发送到群里；每个单元他们都开展“英语小达人”大比拼活动，天天的“小达人”照片通过美图软件处理、炫彩背景渲染，上传到“朋友圈”大做广告，引来孩子、家长们一片点赞和羡慕；高老师特意单独指导天天参加班级的课本剧配音、歌曲儿歌大PK等评比活动，把他表现最出色的音频和视频分享在“朋友圈”里，让他渐渐成为小朋友们的榜样。虽然有时候与同学们相比，天天的表现并不算优秀，但是经常性地在“朋友圈”里“秀”一把，让他有了“存在感”。为了这个“存在感”，天天英语学习积极性也更高了，他开始意识到要去争取“小小范读员”“英语小达人”等荣誉，他开始喜欢在“朋友圈”展示自己的学习成果，也开始主动在课堂交流中与小伙伴们进行对话练习了。朋友圈的一次次“上镜”，激发了天天的荣誉感和自豪感，也让他聚集了一定的“人气”，同学们看到他的闪光点后，更能包容他的缺陷，主动在细微处帮助他，也愿意和他一起学习交流。天天与小伙伴的交流意识逐渐建立起来，这对孤独症儿童来说，是突破性的进步。

- **老师的思考**

教天天的高老师和教意意的李老师经常一起交流，互相促进，在各种 APP 的支持下，尝试改变孤独症学生的英语学习方式、记忆模式。通过班主任、任课老师以及家长的共同努力，升学到三年级的天天和意意初步具备了学习的自觉性和自信心，与老师关系和谐，正逐渐建立集体中的角色意识、与小伙伴的语言交流意识，很好地融入学校生活中了。

反思这两年走过的路，心得与思考如下。

(1) 创新使用现代技术手段

信息时代各类 APP 为我们提供了学习便捷，提供了多渠道的学习方式，提供了跨越时空的可能，也是对随班就读学生进行个别化辅导的一条新的路径，如在天天、意意的英语学习案例中，各类 APP 为他们的学习提供了非常重要的支持，但 APP 只是技术支持，更重要的是教师要有主动干预意识，会根据学生需要创新选择适合的 APP 作为支持载体。

(2) 关注孤独症儿童的核心障碍

孤独症儿童普遍存在喜欢电子产品、不喜欢和真实的人打交道的现象。因此我们在使用 APP 时，不仅要关注孤独症儿童的英语语言学习，更要关注如何让其情感交流从虚拟走向现实。APP 交流仅仅是桥梁，我们要关注孤独症儿童的核心障碍，通过 APP 来学习真实的沟通交往技能。

随班就读的孤独症学生要真正融入并适应学校集体生活还是非常困难的。只要我们每一位老师对这些星星的孩子特别关心、特别爱护和特别辅导，融合教育的路会越走越宽。

3.2 情境教学法应用于孤独症儿童的语言教学案例

情境教学法是应用行为分析(ABA)的原理在日常生活情境中的随机教学(incidental teaching)，或是利用例行活动或行为链进行短暂的教学，有随机教学、要求—示范、时间延宕及中断例行活动等多种教学策略。

情境教学法是语言治疗师主导干预、激发儿童语言学习的主要手段和方法。自然情境教学法强调以儿童为中心，强调儿童学习的情境制造以及学习的动机，教学提示主要着重在生活中自然发生的情境来作语言的引导或是沟通的干预，渐进地给予提示与引导，提升儿童自发性的语言。

教学案例

A出生于2006年4月份，从小主要由爷爷、奶奶、外公、外婆抚养。奶奶为小学数学老师，很早就教A阅读婴幼儿读物，且很少带孩子出门玩耍。2009年9月A入园第一天被老师怀疑有孤独症。于是A被带到南京某医院就诊，被诊断患有孤独症。A在南京某机构进行为期3个月的训练后转入笔者所在的机构，并且被分配给笔者上“个训课”。2010年9月A结束机构学习，进入普通幼儿园，就读小班，随后随班升级，2013年进入普通小学随班就读。

A在笔者所在机构长达三年的学习过程中，笔者为了提高其语言表达能力以及沟通能力，使用了如下情境教学法。

- **“托马斯不见了”**

设计这个活动的初衷是因为A特别喜欢玩具汽车、玩具火车，当然他的玩法是翻过来玩轮子。他原来有一套托马斯小火车，玩法是排队。他的爸爸、妈妈因为不想让他给小火车排队，就收起来了。笔者了解到这个情况以后，就让他们把小火车带过来。

刚开始只给他一两辆火车，其他的被老师收起来，趁他不注意的时候，放到某个地方，然后用手势或眼神示意他去找。开始要放在非常容易找到的位置，等A找到后，找合适的机会，再藏起来一个。A需要把所有的小火车都找到，排列起来，所以每次都非常有动力，根本不需要大人提醒，就会主动找，但不主动看老师的提示。随着练习的深入，他开始看老师的手势或眼神提示了，只是还不熟练。在找的过程中，老师会示范一些相应的话，比如“托马斯不见了”“高登哪里去了？”“找到了艾米丽！”“把它排起来”等等。

这里面特别要说明的是，利用孩子特别喜欢的物品做教学是非常容易入手的做法，但是因为某些父母担心孩子入迷、着迷，甚至产生刻板行为，而把这些东西收起来，结果失去了很多让孩子主动起来的机会。而机构里的老师，又纯粹地将这些东西或活动变成了强化物：完成老师的一个命令，孩子就可以暂时拥有这些物品一段很短的时间，或者和孩子玩某些孩子喜欢的活动。完成的命令和享受这些东西或活动并没有直接的因果关系。更重要的是，即使孩子有很好的口语，却不知道用适当的话表示“玩”“要”“要玩”“我要玩”“我要汽车”等，很可能只是用手抓或者抢到这些东西，或者拉着老师的手表示要做某个活动。这不能不说是教学的舍本逐末。

- **“慢一点，快一点”**

这个活动源自一次教学活动。笔者将A抱到上课用的桌子上，A不肯站在上面，马上就坐下来，笔者尝试让他站在更高的玩具柜上，A更加不肯，且出现了明显的情绪反应。因此，笔者设计了一个情境，将一张长条形的桌子翻过来，放到另外一张长条桌子上，制作了一顶“轿子”，让A“坐轿子”。刚开始，“轿子”不移动，随着A情绪稳定，逐渐提高移动速度，但只要A注视笔者眼睛，便停止动作。如此反复，进行了若干天训练以后，A能够自己主动用“注视”的方式表示停下来。然后，在接下来的活动中，笔者示范“慢慢的”这个词语，逐渐A学会了用这个词语表示要慢一点。笔者逐渐增加移动的速度，且说：“快快的。”只要A一说“慢慢的”，“轿子”就要停下来，然后再尝试加快速度。这个过程花费了数天的时间。

在这种反复尝试过程中，A逐渐习惯了快速移动，会主动要求“快快的”，也会说“慢慢的”，且乐在其中，每次都玩得不亦乐乎。每次下课之时，都显得依依不舍。熟练之后，示范：“快一点”“慢一点”；“加快”“减慢”；“再快”“再慢”；“快快快”“慢慢慢”；而他学习这些话语的速度明显加快，几乎每节课都可以使用新的话。

接下来，将长条桌一边架在玩具柜上，这样就变成了“滑梯”。经过数十天的练习，他可以灵活地在上面爬来爬去，且能够走到玩具柜上，在上面来回移动，可以说行动自如。特别说明，这样做的时候，要特别注意安全，且要特别注意只有在上课的时候，才可以爬到桌子上、柜子上，并告诉孩子这是滑梯，要求孩子表达：“我在玩滑梯！”

同样，在这个活动中，除了语言、沟通的练习之外，这个活动更多练习的是孩子对空间感知觉、身体协调性、身体平衡等。

- **红梅公园停车场**

这是由偶然玩积木而发展起来的活动。有一天在随意玩积木的时候，A拿起一块积木说：“这是停车场。”因知道他刚刚去过红梅公园，故笔者示范说：“红梅公园停车场。”然后和他一起搭积木，搭出公园的大门、围墙、游乐场、假山等等。整个活动每天都重复做，并且每天加入新的成分，除了里面的设备、设施外，搭建内容从公园扩展到马路、车站、公共汽车、行人、树木、花草等，可以说造型越来越复杂，加入其中的活动也越来越丰富。

作为老师，只要在适当的时候，将孩子的做法适时地描述出来，适当地引导孩子说出自己做的是什么，且及时地提示他还无法表示的内容，就可以了。

情境教学法的效果是显著的。A在小班下半年至中班上半年的时候，基本解决了“鹦鹉学舌”的表现，并且随着理解、非口语、口语表达能力的提高，可以用自己的肢体语言或口语与人进行对话，虽然可能存在语法、语义、语用的误用，但在教师示范后都可以很快掌握正确的用法，口语学习的速度明显加快。

A在中班下半年到大班上半年的时候，彻底解决了代词混淆的问题，能够在各种场合和情境中灵活而自如地使用“你”和“我”。

3.3 孤独症谱系障碍儿童融合教育支持

基于孤独症谱系障碍儿童的核心缺陷是“社会性”发展的缺陷，应该尽量为他们提供融合教育。在融合的环境内给孤独症谱系障碍儿童提供与典型发展儿童互动的机会，帮助他们在语言、行为与社会交往等领域的发展，但孤独症谱系障碍儿童的发展性障碍也给融合教育提出了巨大的挑战（Stahmer，Akshoomoff & Cunningham，2011）。在美国，孤独症谱系障碍儿童的主要安置方式是在普通学校的普通班级，近十年来一直有超过90%的此类儿童被安置在融合环境内（United States Department of Education，2015）。大量研究表明，融合不仅对于孤独症谱系障碍儿童本身的发展有益，特别是对相关儿童的语言能力、认知能力、学业成就和社交技能等能力的提升均有帮助（Leach & Duffy，2009），也促进了教师、家长和学校管理者对于孤独症谱系障碍儿童的接纳度，而且也有利于典型发展儿童社会性和学业的发展（Finke，McNaughton & Drager，2009）。有效的融合基于高质量的系统性的支持服务，实现真正的融合，并不是简单地将特殊儿童安置在普通教育环境中，还需要同时提供系统、综合、持续的支持和服务。

相对于幼儿园的融合实践，目前小学阶段随班就读涌现的困难和争议更多。而小学阶段属于儿童社会性发展的关键阶段，也是基础教育的开端，孤独症谱系障碍儿童在小学阶段能否适应，直接会影响到其后续的发展。借鉴国外的一些经验，孤独症儿童的教育支持体系应该有以下特点。

（1）以政策为导向，建构接纳包容的心理环境，积极影响支持的有效性

学校行政系统应该积极创建接纳和包容的氛围，一方面是基于推行融合教育所做的努力和基于实证研究的成果，证明融合教育应该是“促进每一个儿童的教育权的实现”，是双赢的状态；另一方面是基于实践对于政策的推进，政策转而进一步确保融合教育得到资源的保障。国务院2010年颁布的《关于加快推进残疾人社会保障体系和服务体系建设的指导意见》也提出，“完善以特殊教育学校为骨干、随班就读和特教班为主体的残疾儿童少年义务教育体系；将随班就读工作纳入教师绩效工资考核内容，建立完善残疾儿童少年随班就读支持保障体系”，但还是需要进一步细化各个部分的职责。随班就读不仅仅是安置形式，不仅仅是“随班就坐”，还需要让每一个进入普通教育环境的特殊儿童在课程、活动以及社会交往各个层面中都能真正融入。

（2）专业团队协作，提供全程的支持保障，确保个别化教育计划的实施

美国对相关服务团队的资质、从业标准（伦理要求）都形成了专业的制度，对提供相关支持服务的从业人员进行资格审核，从而确保他们的服务质量，同时美国政府还规定了其需要定期接受专业培训，不断提高自身能力，确保支持服务的有效性，并强调专业团队不同学科和领域的服务人员之间的交流合作。小组成员定期会面分享近阶段的教育情况和教育修订计划；社区、特殊学校和普通学校、支持培训机构等通过

社工，沟通相关信息，达成相互协作等，都使得整个支持团队的运作效能获得较大的提高，也极大地保证了孤独症谱系障碍儿童融合教育的有效性，以及个别化教育计划的实施和儿童发展目标的实现。

我国近年来也非常重视特殊教育及其相关服务人员的专业化发展，但目前各类专业的康复治疗师，包括言语语言治疗师、作业治疗师等的缺口巨大。另外，在我国开展基于本土的专业化的支持保障体系非常关键。我们也展开了一些积极的探索，如对孤独症儿童随班就读的具体课程、评估模式以及相应的“社会交往”等特殊需要如何支持等问题进行探索，为孤独症儿童提供个别化的专业的综合的教育和支持，但核心还在于专业人员的配备和发展。

(3) 丰富机构类型，提供特殊的补充支持，完善社会支持保障体系

美国孤独症谱系障碍儿童融合教育支持体系中，广义的机构支持已经成为极为重要的一块，不仅对相关儿童在学校、社区等地方不能获得的专业支持提供了补充，还将相关儿童在各处获得的支持进行了汇总和协调，使得其获得的支持能够更为有效地整合起来，发挥更大的作用。例如，机构的社工会为孤独症谱系障碍儿童家长提供他们需要的政策法规的相关信息，帮助家长从政府、学校等处获得相应的支持。他们也帮助儿童家长与学校、社区沟通，促进家庭—学校合作、家庭—社区合作等。此外，他们还为儿童家长提供心理支持和喘息服务等，帮助家长更好地调节自身的心情为儿童提供家庭支持，促进儿童自我支持等(杨广学、吕梦，2010)。我国孤独症谱系障碍儿童支持机构目前还缺乏系统性，孤独症谱系障碍儿童支持机构提供的支持服务项目以康复训练为主，而且集中在 3—6 岁阶段。相对而言，机构与学校系统的沟通渠道不畅，还需要完善相应的工作机制，以及提升我国孤独症相关机构支持的服务质量，拓展服务范围(比如学龄段孤独症儿童的支持、家长的心理支持等)。

本章小结

本章主要从孤独症儿童的认知特点出发，了解了孤独症儿童的主要特征，分析了孤独症儿童在英语学习中遇到的主要障碍及相应的教育对策；从英语语音、词汇与语法教学等方面介绍了一些实用的英语教学方法。读者可以在孤独症儿童的英语教学案例中，真实体会孤独症儿童面对的英语学习障碍，以及学习对其进行干预及纠正的方法和时机。在孤独症儿童随班就读的融合教育教学中，教师应善于发现问题，完善教学方法，寻求教育支持，以达到最优的学习效果。

思考题

1. 孤独症儿童具有怎样的认知特点？针对这些认知特点可以分别采取哪些教学对策？

2. 孤独症儿童的英语学习障碍有几种类型？针对这些障碍可以分别采用哪些教学方法来解决？

3. 如何提高孤独症儿童的英语词汇量？

4. 孤独症儿童的语法教学和普通语法教学有何不同？如何提高孤独症儿童语法教学效果？

5. 在将英语学习软件应用到孤独症儿童英语教学过程中要注意哪些问题？

6. 我国的孤独症谱系障碍儿童融合教育支持体系建设取得了哪些成果？目前还存在哪些问题？

第七章　特殊儿童第二语言评估

篇首语

党的二十大提出，加强基础学科、新兴学科和交叉学科建设，要加强对特殊儿童第二语言学习进行科学评估。儿童第二语言习得是一个复杂又不断变化的过程，既要考虑到儿童内在语言学能、学习动机、学习策略以及智力等内在因素，也要考虑到儿童的语言学习起始年龄、语言教育环境、家庭社会经济状况等外在因素。特殊儿童由于自身的身体缺陷，第二语言的学习过程更加复杂。如何有针对性地帮助特殊儿童习得第二语言？这就需要对其二语习得进行科学有效的评估，通过评估了解其语言能力的现状与问题，尤其是明确分辨特殊儿童有没有二语学习障碍，障碍的性质、环节、程度，需不需要干预以及指认干预范围，以便更好地提供干预服务。

学习目标

通过本章学习，希望学习者了解特殊儿童第二语言（英语）的评估目的、评估内容、评估方法、评估程序以及评估工具，从而有效评估特殊儿童的第二语言（英语）。

知识点思维导图

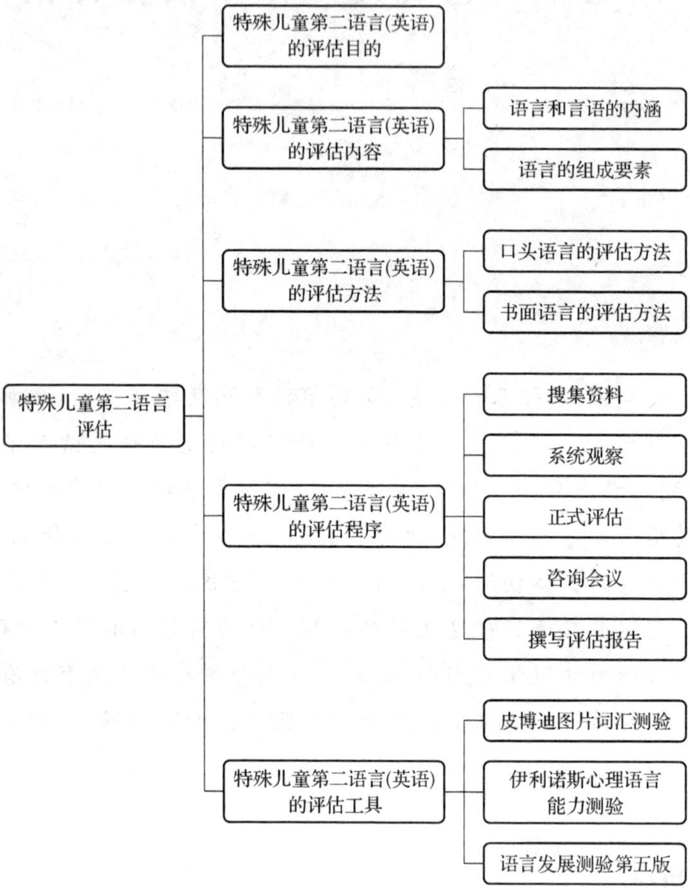

第一节　特殊儿童第二语言的评估目的

语言学习是儿童所有学习的核心,听、说、读、写都必须以语言为媒介实施。语言学习困难是学习困难儿童的主要特征。特殊儿童往往伴有智力落后、听力损伤、言语损伤、视力缺陷和情绪困扰等现象或特征,从而在语言学习中产生学习障碍。研究表明,特殊儿童往往存在语言学习方面的障碍,具体表现在:视障儿童从书面材料中获取意义时非常困难,然而当同样的材料以听觉方式呈现时,他们却能很快理解;听障儿童从听觉获取意义的能力很差,然而当同样的材料以视觉方式呈现时,他们会理解得又快又好;还有些特殊儿童无论对视觉材料还是听觉材料,均不能很好地获取意义

（刘翔平，2000）。美国历年来的调查资料都显示语言障碍儿童的出现率在特殊儿童中位居第二（U. S. Department of Education，1998；Wetherby，1998；Ysseldyke & Algozzine，1995）。因此，对特殊儿童语言学习包括第二语言学习的研究受到特教界极大的重视，国外的伊利诺斯语言测验（ITPA）以及各种语言学习成就测验、马卡顿词汇等都是语言评估的成果。

为帮助在语言发展上有较大困难的特殊儿童提升其第二语言沟通和学习的效果，特殊教育工作者需要对特殊儿童进行教育评估，找出其语言学习的障碍或特征，提供必要的教学辅导。语言评估可以达成下列几个目的：① 决定特殊儿童语言学习障碍的性质；② 确定语言学习障碍所涉及的层面（如：音韵、语意、构词、语法、语用）；③ 明确语言问题的严重度或发展迟缓状况；④ 决定教育干预范围或制定特殊教学目标（陈云英，1995）。

第二节　特殊儿童第二语言的评估内容

2.1　语言与言语的内涵

语言（Language）是人类约定俗成的符号系统，是人与人之间相互沟通所使用的一种形式化的编码，由语音、语义和语法等构成，属于人类所特有的心理社会现象。言语（Speech）是有声语言形成的机械过程，是语言口头表达的产物。个体发出的声音经过不同顺序的组合就产生了口头语言，因此，言语属于一种心理物理现象。如上所述，沟通交流的形式和媒介多种多样，但语言与言语是人类最主要的沟通形式。语言即“话”，言语即“说”。语言包括了言语，而言语是语言的一个部分（王辉，2015）。

2.2　语言的组成要素

根据 Bloom 与 Lahey（1978）的理论，语言是由形式（Form）、内容（Content）及使用（Use）三种向度交集所形成的。语言形式包含音韵、构词及语法；语言内容表现为语意（Semantics）；语言使用的层面即为语用（Pragmatics）（锜宝香，2016）。从儿童语言发展的规律来看，儿童的语言发展经历了从前语言阶段的沟通交流到逐步建立语言符号表征、发展语法体系，再到灵活运用语法体系进行叙事和谈话的过程。对特殊儿童的第二语言能力评估，也需要以儿童语言发展规律为基础，逐步进行语音、语义、语法的评估，最后考察语言运用能力。

2.2.1 语音的感知与产生

音韵主要是指语言系统中的语音层面,包含语言系统中所有语音以及词汇发音的基本规则,或是语音结合、排序形成词汇的规则。语音是语言的最小单位,因其多样变化的组合会形成不同的词汇。例如:bat、cat、fat、gat、hat、mat 等词汇的发音虽只有第一个字母的语音不同,但其意义则相去甚远。另外,音韵中重音等超音段(supra segment)对词汇的意义也具有决定性作用。

语音产生能力评估主要考察儿童正确发音的能力,英语语音系统中主要考察儿童正确发出元音、辅音、语调的能力。语音产生能力评估常用图片命名或语言样本分析的方法进行采样,通过让儿童模仿或自主表达诱导出目标语音,并对其元音、辅音、语调是否正确做出分析(锜宝香, 2009)。

2.2.2 词语的理解与命名

语言要素主要是指词汇组成的规则,或是指语音中最小的有意义单位词素(Morpheme)的应用规则。例如:在英语中,“jump”是由单一的词素所构成的词汇,但“jumping”则是由两个词素所构成的词汇。词素可分成自由词素(free morpheme)与粘着词素(bound morpheme)两种。自由词素主要指独自出现即可具有意义的构词单位,且无法再分解至更小的构词单位,例如:“publish”是一个自由词素。粘着词素则指需要与其他词素一起出现才具有意义的构词单位,例如:“unpublished”中的“un”和“ed”都是粘着词素。

词语表达能力评估常采用的评估方式有命名法、词表法及语言样本分析法。命名法即让特殊儿童对呈现的事物或者事物图片进行命名(Lu, Wong&Wong, 2013);词表法即让特殊儿童家长或语言教师将儿童能够自发表达的词汇从词表中勾选出来(崔欣华、张娜、邵艳娟等,2017);语言样本分析法即通过获得特殊儿童在自然状态下的语言样本,分析该样本中特殊儿童的词汇表达情况。

2.2.3 句子的理解与表达

句子表达能力对应的是语法发展情况。语法是制约句子中词与词的关系的规则,一种语言的语法是该语言里这些制约规则的总和,使词在规则制约下组成为该语言社团所接受的句子。句子是最大的语法单位,故通常用句子表达能力考察儿童是否掌握常用的语法规则。句子表达能力评估的常见方式有句子复述、句法启动、扩展修饰语、优化句子以及语言样本分析法等(王丽燕,2019)。

(1) 句子复述是指让儿童复述测试句,考察其模仿句子的能力。如:“Would you mind opening the window?”在儿童的句子模仿中,要注意其所有形态句法上的错误。

(2) 句法启动是指主试呈现一定句法形式的句子,然后看这种先前呈现的句型对儿童造句时使用的句型是否产生影响，常采用句式仿说的方式，考察儿童能否将所习得的语法结构有效迁移，正确应用于其他类似的语言情境（梁丹丹，2017）。如在接受性语法任务中，为了确定儿童是否理解某个形态的意义，主试可以要求儿童选出对应的图片："Show me the girls are dancing.（给我看看那张女孩子们正在跳舞的图片。）""Now, show me the girl is dancing.（给我看看那张那个女孩子正在跳舞的图片。）" 这个例子是为了评估儿童对复数和单数概念的理解。

（3）扩展修饰语是指主试根据图片说出一个简单句，如"This is an apple"，然后要求儿童扩句，如"This is a big red apple"。

（4）优化句子是指主试根据图片说出原句，如"This is a watermelon"，要求儿童运用比喻修辞优化句子，如"This is a watermelon which is like a football"。

（5）语言样本分析法是指主试通过统计儿童语言样本中的平均长度句子（mean length of utterance，MLU）所使用的句型、句类及句式等评估儿童的语法能力。

2.2.4 语言应用能力

语音、语义、语法三个方面都是从语言要素的角度进行考察，而语言能力除了考察语言要素的掌握情况之外，还要考察运用语言要素完成特定功能的状况。语用能力主要是指在不同沟通情境中掌控语言使用及功能的社会规则，涉及如何以符合社会规范或约定俗成的方式使用语言与人对话、交谈、沟通。

获得语言能力的最终衡量指标是熟练运用语言形式完成特定功能的能力，评价特殊儿童的语言能力也不能缺少对其语言应用能力的评估。例如：当别人问我们"What's the time now?"时，我们不可能回答："Yes, I'm fine." 或是当别人正因考试失败而伤心时，我们不能说："Take it easy. Just buy another one."因为这样完全不符合语言使用的社会规范。

会话和叙事是评估语言应用能力的两种主要方法（Kenneth，Shipley & McAfee，2010）。会话是指两个或两个以上的人就某一主题进行交谈，会话是人们最常采用的语言运用方式，也是儿童沟通能力发展的重要途径。会话能力评估中主要包括话轮替换、会话发起、会话维持、会话中断以及会话修补等要素。会话的评估主要考察儿童是否能够有效利用这些关键要素（李欢，2014）。

叙事是一种脱离语境进行有组织表达的语言能力，是收集儿童语言样本的一种重要形式，包括口语叙事和书面语叙事。目前关于叙事能力的评价主要通过图片引导儿童讲述一段故事，或者是先由二语教师读一遍故事，再由儿童根据故事的图片重述一遍，然后转录所有内容，从叙事的宏观结构（如故事的要素、语法和情节构成的复杂性等）、微观结构（如词汇数、句子总数、相异词汇比、平均句长等）以及艺术风格等方面对儿童的叙事能力进行评估（Kenneth，Shipley&McAfee，2010）。

第三节　特殊儿童第二语言的评估方法

语言主要包括内部语言、口头语言和书面语言这三种形式。内部语言是对词语符号的理解，主要在于实施任务需处理语词符号，而不在于说话。口头语言是以说和听为传播方式的有声语言。书面语言是以写和读为传播方式的语言，是口头语言的文字符号形式等（王辉，2015）。针对特殊儿童的第二语言学习，本章节主要介绍口头语言和书面语言的评估方法。

3.1　口头语言的评估方法

常用的口语能力评估方法主要有以下几种：自然情境观察、语言样本获取、语言模仿及图片刺激。

3.1.1　自然情境观察

观察是指为了教学、管理、决策而有系统地注意和记录行为的过程。自然情境观察是对儿童在自然情境中使用的第二语言进行测量以及客观观察，是评估儿童二语口语能力的重要方法。观察者应在实验室之外对儿童在不同情境（学校、家庭、社会、同伴交流）中的语言行为进行取样。

3.1.2　语言样本获取

获得语言样本是评估儿童口头语言能力的另一种重要方式。测试者可以通过分析语言样本得到关于儿童语言流畅性、词汇和语法运用等多方面的资料（王辉，2016）。根据 Miller & Chapman（1986；1996）、Shipley Mcafee（2004）的建议，语言样本至少应包括 50—100 句话语，200 句以上的语言样本是最好的选择（锜宝香，2016）。然而在具体实验中，这似乎较为困难。因此，多数评估人员会尽量选取开放性的话题，并运用自然交谈的方式获取儿童的语言样本，例如“What did you do at the weekend?”“What is your favorite movie?”“What sports do you like best?”之类的话题，整个交谈过程通常会进行录音。

在语言样本资料的分析方面，在句子层次上可被探究的向度包括：说话速度、音韵、语义、语法、构词等。而在句子层次以上的分析则包括：故事结构的分析、篇章凝聚性（discourse coherence）、篇章形式或者组织的分析。传统的分析方式为首先将口语述说语料一音不漏地转写成书写文字形式（transcribing），再就上述项目加以量化分析或以质的分析探讨其内容。一般而言，语法的分析包括：完整句数、平均句长

(MLU)、错误语句；语义的分析包括：总词汇数、相异词汇数、相异词—总词汇比例(TTR)或校正后相异词—总词汇比例(CTTR)等(锜宝香，2000)。整理语言样本需要注意以下几点：

(1) 要包括语言背景中其他说话者的谈话，要注明所有句子的说话者是谁。

(2) 转录到不清晰或部分不清楚的语句时，可以使用破折号(——)，但要注明有几个字是不清楚的。

(3) 尽可能少用标点符号。

(4) 在句子结束时用"/"标示。

(5) 转录时应连续记录每一个句子，但可以省略正式开始前热身阶段的语句。

(6) 语用分析除了需要记录相关的非语言背景信息外，还需要记录一些伴随言语产生的副语言线索(如语调和重音等)。

3.1.3 语言模仿

语言模仿要求特殊儿童模仿主试，然后利用字词、片语、句子来评分。主试采用的测试句长度最好在儿童记忆能力范围之内。例如，主试说出句子"Some boys are playing football on the playground"并要求儿童进行模仿。语言模仿测验工具通常包含了许多文法性的文字、语词及句子。主试需要记录儿童的反应，进而分析儿童的发音、语形及语义。语言模仿测验的优点在于：

(1) 可以克服许多自发性语言测试的缺点。一个良好的语言模仿测试可以评估许多困难的语言要素，也能揭示该儿童语言系统的问题所在，主试者从测试的结构中知道哪个语言因素将被测试，所以就算儿童有严重的语言丧失功能也可以被确认。

(2) 语言模仿测验比自发性语言测试较容易被施测。

3.1.4 图片刺激

该方法是通过给特殊儿童看有物体或有动作画面的图片后，要求他们完成下列任何一项：① 指出正确的物体(测试词汇理解能力)；② 指出最符合某个句子的动画(测试词汇理解能力)；③ 图片的二语命名(测试词汇表达能力)；④ 看图用二语说故事(测试句子理解和句子表达能力)。图片刺激法非常适用于评估儿童的二语口语能力。本章5.1和5.2详述的皮博迪图片词汇检查和伊利诺斯心理语言能力测验都属于这类测试。

图片刺激测验的优点在于：可以克服前两个语言测验的缺点，图片能比较容易引起儿童的兴趣，施测的时间也较短。因为儿童必须自己造句，所以这个测验可建构测试某一特定的语言要素，但仍能保持自发性语言的特性；这个测验没有模仿，所以结果与儿童的文字保留技巧没有关联。

3.2 书面语言的评估方法

纵观目前国内适合特殊儿童二语能力评估的工具，大致可分为两类：问卷评估和结构化测试。问卷评估一般由熟悉特殊儿童的教师或者家长完成，注重考察儿童在真实生活情境下的反应，适用于年龄较小、无法配合测试的听障儿童；结构化测试是利用精心设计、结构性较强的测试项目，由教师直接测试儿童，根据儿童的反应对其能力给予评分，这种方式适用于年龄较大、配合度较高、具备一定语言能力的特殊儿童。

3.2.1 问卷评估

（1）有意义言语应用问卷（meaningful use of speech scale，MUSS）

Robbins 等在 20 世纪 90 年代开发了有意义言语应用问卷（MUSS），主要用于评估听障儿童的言语产出能力。该问卷题目考察听障儿童的发声、语言清晰度、语言表达策略等，可以借鉴该问卷用于评估其他特殊儿童。

（2）言语可懂度分级问卷

1998 年诺丁汉大学小儿人工耳蜗项目小组，开发了言语可懂度分级问卷（speech intelligibility rating，SIR），用于评估听障儿童的言语被他人听懂的程度（Nikolopoulos，2001）。该问卷可长期跟踪评估患儿言语可懂度的发展变化过程，包含 5 个项目，每个项目对应一个言语级别，级别 1 最低，表示连贯的言语无法被理解、口语中的词汇不能被识别、患者日常交流的主要方式为手势；级别 5 最高，表示连贯的言语可被所有聆听者理解、在日常环境中患者的语言很容易被理解。目前该问卷在多个国家，包括中国，得到广泛应用（吕静等，2015；郭思荃，2015）。

3.2.2 结构化测试

（1）单一维度测试

单一维度测试是指只关注语言能力某一方面的测试，这类测试针对性很强。如构音语音能力评估可快速考察特殊儿童二语构音能力是否正常、哪些语音构音存在问题，从而为制定康复目标和矫治方案提供依据。

2011 年吕明臣等合作开发了《听障儿童语言功能评估》，用于考察听障儿童的语言功能，即语言应用能力（吕明臣，2001）。该评估将儿童语言功能分解为 5 个方面：① 表述功能：用语言对客观的人和事物做出某种表述的能力，“表述”的范围比较广泛，包括判断、描述、评价、叙述等；② 工具功能：用语言要求对方做什么或不做什么，从而达到自己目的的能力，“工具”是一个概括的说法，包括要求、命令、禁止等；③ 协调功能：用语言来协调、维系人与人之间关系的能力；④ 表现功能：也称情感功能，指用语言宣泄、表达自己情绪情感的能力；⑤ 娱乐功能：将语言形式本身当作娱乐、审美的对象,体验到语言乐趣的能力,如能感受到儿歌、童谣的韵律与节奏,喜欢跟着念或随着节奏舞动等。《听障儿童语言功能评估》即包括表达功能、工具功能、协调功能、表现功能、娱乐功能 5 个分测验,由经过培训的专业人员采用故事评估、行为评估、问答评估、交谈评估、自然评估等方式,在相对自然的情境下对听障儿童的语言应用能力进行评估。

(2) 综合测试

综合测试是指同时考察语言能力的多个方面,以便对儿童的语言能力做出全面的评判。孙喜斌等学者参照健听儿童在各个年龄段的语言发展指标,将语言年龄作为评估工具,研发出适合听障儿童的《听障儿童语言能力评估》,以此衡量听障儿童的语言能力(孙喜斌,2009)。

该评估工具包括 6 个分测验:

- 语音清晰度,评估特殊儿童的发音状况;
- 词汇量:评估特殊儿童的词汇总数,并计算出该儿童的词汇量;
- 听话识图:评估特殊儿童对语言的理解能力,主试用二语描述图片内容,要求特殊儿童指出相应的图片;
- 模仿长句:评估特殊儿童的语法能力,采用听说复述法,主试出示图片并说完整句子,要求儿童模仿说出该句子;
- 看图说话:评估特殊儿童的语言表达能力,主试出示图片并讲述其内容,然后要求儿童复述,根据复述内容和语句的完整程度、语言的流畅度及语意贴切主题程度评估;
- 主题对话:主要评估听障儿童的语言使用和交往能力,主试出示图片并结合图片内容提出问题,要求儿童回答,判断其回答是否正确。

第四节　特殊儿童第二语言的评估程序

语言学习能力的评估涉及多学科和多专业的知识,特殊儿童第二语言学习能力通常是在教师的指导下完成的,基本评估流程如下所示:

搜集资料→系统观察→正式评估→咨询会议→撰写评估报告

4.1　搜集资料

搜集资料是语言能力评估最根本的过程,对特殊儿童的评估可通过家长访谈、教师访谈或与儿童互动等方式进行。这些资料对于正确评定特殊儿童目前的二语习得状况是非常重要的。

4.2 系统观察

对特殊儿童进行评估时，观察人员可以在不同情境下（如学校、家庭等）观察儿童，以便获得有关儿童在各种不同情境中的所有语言学习行为的资料，其中观察人员应特别留意特殊儿童的动机、专注力、发问、重复、遵照指示、组织、回应和运用等。

4.3 正式评估

正式评估主要对语言学习能力的评估，包括特殊儿童的二语语音、语义、语法以及语用能力。

4.4 咨询会议

评估完成之后，评估人员需安排会议，比较观察结果并进行评估，验证资料的正确性，以期完整描绘儿童的第二语言学习能力。

4.5 撰写评估报告

评估报告大体包含评估结果、结果分析及训练建议等。

总之，在收集了来自多方面的评估数据之后，专业人员应以统整的方式对特殊儿童的评估结果进行综合分析，全面评估儿童的第二语言学习能力，以获得儿童完整的语言学习能力的材料。之后，专业人员提出儿童的语言学习能力的训练目标，并确定将要采用的方法和对策。

第五节　特殊儿童第二语言的评估工具

评估工具通常分为两种：常模参照评估和标准参照评估。

常模参照评估有时也叫标准化测试或形式化测试（Haynes & Pindzola，2008）。常模即指一定人群在测验所测特性上的普遍水平或水平分布状况。一个测试可以不参照常模而进行标准化测试，不过大多数的标准化测试都是常模参照测试。常模参照测试提供了大量将单个儿童语言能力和大群体的同龄儿童进行比较的途径。

标准参照评估是指个人的表现与预先制定的标准或具体的技能相比较的测试工具。所谓标准，指的是测试的内容或行为的范围。通常在标准参照评估中的项目是以发展性的顺序组织起来的。一般评估者会在特定领域试图去观察并完成某一技能的多个例子。正确完成的项目数量反映了儿童对目标技能的掌握。标准参照评估回答这样的临床问题：该儿童如何能完成特定的交际或学业任务？标准参照测试通常是动态发展的，就像常模参照测试，标准参照测试记录的也是该童在某一个特定时间点上的能力。

目前国内还没有一套完整的特殊儿童第二语言评估工具。因此，本处借鉴英语国家各类儿童语言发展评定工具来评估国内特殊儿童第二语言（英语）学习。

5.1 皮博迪图片词汇测验

近年来，国外制定了许多儿童语言发展评定量表，其中，皮博迪图片词汇测验（Peabody Picture Vocabulary Test，PPVT）颇具影响力。

皮博迪图片词汇测验设计初衷是为了考察个体接受词汇能力发展情况，在作答时无须作出口头回应，所以对说话能力缺失或表达能力差的个体较为适用。该测验最早于 1959 年发表，1981 年重新修订并且包括两种替代形式的修订版 Forms Ⅰ（PPVT-RⅠ）和 M（PPVT-RM），在修订版中将被试群体扩大至成人群体。第三版于 1997 年开发 Peabody Picture Vocabulary Test—Ⅲ（PPVT-Ⅲ），也有两种替代形式 A（PPVT-Ⅲa）和 B（PPVT-Ⅲb）；2007 年开发了第四个版本 Peabody Picture Vocabulary Test—Ⅳ（PPVT-Ⅳ），同样有两种替代版本 PPVT-Ⅳ Forms A（PPVT-Ⅳa）和 PPVT-Ⅳ Forms B（PPVT-Ⅳb）。

以皮博迪图片词汇测验（PPVT-Ⅳ）为例，该测验可供 2.6 岁至 90 岁的群体使用。这是一个常模参照的语言评估工具，可用来评估英语语言能力；衡量第二语言使用者的语言学习；精准确定教育教学的适当水平和内容以及诊断因受伤或疾病导致的语言缺陷。皮博迪图片词汇测验（PPVT-Ⅳ）在内容上共有 228 项测验项目，每项项目有 4 幅彩色图。其测试方法较为简单，主试说出所测词汇，被试指出相匹配的图画，与答案相符记 1 分，反之记 0 分。例如试题中有 4 个选项，对应的图片分别是洋娃娃、叉子、桌子、汽车，主试说出叉子后儿童指出叉子对应的图片便得 1 分，指其他的图片或者不作回答记 0 分。如果连续 8 个词汇中答错 6 个，则测验终止，说明被试已达测验顶点分值，顶点分值减去错误分值便为最终得分。皮博迪图片词汇测验具有用时少（10—15 分钟）、测验简便、评分客观、信效度高、使用广泛、方式有趣、只用手势作答等显著特点，在学校、临床和职业选拔等方面都体现出重要的价值，被众多研究者作为考察语言能力发展测验工具。

皮博迪图片词汇测验的应用面很广，是言语病理学家在临床实践中常用的诊断工具之一，可以用于语言习得指标增长的有效性比较，或者作为儿童早期词汇增长重要描述性指标，并且也适用于诊断儿童特定语言障碍。皮博迪图片词汇测验不仅在评估正常儿童或成人群体的语言发展水平中得到广泛应用，在特殊群体中的应用价值也极其广阔。该测验目前是国际特殊教育界最广泛使用的言语能力测验。因此，皮博迪图片词汇测验适用于评估国内特殊儿童第二语言（英语）学习情况。

皮博迪图片词汇测验（PPVT-Ⅳ）常模化测试开始于 2005 年秋季，于 2006 年春季结束。常模样本来自3 540名2岁6个月至90岁及以上的考生。修订者根据2004年美国人口普查的资料用分层抽样的方法抽取常模样本。所采用的分层变量包括地区、居住地、种族、社会经济地位和父母的受教育程度等。

皮博迪图片词汇测验具备较高的信度和效度。Naglieri&Pfeiffer (1983)在报告中指出PPVT-R在间隔时间为7个月时的重测信度是0.81，Ryan& Glass (2009)的研究表明在间隔时间为7个月时，PPVT-Ⅲ在英语组儿童和双语组儿童的重测信度分别为0.72和0.83。PPVT-Ⅳ的重测信度为0.94(Dunn&Dunn, 2007)。PPVT-Ⅲ测验的A、B测验信度为0.92—0.98，A测验的重测信度为0.91—0.93，B测验的重测信度为0.91—0.94，测验复本信度处于0.88—0.96(Williams,1999)。

以下为皮博迪图片词汇测验(PPVT-Ⅳ)个人得分汇总报告案例。

被试者信息	测验信息
姓名：Samantha	测验日期：05/09/2014
出生日期：02/08/2008	顾问姓名：Beth W
年龄：5.9岁	主试者姓名：Tina Eichstadt
性别：女	被试者年级：幼儿园
母语：英语	测验地点：幼儿园教室

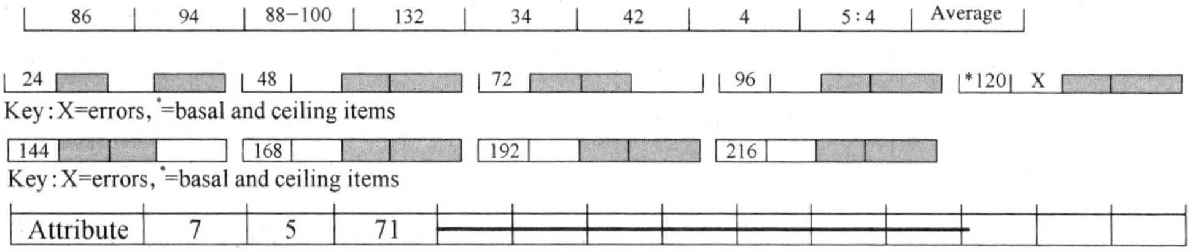

图7－1

叙述性总结：

皮博迪图片词汇测验PPVT-Ⅳ是一项针对儿童和成人接受(听力)词汇的测验。该测验是个别施测的、常模参照的测验。

2014年9月5日，Samantha接受了皮博迪图片词汇测验PPVT-Ⅳ测验。测试时，她5岁9个月大，在幼儿园就读。Samantha获得的PPVT-Ⅳ标准分数为94分。她的真实分数在88—100分的分数范围内的可能性约为90%。Samantha的百分位数排名为34，这意味着她的分数与34%同龄考生相当或更好。Samantha的词汇接受处于中等水平。

5.2 伊利诺斯心理语言能力测验

伊利诺斯心理语言能力测验(Illinois Test of Psycho-linguistic Abilities,ITPA)是以 Osgood 沟通交流模型为基础编制而成的心理语言能力测验,自 1961 年由 Kirk 和 McCarthy 发表后,目前已发展到第三版,在阅读障碍、语言障碍儿童及其他特殊人群心理语言评估领域得到广泛应用。

该理论模型假设,语言是儿童发展最基础、最重要的组成部分,语言的基本构成成分是可测量的,通过教学可以改善孩子语言发展状况,提高孩子的语言沟通能力,并且语言教学与基础学科成绩相关,尤其是阅读和写作。无论是 Osgood 还是 Kirk 都认为语言交往是建立在心理过程的基础上,当心理过程的任何一个环节出现障碍,就会造成学习障碍。心理语言能力是指在获取和使用语言时发生的行为(Lucas, 1969),这些潜在的能力包括个体通过各种视觉、运动、听觉和声音通道的组合接收、组织和表达有意义和无意义语言的能力(Newcomer&Hammill, 1979)。Osgood 的心理语言学模型指出,在个体处理与沟通相关的信号时,学习障碍儿童出现了阻碍,这些阻碍可能表现在接收、组织或表达过程中。

以 Osgood 心理语言学模型为理论基础,ITPA 编制的目的是为了检测模型中所描述的交流过程中的问题,其创新之处在于把语言功能区分为接收和表达两类,分别对应于交流过程的输入与输出。理论模型结构通过各自的分测验实现,包括两个语言沟通路线、三个语言沟通心理过程,以及语言沟通的组织层次(刘翔平、牛端、刘希庆,2022)。

1961 年,ITPA 实验版首次出版,填补了心理语言过程测量领域的空白。该测验是一套个别施测的常模参照测验,每次测试需要 45 分钟到 1 小时,由九个分测验组成。经过短暂使用,Kirk 和 McGarthy 于 1968 年对 ITPA 实验版进行了修订,修订后的 ITPA 包含 10 个必测测验和 2 个备用测验。与 ITPA 实验版相比,该次修订的主要工作是在自动化层次上增加了三个分测验,分别是视觉填充、听觉填充、声音混合,弥补了一些研究所指出的不足。此外,该次修订还更改或删除了分测验中的一些条目,对分测验的名称进行了订正;重新制定了常模,将施测对象扩展为 2 岁 4 个月到 10 岁 3 个月的儿童。ITPA 实验版及修订版发表后在学术界产生了巨大的影响,被广泛应用于学习障碍相关领域的临床诊断与研究。

2001 年,Hammill、Mather 以及 Roberts 等人修订并发表了 ITPA 的最新版本,即伊利诺斯心理语言能力测试第三版(Illinois Test of Psycho-linguistic Abilities, Third Edition, ITPA-3)。ITPA-3 版除将 Osgood 的沟通交流模型作为测验的理论基础外,与它的前身没有任何相似之处。该版本在 ITPA 修订版的基础上进行了相当大的修改,包括测验适用年龄、常模、测验内容的变化。最重要的是,ITPA-3 不再测量个体的视觉感知和视觉运动能力，比起一般认知能力，该版本更为关注个体的语言表现。它是一个常模参照的语言评估工具，可用来评估儿童在语言能力方面的具体优势和劣势；记录干预计划后的儿童语言发展；诊断在口语和书面语言发展方面普遍存在语言障碍的儿童；使用口语/书面语言差异评分，有助于准确诊断阅读障碍（口语流利，单词识别和拼写能力差）儿童；阐明对特定儿童来说困难的语言方面（例如，音韵、语法、语义）；确定语言学习中的具体优势和劣势来协助制定适当的教学目标；帮助语音编码差的儿童和拼写编码差的孩子识别书面符号处理中的缺陷。

ITPA-3 版适用于测量 5 岁 0 个月到 12 岁 11 个月儿童的口语和书面语言能力，主要由 12 个分测验组成，旨在测量与沟通相关的不同能力，例如口语、写作、阅读和拼写。测验分为口语和书面语言领域，每个领域包含六个分测验。口语语言领域评估语言的语义、语法和语音方面，包括口语类推、词汇、填词、复述句子、声音删除和押韵序列六个分测验。书面语言领域评估语言的语义、书写和拼写方面，包括句子排序、书面词汇、视觉解码、听觉解码、视觉拼写和听觉拼写六个分测验。

ITPA-3 的常模样本由来自美国 27 个州 1 522 名年龄为 5 岁到 12 岁的儿童，其中男性 736 名，女性 786 名。1 522 人按年龄被分到 8 个组中，每组包括 138 到 239 人。修订者根据 2000 年美国人口普查的资料用分层抽样的方法来抽取常模样本。所采用的分层变量包括地区、性别、居住地、种族、社会经济地位和父母的受教育程度等。除了采用普通个体为常模外，ITPA-3 版也收集了学习障碍、语言障碍以及注意力缺陷障碍等人群的常模数据。

修订者对 ITPA-3 版的信度检验采用了两种方法。第一种方法是求内部一致性系数。修订者计算了 ITPA-3 版常模样本中每个年龄组在每个分测验上的内部一致性信度。除韵律序列分测验的内部一致性系数为 0.75 外，其他所有分测验的内部一致性系数都在 0.90 以上。整个测验的内部一致性系数值在 0.97 到 0.99 之间（Dumont & Willis，2008）。第二种方法是求重测信度。修订者对美国一个特定地区的小群体（N=30）进行了重测信度研究，前测和后测的时间间隔为两周，每个特定测验以及全套测验的重测信度达到 0.86 以上，12 个分测验中 9 个分测验的重测信度超过了 0.90（Yanosky，Anthony &Jackson，2004）。

ITPA-3 的测试形式为测试官问被测试者一系列问题来评估被测试者的口语语言认知能力和水平及存在的问题。例如测试官会问：

Ice is cold. Fire is....（冰是凉的。火是……）

被测试者此处应回答 hot（热）。

以下是 ITPA-3 口语语言领域评估的六个分测验及其详情：

ITPA-3 六个分测验	测验中具体问题
1. 类推： 此部分测试中，测试官将说一组句子，被测试者需要根据第一句和第二句之间的语义关系等进行类推，说出第二句所缺失的单词，例如测试官会说： A daddy is big. A baby is... 被测试者则回答： Small.	Ice is cold. Fire is... Smoke goes up. Rain comes... Refrigerators are cold. Stoves are... Dogs have puppies. Cats have... A man is a king. A woman is... A shout is loud. A whisper is... Iron is heavy. Feathers are... Desks have drawers. Jackets have... People have skin. Fish have... Shirts have buttons. Shoes have... Bananas have skins. Peanuts have... Baseball has bats. Tennis has... Pens have ink. Pencils have...
2. 词汇： 此部分测试中，测试官会简单描述一些日常常见的东西，被测试者要根据这些描述说出句子中提到的东西是什么，例如测试官会说： I am thinking of something that has a button. What could that be? 被测试者则回答： Sweaters or jackets.	I am thinking of something that has feathers. What could that be? I am thinking of something that has whiskers. What could that be? I am thinking of something that has an engine. What could that be? I am thinking of something that has a beak. What could that be? I am thinking of something that has an eraser. What could that be? I am thinking of something that has sleeves. What could that be? I am thinking of something that has root. What could that be? I am thinking of something that has a minute. What could that be? I am thinking of something that has a flame. What could that be? I am thinking of something that has passengers. What could that be? I am thinking of something that has a keyboard. What could that be? I am thinking of something that has a cocoon. What could that be? I am thinking of something that has an anchor. What could that be?

续 表

ITPA-3 六个分测验	测验中具体问题
3. 填词： 此部分测试中，测试官将说一些句子，被测试者需要根据句子前后的语义关系等进行填词，说出句子中所缺失的单词，例如测试官会说： That crown is funny. That one is funnier, but that one is the... 被测试者则回答： Biggest.	A tree is big, but a house is even... One dress, two... That apple is big. That one is bigger, but that one is the... My mom is tall, but my dad is even... That cloud is dark. That one is darker, but that one is the... Today I run. Yesterday I... One man. Two... One foot, two...
4. 复述句子： 此部分测试中，测试官将要求被测试者准确复述句子，例如测试官会说： I want you to repeat some sentences for me. Repeat them exactly as I say, even though the sentences are not correct. For example, if I say dogs play baseball, you would say it back to me, dogs play baseball. Now you do it.	Houses can fly. Tomatoes always sing happy songs. The clever tree eats popcorn for breakfast. Some clouds hide from fast airplanes. Wild elephants sneeze in our garage. Some chimneys went shopping for modern clothes. People use umbrellas when swimming in races. My sister cooks cabbages and then swims with them.
5. 声音删除： 此部分测试中，测试官将说一个单词，但是会让被测试者不发单词某个音节的情况写读出该单词，例如测试官会说： Now I'm going to say a word and leave off one sound. If I say man without m, it would be... Now you do that. Say sad without s.	Say pan. Now say pan without p. Say jam. Now say jam without j. Say shout. Now say shout without sh. Say dear. Now say dear without d. Say ran. Now say ran without r. Say hold. Now say hold without h. Say take. Now they take without t. Say make. Now they make without k. Say trade. Now say trade without d. Say soap. Now say soap without p. Say house. Now say house without s.
6. 押韵序列： 此部分测试中，测试官将说出一组押韵的单词，例如测试官会说： Now I'm going to say some words that rhyme. And I want you to say them back to me. Let's practice.	Listen, cat, hat. Boy, toy. Noon, soon, moon. Sad, bad, mad. Far, car, star. Call, tall, hall. Hot, pot, got, knocked. Bad, sag, rag, tag.

5.3 语言发展测验第五版

语言发展测验(Test of Language Development，TOLD)是由美国学者 Ronald D. Mathers、Pearl O. Mathers 和 Ralph M. Reiff 于 1992 年开发的语言发展测验，其目的是为了测量幼儿语言技能的发展水平。他们先后研发了 Test of Language Development Third Edition(TOLD-3)、Test of Language Development Fourth Edition(TOLD-4)(2008)以及 Test of Language Development Fifth Edition(TOLD-5)(2019)。以上三个测验都包含初级水平测验和中级水平测验，初级水平测验适用于 4—11 岁的儿童的评估，中级水平测验适用于 8—17 岁的儿童的评估。测验总共耗时 30 分钟到一小时。

TOLD-5 是一个常模参照的语言评估工具，可以扩展家庭语言环境的分析，从而提供一个全面的语言发展调查。该评估工具可以识别并诊断口语能力显著低于同龄人的儿童；确定儿童在口语技能方面的具体优势和劣势；记录儿童在补救计划中的进展以及在研究中测验口语水平。该测验由六个核心子测验和三个补充子测验组成，用于衡量口语的各个方面。子测验的结果与核心子测验结合形成语言主要维度的综合得分，其中包括语义和语法，倾听、组织和发言以及整体语言能力。TOLD-5 是一种重要的语言发展测验工具，能够有效地测量儿童的语言技能，并且可以提供准确的结果，从而使家长和老师可以为孩子的语言发展建立一个有用的参考框架。同时，它也能够支持幼儿家庭培养语言技巧，改善教育环境，以及协助特殊教育活动。该测验由六个核心子测验包括：

(1) 以图片方式测试词汇水平，衡量儿童对英语口语单词含义的理解(如语义、听力)；

(2) 关系词汇测试衡量儿童对两个口语刺激词之间关系的理解和口头表达能力(如语义、组织)；

(3) 口语词汇测试衡量儿童对考官所说的常用英语单词(如语义、口语)进行口头定义的能力；

(4) 句法理解测试衡量儿童理解句子意义(如语法、听力)的能力；

(5) 句子模仿测试衡量儿童模仿英语句子的能力(如语法、组织)；

(6) 形态完成测试测量儿童识别、理解和使用常见英语形态(如语法、口语)的能力。

TOLD-5 六个核心子测验详情请看此表格：

TOLD-5 六个核心子测验	测验中具体问题
1. 以图片方式测试词汇水平，衡量儿童对英语口语单词含义的理解(如语义、听力)： 在此部分测试中，测试官将给被测试者展示一组图片，并说出一个名词。被测试者需要根据听到的名词指出与之相符的图片，例如： I'm going to show you four pictures and then I'm going to say a word. And I want you to point to the picture that goes with the word. For example, if I say the word baby, you would point here. This picture of baby goes with the word baby. Now try pointing to baby.	Look at these pictures. Show me bulb. Point to bulb. Look at these pictures. Show me pencil. Point to pencil. Look at these pictures. Show me mouse. Point to mouse. Look at these pictures. Show me beehive. Point to beehive. Look at these pictures. Show me anchor. Point to anchor. Look at these pictures. Show me explosive. Point to explosive. Look at these pictures. Show me tray. Point to tray. Look at these pictures. Show me stump. Point to stump. Look at these pictures. Show me wing. Point to wing. Look at these pictures. Show me dental. Point to dental. Look at these pictures. Show monument. Point to monument.
2. 关系词汇测试衡量儿童对两个口语刺激词之间关系的理解和口头表达能力(如语义、组织)： 在此部分测试中，测试官将问被测试者两种东西的相似之处，例如测试官会问： I want you to tell me how two things are alike. How are a cap and a hat alike? 被测试者则回答： You wear them on your head.	How are a kite and a bird alike? How are a couch and a chair alike? How are a pen and a pencil alike? How are a glass and a cup alike? How are a book and a newspaper alike? How are red and yellow alike? How are one and four alike? How are a rose and a daisy alike? How are an oven and a grill alike? How are a shoe and a sock alike? How are a penny and a dime alike? How are a candle and a torch alike?
3. 口语词汇测试衡量儿童对考官所说的常用英语单词(如语义、口语)进行口头定义的能力： 在此部分测试中，测试官将问被测试者一些常用英语单词的定义，例如测试官会问： I'm going to say some words and I want you to tell me what each word means. For example, if I say what's a dog, you might say it's an animal. It barks. It waves its tail and so on.	What's a chair? What's a television? What's a ball? What does brown mean? What's milk? What's an apple? What's a shoe? What's a bird? What's a cup? What's a bed? What's a car? What does rest mean? What's a chair? What's a cow? What's a zoo?

TOLD-5 六个核心子测验	测验中具体问题
4. 句法理解测试衡量儿童理解句子意义(如语法、听力)的能力: 在此部分测试中,测试官将给被测试者展示一组图片,并说出一个句子。被测试者需要根据听到的句子指出与之相符的图片,例如测试官会问: I'm going to show you some pictures and I want you to point to the picture that matches what I say. For example, if I say the ball is round, you would point here. This is a picture that goes with the ball is round.	Point to the picture that goes with she went quickly. Point to the picture that goes with there are many dogs. Point to the picture that they sat up and listened. Point to the picture that goes with the leaves had fallen to the ground. Point to the picture that goes with Goldilocks sat in the smallest chair. Point to the picture that goes with she wondered why they didn't like her.
5. 句子模仿测试衡量儿童模仿英语句子的能力(如语法、组织): 在此部分测试中,测试官将说一些句子,每说完一句被测试者需要准确地说出所听到的句子,例如测试官会说: Now I'm going to say some sentences. After I finished, I want you to say exactly what I said. If I say Tom is big, you would say the same thing.	He runs fast. He runs. I went home. Mother is pretty. We saw a big dog. The clown was funny. Give the ball to Bob. My new kitty is spotted.
6. 形态完成测试测量儿童识别、理解和使用常见英语形态(如语法、口语)的能力: 在此部分测试中,测试官将说一些句子,但是每一句都缺失最后一个单词,被测试者需要根据句子语义等说出所缺失的单词,例如测试官会说: I am going to say some sentences now. In each sentence, the last word is missing. See if you can tell me the missing word in each sentence. I'll give an example. Bill is a boy and John is a boy. They are both... 被测试者则回答: Boys.	Claire is a girl and Grace is a girl. They are both... Here's a cat. Over there are four more... I found a penny this morning. This afternoon I found three more... Each of the boys has a car. They have two... The dog has a bone. Whose bone is it? It is the... The shoe belongs to the boy. Whose shoes are they? They are the... Karla has a dress. Denise has a dress. They have two... A lady likes to drive. Every day she... Joe likes to cook every day. Yesterday he... The dress belongs to the woman. Whose dress is it? It is the... A boy plays the piano every day. Yesterday he... The toys belong to the children. Whose toys are they? They are the... A person who paints fence is a... A dog can be big, but a horse is... It is his horse. The horse belongs to... A person who plays a drum is a... A person who sings is a...

TOLD-5 的三个补充子测验包括：

(1) 单词辨别测验衡量儿童识别重要语音(如语音、听力)差异的能力；

(2) 单词分析测试衡量儿童将单词分割成较小音素单位(如音韵、组织)的能力；

(3) 单词发音能力测试衡量儿童发出重要英语语音语素的能力(如音韵学、口语)。

TOLD-5 的新功能包括：

(1) 对 TOLD-5 的核心子测验和补充子测验进行了最新的地板效应、天花板效应及难度梯度研究。结果表明，该测试在所有年龄段和能力水平上都具有一贯的能力评估能力，不仅可以测量学生的口语能力，还可以检测这些能力之间的微小波动。

(2) 对 TOLD-5 进行的测试偏差研究(即差异项目功能和分组比较研究)表明该测验在性别、种族或族裔方面几乎没有偏差。

(3) 对 TOLD-5 进行的大量的信度检验来证明该测验的有效性。研究结果表面，TOLD-5 是一项非常有效的口语能力衡量标准。

(4) 对 TOLD-5 进行的大量的建构识别效度的研究，其中包括年龄差异、小组表现、测验完成度以及文本结构的验证性因素分析等。这些研究表明，该测验的内部结构是健全的，其测验结果适用于各类小组以及普通人群。

本章小结

语言评量是了解儿童语言能力发展状况及其困难所在的基础。虽然语言可区分成音韵、语义、语法、语用、构词等要素，然而在使用上却是不可分割的，而且也无法脱离其产生的沟通情境。在特殊教育与沟通障碍领域中，大部分特殊儿童都会出现语言学习的问题。因此，当特殊教育教师在拟定学生的个别化教育方案时，语言是必须考虑进去的一个评量项目。其目的是经过完整的语言评量过程，决定儿童是否有语言问题，并找出语言发展问题的层面或语言发展迟缓的程度(锜宝香，1999)。教师在鉴定和评估语言障碍儿童时，一定要慎选适当的评量工具、评量方式与评量内容或向度，并整合标准化与非正式的评量方式以获得足够的资料。

另外，在评判儿童语言能力时，应该将其在音韵、构词、语法、语用、认知等层面的表现做详细的剖析。如同前述，教师、语言治疗师在搜集儿童在自然沟通情境(如：家中、教室学习)中语言理解与表达的资料时，也可以了解其语言学习和语言认知处理的具体困难。

思考题

1. 请根据 IPTA-3 测验的词汇分测验设计，结合我国儿童英语课程标准，设计适合 11 岁中国儿童的词汇测验。

2. 请根据 IPTA-3 测验的押韵序列分测验讨论我国儿童的语音测验的启示。

3. 请根据 TOLD-5 测验的图片测试子测验对中国儿童进行测验。

4. 请根据 TOLD-5 测验的口语词汇测试子测验设计适合中国儿童的测验。

5. 请简要陈述特殊儿童英语能力评估的步骤和内容。

第八章　信息技术在特殊儿童英语教学中的应用

篇首语

在党的二十大报告中，习近平总书记指出："数字技术正以新理念、新业态、新模式全面融入人类经济、政治、文化、社会、生态文明建设各领域和全过程，给人类生产生活带来广泛而深刻的影响。"当前，数字化正引领教育变革和创新的新浪潮，催生了数字教育新业态，必将持续深刻影响教育发展，既给教育事业发展带来了新挑战，也为教育变革和创新提供了难得的机遇。特殊教育的发展离不开现代科学技术的进步，信息技术已经成为特殊学生开展自主学习的主要工具。因此，特殊儿童英语教学需要积极适应数字化、智能化、终身化、融合化发展趋势，集聚优质学习资源，搭建英语学习公共服务平台，满足社会成员多样化、个性化学习需求。教育数字化可以利用新的技术手段，快速高效地把分散的优质教育资源聚合起来，实现跨学校、跨区域、跨国家的传播分享，从而实现优质教育资源向特殊学生的覆盖，消除教育发展不平衡、不充分的鸿沟。

学习目标

信息教育技术在中小学教育教学中运用广泛，在特殊儿童英语教学中亦是如此。本章从信息技术与特殊教育概述，多媒体技术与特殊儿童英语教学，微课、慕课与特殊儿童英语教学，新兴技术与特殊儿童英语教学四个方面阐述信息教育技术在特殊儿童英语教学中的应用。通过本章的学习，希望学习者能够了解信息技术的发展及其在特殊英语教学中的应用，从而有效创新特殊儿童英语教学的技术手段。

知识点思维导图

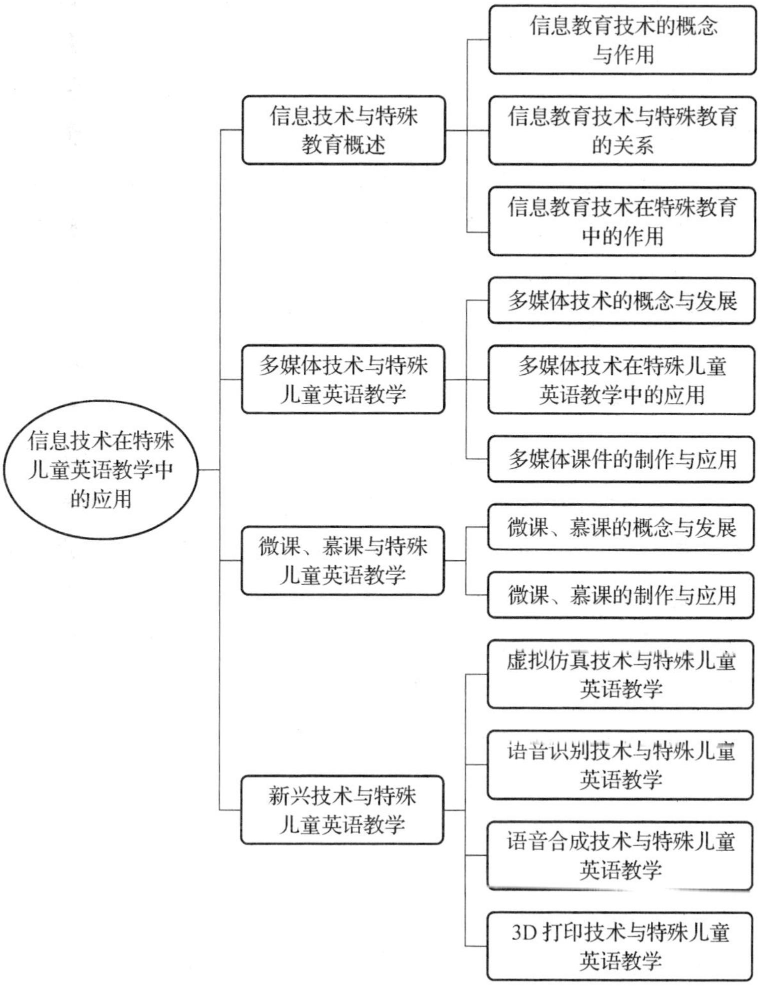

第一节 信息技术与特殊教育概述

1.1 信息教育技术的概念与作用

信息教育技术是指利用信息技术(IT)和教育科学的知识和方法,来改善教育过程和提高教育质量的技术,包括在线教育、智能教育硬件和软件、数字教材和教学资源以及智能评测等。Fred Percival 和 Henry Ellington 在《教育技术手册》一书中把教育技术分为更加具体的不可分割的三个部分：一是硬件，指技术设备和相应教学系统；二是软件，指由硬件实施而设计的教材；三是潜件，指理论构想和相关学科的研究成果。美国从 20 世纪 60 年代开始讨论教育技术的定义，70 年代意见相对集中。1972 年 AECT（Association for Educational Communictions and Technology，美国教育技术与传播协会）提出了较权威的定义，1977 年 AECT 将其定义正式文献化。与此同时，教育技术学的理论体系也在形成，以著名心理学家罗伯特·加涅（Robert Gagnè）主编的《教育技术学基础》一书最具代表性。1994 年 AECT 定义教育技术："教育技术是关于学习过程与学习资源的设计、开发、利用、管理和评价的理论与实践。"2005 年 AECT 将其定义为：教育技术是通过创造、使用、管理适当的技术性的过程和资源，以促进学习和提高绩效的研究与符合伦理道德的实践。

在这些定义中，为我国教育技术专家和学者普遍认同的是 1994 年 AECT 组织对教育技术所提出的概念，这个概念明确了教育技术的研究对象、研究范围、研究方法和研究的形式。可以说，94 定义在某种程度上有其定义的必然性。从 1977 年至 20 世纪 90 年代中期，认知主义学习理论和建构主义学习理论已经开始对教学设计产生重大的影响，各种先进的媒体对设计实践的影响也愈来愈大。因此，到 20 世纪 90 年代中期，教育技术的研究领域发生了很大的变化。94 定义指出教育技术强调了这样一个观点：教育技术不仅仅是一个实践领域，它还是一个研究领域。另外，在这个定义中也强调了该领域的目的是为了促进学习，而教学则被视为实现该项目的一种手段。分析得出 94 定义对教育技术阐述的特点如下：

（1）教育技术研究和实践的对象是"学习过程和学习资源"，确立学生学习的主体地位。

（2）强调对学习资源的设计、开发、利用和管理，学习资源的优化成为优化学习的必要条件。

（3）系统方法是运用现代教育技术的核心和灵魂。

（4）教育技术可以运用在教育教学领域的不同层次、不同方面。

信息教育技术的目的是提高教学效率和效果，并通过提供个性化的学习体验，来满足学生的不同需求。教育技术还可以让教师更有效地管理课堂，从而提高教学效率。信息教育技术的发展对教育行业产生了深远的影响，它已经成为教育改革的重要方向。然而，我们需要注意，教育技术仅仅是一种工具，它不能代替教师的教学作用，它的目的是为教师提供更多的支持，提高教学效率和效果。

现代教育技术在改变着教育的模式和方式，使得学生的学习更加灵活、便捷和有效。现代教育技术主要有以下几个方面：

（1）在线教育：网络技术的发展使得在线教育成为可能，学生可以在任何地方和时间学习。

（2）智能硬件：如智能笔、智能白板等工具，使得课堂教学更加有趣和生动。

(3) 数字教材:数字教材可以更直观、生动地向学生呈现课程内容,并且方便教师的教学管理。

(4) 智能评测:智能评测系统可以快速、准确、公正地评测学生的学习成绩。

教育技术的发展对当今世界产生了深远的影响,它已经成为提高教育质量的重要方向。教育技术使得在线教育成为可能,它允许学生在任何地方、任何时候进行学习,满足了越来越多人对于教育的需求。智能教育硬件和软件可以提供个性化的学习体验,从而满足学生的不同需求。数字教材和教学资源可以帮助学生更好地理解课程内容,并且方便教师的教学管理。同时,教育技术还可以提高教师的教学效率,通过使用教学软件和硬件,教师可以更有效地管理课堂,提高教学效率。教育技术还可以改善评测体系,通过智能评测系统,可以实现快速、准确、公正的评测。

现代教育技术为传统的教学方式带来了很多的变革。例如,在线教育已经成为普及的教育形式,让更多人可以享受到高质量的教育服务。智能教育硬件和软件的出现也为教育带来了很多的便利,提高了教学效果。

现代教育技术的发展不仅改善了教育质量,也为学生和教师带来了诸多便利。然而,现代教育技术也有一些缺点,如学生对现实环境的适应能力可能受到影响,也不能完全取代教师的教学作用。因此,在运用现代教育技术时,需要合理平衡。

1.2 信息教育技术与特殊教育的关系

随着时代的发展,人们对教育的需求不断提升,信息技术在推动教育改革和教学模式转变方面表现出越来越重要的作用。为进一步推动特殊教育学校"教智融合",在分析特殊教育学校信息技术应用现状及共性问题的基础上,对其与教学的融合创新提出改进策略:巧用信息技术,优化教学情境;设计交互游戏,开展趣味活动;推送精准内容,建立个别化支持;开发线上课程,创新教与学模式。

在现阶段信息化、网络化环境下,教育领域中信息技术的应用进程逐渐加快,教育信息化发展的步伐也逐步提升。而教育信息化正是在传统教学中有效引入信息技术从而构建新型的教学模式和方法。在幼儿教育、义务教育、高等教育阶段,信息技术的应用成效得到实践检验,通过运用信息技术,传统教学过程中的不足得到有效改善,教学的针对性有所提升。

我国特殊教育学校的信息化工程得到了国家政策的支持和保障。《教育信息化2.0行动计划》提出,要汇聚电教系统、教研系统等各方力量,建立专门制作标准和评价标准,遴选包括特殊教育示范课在内的10 000堂优秀课堂教学案例。《国家中长期教育改革和发展规划纲要(2010—2020年)》指出,要为现有特殊教育学校添置必要的教学、生活和康复训练设施,改善办学条件。《教育信息化十年发展规划(2011—2020年)》提出,要依据特殊教育需求,建设优质网络课程及其资源,遴选和开发学科教学工具、应用平台和虚拟仿真实验训练系统,建成动态的数字教育资源体系。在国家政策的指引和地方各校的积极探索下，特殊教育信息化建设与实践取得了一定成效。首先，信息化基础设施配备丰富。交互式一体机、电子白板、智慧康复训练设备等的应用已常态化，为课堂开展信息化教学提供了基础硬件保障。其次，信息化网络资源平台有序构建，如面向特教学生的“苏州工业园区易家新特教资源库”“特教微课资源”等平台相继建立，在“停课不停学”期间，为全国各地的特教学生提供了居家康复资源、线上答疑服务等。部分学校也建设了个别化教育平台，利用大数据，对整个教育教学过程进行评估、监测、分析等。最后，教师信息化水平提升。各种形式的教师信息化教学培训，提高了教师操作信息化设施的能力，使其更好地将信息技术整合到课堂教学中，促进了教学目标的达成。

随着智慧教育环境的不断完善，新技术在给特殊教育学校课堂教学带来红利的同时，也逐渐暴露了一些共性问题。

(1) 重技术，轻方法。部分教师在组织教学时为“迎学生所好”，过分重视信息化教学的“手段”本身，而忽略了特教学生对知识实践体验、探索感知的特点。信息技术因其特有的交互性、趣味性和直观性为特殊教育学校课堂教学组织形式的创新提供了较大的帮助。例如，课堂上大量播放视频，表面上改变了“教师灌输”的方式，但实际上又导致了“多媒体灌输”，严重影响了特教学生的自主学习和思考；此外，在学习劳动技能时，本可以通过实践体验，有些教师却大量使用电子白板进行配对认知、排序练习等，这实际上是“以技术为本”，而非“以生为本”。

(2) 信息技术应用浮于表面。目前，很多教师尚未掌握信息技术产品的使用精髓和优势，而仅把其当做课件演示、多媒体资源播放的“展台”，毫无创造性，更忽略了利用信息技术创设学习情境、弥补特教学生思维缺陷、引导其积极思考的重要意义。因此，这不是信息技术与课堂教学的有机融合。教师是组织教学的主体，其应用信息技术的能力直接影响课堂教学的有效性。

(3) 缺少课内外联动。虽然教育资源种类繁多，形式多样，但目前针对特殊教育学校的线上教学资源库、微课教学视频、线上康复资源却少之又少并且专业性难以保证。这些都为教学空间和时间的拓展带来了挑战，也使得特教学生的教育与康复训练过于依赖教师的课堂教学，而难以向家庭教育延伸。

1.3 信息教育技术在特殊教育中的作用

新时期，信息技术已经逐渐成为特殊人群开展自主学习的主要方式和工具，其对于学习方式也产生了一定程度的改变，并主要体现在以下几个方面：信息技术能够帮助特殊人群建立学习的兴趣，并有助于爱好和习惯的养成，也能够提供个性化的学习，为学生构建可以选择的学习空间与内容，进一步提升学习的质量和效率；信息技术能够帮助学生实现自主学习，借助辅助技术手段降低由于自身存在的生理缺陷，避免学习障碍的产生；信息技术的网络性也能够实现特殊群体之间的协作型学习，学生借助信息技术可以与教师、同学共同学。

教师教学方式也会随着信息化的发展而产生相应的变化。在社会各行各业中，信息技术的应用均使得行业的发展出现创新性变革，同样在教育领域中应用信息技术也能够优化教育教学的质量与成效，改善教学的方式与方法。具体来说，特殊教育实践教学中教师已经逐渐向学习辅助者的方向转变，不再是课堂中的主导者，信息技术作为一种辅助性手段帮助教师实施深入教学，良好呈现教学内容，引导学生开展自主学习。

第二节　多媒体技术与特殊儿童英语教学

2.1　多媒体技术的概念与发展

多媒体技术指的是一种将多种不同类型的媒体元素（如文本、图像、音频、视频等）有机结合在一起，以便更好地传达信息、表达想法、展示产品等的技术手段。它通过多种方式将不同媒体元素整合到一起，使其能够同时呈现在观众面前，从而更加全面、生动地表达信息。

多媒体技术是计算机、电子、通讯和媒体等技术相结合的产物。它可以以各种方式展示和传达信息，包括幻灯片、电影、动画、音乐、游戏等等。这些信息可以用来进行教育、宣传、娱乐等。

多媒体技术的特点包括以下几个方面：首先，多媒体技术具有丰富的媒体表现形式，可以用各种形式和手段展示信息；其次，多媒体技术具有极高的互动性和自主性，观众可以自由控制视听内容；第三，多媒体技术的信息传递速度快，覆盖范围广，而且容易存储和传输；第四，多媒体技术可以根据需要进行定制，从而能够更好地满足不同行业和个人的需求。

2.2　多媒体技术在特殊儿童英语教学中的运用

多媒体技术已经得到广泛应用，为教学提供了丰富的工具和资源，在特殊儿童英语教学中发挥了重要的作用。金野(2005)提到多媒体具有其自身的优势，即信息量巨大，并有其科学性、交互性以及便捷性。另外，赵兴业(2010)、杨明玲(2012)在聋校课堂多媒体的研究中提到多媒体具有缺陷补偿、创设情境、突出教学重难点、提高学生学习兴趣及提高课堂教学效率的作用。杨永丽(2014)在多媒体教学对聋生的缺陷补偿方面进行了论述，即多媒体教学促使聋生的语言形式由“脱节”到“结合”，思维方式由“直观”到“形象”的转变。

孤独症、注意力不集中、学习障碍等特殊儿童，在学习过程中可能面临一些挑战。根据克拉申监控理论核心部分的可理解性输入理论、输入假说，多媒体技术可以创造一种更具吸引力和适应性的学习环境，给二语学习者提供大量且充足的语言材料，这样才能够让语言学习者沉浸在良好的语言环境当中，轻松学习丰富多样的语言以促进他们的学习效果。多媒体技术在孤独症、注意力不集中、学习障碍等儿童英语教学中的应用包括：

(1) 视觉辅助：多媒体技术可以通过图像、动画和视频等形式呈现英语学习内容，帮助特殊儿童更好地理解和记忆单词、短语和句子。视觉辅助可以激发他们的学习兴趣，并提高他们对英语的理解和表达能力。

(2) 音频支持：多媒体技术可以通过音频功能提供发音示范和听力材料，帮助特殊儿童改善听力技能和语音表达能力。他们可以通过模仿和重复听到的音频内容来学习正确的发音和语调。

(3) 互动学习：多媒体技术可以提供互动学习环境，例如通过触摸屏幕、鼠标点击或语音识别等方式，特殊儿童可以与多媒体教材进行互动。这种互动性可以增加他们的参与度和专注力，使学习更加有趣和有效。

(4) 个性化学习：多媒体技术可以根据特殊儿童的学习需求和能力水平提供个性化的学习内容和进度。教师可以根据每个学生的特点和学习进展，调整多媒体教材的难度和内容，以满足他们的学习需求。

(5) 游戏化学习：多媒体技术可以将英语学习转化为游戏化的形式，通过游戏、拼图、小测验等方式激发特殊儿童的学习兴趣和动力。游戏化学习可以增加学习的趣味性和互动性，提高他们的参与度和学习效果。

多媒体技术在中国聋哑儿童英语课程中的应用如下：

(1) 手语视频教学：利用多媒体技术录制手语视频，展示英语单词、短语和句子的手语表达。聋哑儿童可以通过观看手语视频学习和模仿正确的手势表达，以提高他们的手语交流能力。

(2) 图像和动画辅助教学：通过图像和动画等多媒体元素辅助教学，帮助聋哑儿童理解和记忆英语词汇和句子。图像和动画可以呈现具体的物品、动作和场景，使学习内容更加具体、生动和易于理解。

(3) 字幕和文字提示：在英语学习视频或教材中添加字幕和文字提示，以帮助聋哑儿童理解和记忆学习内容。字幕可以提供英语的拼写和语法信息，帮助他们建立文字与手语之间的联系。

(4) 触觉反馈设备：利用触觉反馈设备，如触摸屏或振动手环等，让聋哑儿童能够通过触摸和感受来学习英语。例如，在学习字母发音时，他们可以通过触摸屏幕感受不同字母的震动模式，以加深对字母发音的理解和记忆。

(5) 虚拟实境交互学习：利用虚拟实境技术创建英语学习场景，让聋哑儿童通过虚拟实境头戴设备与虚拟环境进行互动。他们可以与虚拟角色进行英语对话练习，参与虚拟场景中的英语交流，以提高他们的语言交际能力。

总的来说，多媒体技术为特殊儿童英语教学提供了丰富的学习资源和工具，帮助他们在英语学习中克服困难，提高学习效果。然而，教师在使用多媒体技术时也需要根据每个学生的具体情况进行适当的指导和支持，确保多媒体教学与个别化教学相结合，实现最佳的教学效果。

2.3 多媒体课件的制作与应用

多媒体课件是一种教学工具，可以将文本、图像、音频、视频等多种元素有机结合起来，以生动、直观的形式展现教学内容，为学生提供更好的学习体验。多媒体课件是指通过计算机技术，将图像、音频、视频、动画等多种媒体元素进行集成和呈现，用于教学和培训的一种数字化工具。它可以将丰富多彩的内容呈现给学生，让学生在视觉、听觉、触觉等多个方面得到更全面、直观的感受和体验，从而更好地掌握知识和技能。

多媒体课件制作的基本工具是计算机，制作者可以使用各种软件工具来编辑和制作多媒体课件，如 Microsoft PowerPoint、Adobe Flash、Adobe Captivate 等。多媒体课件的制作过程包括素材收集、内容设计、制作技术、交互设计等环节。通过这些环节，制作者可以精心设计课件的结构和内容，将各种媒体元素有机地融合在一起，使学生可以通过更加直观的方式理解和掌握知识。

多媒体课件的特点是内容丰富、形式生动、互动性强，可以激发学生的学习兴趣和主动性，提高学生的学习效果。同时，多媒体课件可以根据不同学生的个性和需求，提供多种呈现方式，如文字、图片、声音等，让学生可以自由选择学习方式，从而更好地适应不同的学习需求和风格。

2.3.1 多媒体课件主要特点

(1) 内容丰富：多媒体课件可以融合多种媒体元素，如文字、图片、音频、视频、动画等，提供更加丰富的内容呈现方式，使学生可以通过多种感官渠道接受知识。

(2) 形式生动：多媒体课件通过生动、形象的图像、音频和视频等元素，使教学内容更加生动、直观、有趣，从而提高学生的学习兴趣和积极性。

(3) 互动性强：多媒体课件可以通过多种交互方式，如按钮、链接、动画效果等，使学生可以在学习中自由选择不同的路径，参与学习过程，从而提高学生的学习体验和效果。

(4) 灵活性强：多媒体课件具有灵活性，制作者可以根据不同的学习目标、学习阶段和学生需求，灵活地调整课件的结构和内容，使学生更加容易理解和掌握知识。

(5) 重复性强：多媒体课件具有重复使用的优势，一次制作可以多次使用，且不会因为教师水平不同而影响教学质量，从而节省教学资源和提高教学效率。

2.3.2 多媒体课件的类型

根据不同的使用目的和学科领域，多媒体课件可以分为多种类型，其中常见的类型如下所示。

(1) 教学型多媒体课件：这种课件主要用作教学中的辅助教学工具，通常包含课程目标、教学内容、知识点概述、实例和案例、复习题和答案等。

(2) 培训型多媒体课件：这种课件主要用于企业、机构的内部培训，通常包含公司概况、产品介绍、销售策略、市场分析、员工培训等内容。

(3) 游戏型多媒体课件：这种课件通过将教育元素和游戏元素融合在一起，增加了互动性，从而使学习更加有趣。游戏型多媒体课件主要用于儿童教育、语言学习等领域。

(4) 仿真型多媒体课件：这种课件通过计算机模拟，呈现各种实际情境，使学生在虚拟环境中进行学习和实验，从而提高学习效果。仿真型多媒体课件主要用于物理、化学、生物等实验室实验的模拟。

(5) 案例型多媒体课件：这种课件以实际案例为基础，通过多种媒体元素的融合和呈现，使学生在理解概念的同时，更好地理解案例的内涵和应用。案例型多媒体课件主要用于商业管理、市场营销、人力资源等领域。

总的来说，多媒体课件的类型因应用领域和目标不同而存在多种分类方式。以上列举的是其中较为常见的分类方式，随着技术的不断发展，还会出现新的类型。

2.3.3 多媒体课件的制作原则

在进行多媒体制作时，需要遵循以下原则。

(1) 内容导向原则：多媒体制作应该以内容为导向，要考虑学习者的需求和背景，根据学科、目标、学习者的知识背景、认知水平、学习风格等特点，有针对性地设计内容，确保内容能够达到预期的学习效果。

(2) 易懂易记原则：多媒体制作应该避免使用过于复杂的语言、图像和声音等元素，要尽可能让学习者轻松地理解和记忆。对于难以理解的概念，可以通过比喻、类比、动画等方式进行解释和呈现。

(3) 互动原则：多媒体制作应该具有一定的互动性，让学习者积极参与学习过程，通过问题解答、演示、互动式游戏等方式增加学习的趣味性和参与感。

(4) 视觉效果原则：多媒体制作应该注重视觉效果的设计，例如色彩、图形、动画、字体等，要通过多种视觉元素的组合，使学习者产生视觉上的冲击和感受，增强学习的吸引力和记忆性。

(5) 简洁明了原则：多媒体制作应该尽可能地简洁明了，避免过多的信息和杂乱无章的排版，要使学习者一目了然，容易理解和接受。

(6) 兼容性原则：多媒体制作应该具有兼容性，要考虑不同操作系统、不同平台、不同浏览器的兼容性，确保多媒体课件能够在不同的设备上进行播放和学习。

2.3.4 多媒体课件的制作步骤

(1) 确定课件主题：要先确定课件的主题和教学目标，包括教学内容、教学方法和教学目标等。这样有助于设计出合适的课件内容和形式。

(2) 收集资料：收集与主题相关的图片、音频、视频、文字等素材。可以从各种渠道搜集。确保素材质量高、版权合法。

(3) 设计课件结构：设计课件的结构，分解教学内容，确保每个部分都具有逻辑性和连续性。可以使用PPT、Prezi等软件工具，创建主题、章节、幻灯片等内容，形成一个完整的框架。

(4) 编辑课件内容：在课件结构的基础上，根据教学目标和教学内容，加入相应的文字、图像、音频、视频等多种媒体元素，确保每页的信息量适宜，文字简明扼要、重点突出，图像色彩鲜明、清晰简洁，音频、视频流畅自然。

(5) 设计课件风格：根据学科和受众，选择合适的颜色、字体、背景等来设计课件风格。设计风格应与课程内容相一致，形成统一的视觉效果。

(6) 增加互动元素：多媒体课件的一个重要特点是能够增加互动元素。例如，加入选择题、填空题、问答等，可以让学生参与课程互动，更好地理解和掌握知识。

(7) 测试课件：最后，测试制作好的课件，确保无误。在完成测试之后，再次审查课件的设计、结构和内容，以确保它是有价值的教学工具。

总之，多媒体课件的制作需要综合运用多种媒体元素，注重设计、内容、互动等多个方面的考虑，力求让学生能够更好地理解、掌握和应用知识。

2.3.5 多媒体课件的应用案例

多媒体课件在孤独症、学习障碍、视障和听障儿童英语教学中应用较为广泛，以下举几个教学案例。

教学案例 1

当前较为普遍的英语教学问题是，学生记不住英语语法、句型，聋生由于听力的缺失，这方面的问题尤其凸显。基于此，教师在实际的教学中，需要对导致这一现象的原因进行分析，并提出有效的解决方案，鼓励学生学习英语知识，加深记忆。教师应当立足学生的基本特点，利用多媒体创设教学情境，输出趣味性教学内容，切实提升课堂效率。如人教版小学英语 Let's Paint 这一章节的教学，主要就是引导学生学习多种颜色，用英语表达自己的想法，说出与绘画相关的单词、短语。从以往的英语教学来说，缺乏语音输入的聋生需要更多图像资源的补充，否则学生学习的时候无法将颜色与单词对应，导致记忆效率不高。因此，教师在实际授课之前，应当从教材内容入手，合理利用多媒体技术，结合图片和视频，创设教学情境。在实际授课的时候，从学生比较熟悉的事物入手，并询问生活、学习中常见的颜色。学生做出回答后，教师要认可与表扬学生，还要在多媒体平台上为学生展示不同颜色的物体，如红色的苹果、黄色的香蕉、紫色的葡萄等，还要在物体旁边标注英语单词。这样经过课堂的反复教学，使学生牢记颜色的英语单词。对于英语基础较好的学生，教师也需要鼓励其用英语描述物体。教师利用多媒体技术创设英语情境，提升学生对英语知识的记忆力、理解能力，激发学生的学习欲望。

教学案例 2

教师要整合网络资源，丰富聋生英语课堂教学，将课堂教学内容制作成多媒体课件，以图片、动画、视频等方式输出给学生。在南京聋人学校高一英语教学"My family"这一课的教学中，教师提前做好充足的课前准备，制作"家庭树"，用多媒体课件显示家庭成员。教师让学生讨论家庭中有哪些成员，学生会说出许多家庭成员的称呼，如爷爷、奶奶、兄弟、姐妹、爸爸、妈妈等。在这个多媒体 PPT 课件制作中，教师就可以用树状图来整理，并教授学生使用英语来表述家庭成员，如 Grandparents、brothers and sisters、mom and dad。

图 8-1

教师要对汉英表述的不同点进行阐述，如在汉语中，兄是兄，弟是弟，但是英语brother可以表示兄，也可以表示弟。在英语中，有些家庭成员有多个称呼，如父亲的称呼有dad、father，母亲的称呼有mum、mother，所以教师要对课堂教学做好充分的准备，延伸课堂的英语知识。

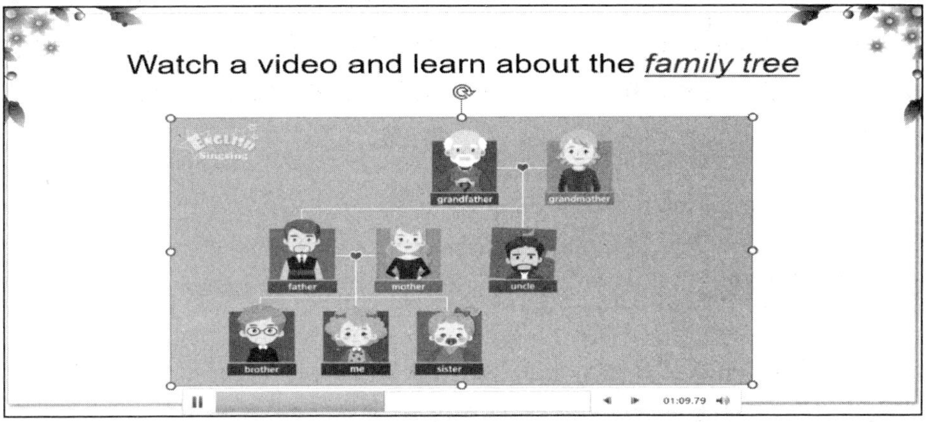

图8-2

教学案例3

"Let's Take a Trip"这一课的主要内容就是描述整个旅行的过程，包括旅行中看见的风景、乘坐的交通工具、获得的旅行感受等，相对来说教学难度较高。因为特殊儿童的年纪比较小，阅历不丰富，理解起来较为困难。基于此，教师就需要从文章中的旅行基本知识入手，在给学生讲授沿途的风景、交通形式、内心的真实感受等课堂内容之后，向学生推荐课后自主学习资源，并且为学生准备思维导图、风景名胜的纪录片。与此同时，教师要为学生讲解学习方法，包括如何更高效地学习英语知识，获得视频素材等。教师还可以利用多媒体课件为学生提供更丰富的学习资源，达成延伸课堂教学的目标，扩大学生英语知识学习空间，以此提升学生的课后学习效率。

教学案例4

例如在讲授"My Home"的时候，教师可以制作多媒体动画课件，一般常用的就是Flash软件。这一堂课的教学目标要求特殊儿童在学完之后能够理解study、 bathroom、bedroom、living room、kitchen这些单词，并且会说、会写，能够应用这些单词进行简短的对话，能够掌握这个单元的重点句型。因此，教师要围绕着这个目标来进行多媒体课件的制作和设计，实现对话的交互性的特点。在这样的一种设计中，学生在头脑中逐渐搭建起关于这些内容的知识框架。学生们通过多媒体动画课件，可以借助头脑中相关回忆和图像去分析当前所学习的内容。动画的制作也要充分考虑到教学互动中所需要的节奏，因此，教师可以使用停顿等方式来更好地控制这些节奏，让学生们反收看某些细节，反复收听一些词汇的发音，从而让学生更加精准地掌握这些知识点。

教学案例5

视障教育教学班级往往由低视生和全盲生混合组成。英语教学新课标在“听”“说”“读”“写”四项基本语言能力之外，特别增加了“看”这一能力。因此，在有视力较好的低视生班级里，多媒体课件是学生学习语言知识、发展文化意识的重要手段。

英语教学中存在很多跨文化交际的内容，外国人的长相、衣着、建筑、主要英语国家的风土人情等都可以通过多媒体得到充分的展示。比如，人教版高中英语教材必修二第一单元Cultural Heritage，介绍了埃及建筑阿布辛贝神庙（Abu Simble Temple）、俄罗斯红场（Red Square）和克里姆林宫（the Kremlin）等文化遗产。低视生对图片上展示的阿布辛贝神庙太阳节奇观感到震撼，对克里姆林宫多样而独特的建筑风格印象深刻，这可加强学生对文物的热爱之情，提升了学生的文化保护意识。

在制作低视生使用的多媒体课件的过程中，要遵守去繁就简、突出重点的原则，省去为了美观而设计的背景、图表、图片等，以免干扰低视生寻找信息。字体要放大，字体与背景颜色采用黄—黑、白—绿等对比色。采用主要内容突出、主要内容与其他内容色彩区分较大、边界较明显的图片，尽量避免主要内容与背景颜色相近的图片。在实际教学中，除了用统一的电子黑板展示多媒体内容之外，有条件的情况下可以采用iPad教学。在课堂上将重要的文字和图片内容发送给学生，方便学生进行放大、缩小、更改颜色等个性化阅读。

第三节　微课、慕课与特殊儿童英语教学

3.1　微课、慕课的概念与发展

3.1.1　微课的概念

胡铁生先生是国内关注微课的第一人，他在2011年从区域教育信息资源发展的角度提出了微课的定义，并在此后持续关注着微课。他对微课的定义是：微课又名微课程，是微型视频网络课程的简称，以微型教学视频为主要载体，针对某个学科知识点（如重点、难点、疑点、考点等）或教学环节（如学习活动、主题、实验、任务等）设计开发的一种情景化的、支持多种学习方式的新型网络课程资源。

上海师范大学的黎加厚教授在他所发表的《微课的含义与发展》一文中，对微课是这样定义的：微课程是指时间在10分钟以内，有明确的教学目标，内容短小，集中说明一个问题的小课程。

华南师范大学的焦建利教授在他所撰写的《微课及其应用与影响》一文中提出：微课是以阐释某一知识点为目标，以短小精悍的在线视频为表现形式，以学习或教学应用为目的的在线教学视频。

南京师范大学的张一春教授是这样对微课做出界定的：微课是指为使学习者的自主学习获得最佳效果，经过精心的信息化教学设计，以流媒体形式展示，围绕某个知识点或教学环节开展的简短、完整的教学活动。它的形式是自主学习，目的是最佳效果，设计是精心的信息化教学设计，形式是流媒体，内容是某个知识点或教学环节，时间是简短的，本质是完整的教学活动。因此，对于教师而言，最关键的是要从学生的角度去制作微课，而不是从教师的角度去制作，要体现以学生为本的教学思想。

综合以上专家学者对微课的解释和阐述，可将微课的概念总结为：以视频为主要载体，通过精心的教学设计，围绕某个知识点或教学环节而开展的精彩教与学活动的全过程。它不仅包含课堂教学活动的视频，还包含与该教学主题相关的教学设计、素材课件、教学反思、练习测试、学生反馈及教师点评等辅助性教学资源，并以一定的组织关系和呈现方式共同"营造"的一个半结构化、主题式的资源应用"小环境"。

微课的核心组成内容是课堂教学视频（课例片段），同时还包含与该教学主题相关的教学设计、素材课件、教学反思、练习测试及学生反馈、教师点评等辅助性教学资源，因此，"微课"有别于传统单一资源类型的教学课例、教学课件、教学设计、教学反思等教学资源，但是在其基础上继承和发展起来的一种新型教学资源。

3.1.2 慕课的概念

慕课(MOOC),即大规模开放在线课程(Massive Open Online Course),是"互联网+教育"的产物,是一种在线课程开发模式。可以这么说,慕课是由微课及其他教学资源如拓展资源、学习计划、作业要求、考核办法等构成的。慕课的教学视频就是一组微课的集合。

慕课背后核心的教学原理是"掌握学习",这是由著名教育家、心理学家、教育学教授布鲁姆(Benjamin Bloom)提出的,其核心观点是:"学生的学习能力并不能直接决定他的学习成效,而只能决定他掌握内容所需要花费的时间。只要教师为其提供所需要的学习时间和学习帮助,90%以上的学生都能掌握我们所教授的事物。"

"掌握学习"教学原理是建立在卡罗尔(John Carroll)关于"学校学习模式"的基础上的。卡罗尔认为,教学效果(学习程度)会受到五个变量相互作用的影响,这五个变量分别是机会、毅力、教学质量、学生理解能力和能力倾向。学习的程度是学生实际用于某一学习任务上的时间量与掌握该学习任务所需的时间量的函数,即学习程度=f(实际用于学习的时间量/需要的时间量)。因此,要想让学生获得较好的学习程度,教师需要做的就是提高学生实际用于学习的时间量,并减少学生掌握所需要的时间量。控制好这些变量及其关系,就可以使他们共同对教学发挥积极的影响。实际用于学习的时间量会受到机会、毅力两个变量影响,需要通过提高机会和毅力的方式来增加学生实际用于学习的时间,进而加强学习效果;而需要的时间量受教学质量、学生理解能力和能力倾向三个变量的影响,需要通过提高这三个变量来有效减少学生学习所需的时间量,进而加强学习效果。

3.2 微课、慕课的制作与应用

3.2.1 微课、慕课的制作

与传统课堂相比,微课所面对的学生类型更加复杂,以往一些被教师所忽视的问题在这里会变得突出,比如一些存在视听以及运动障碍的学生可能无法按照其他学生的学习方式参与学习。在微课中,教师需要全面关注学生的特征与需求,从学习者的角度出发,尽可能地使自己的课程内容对于最大范围内的学生来说,都是可以平等获取的,不管这些学生是否具有生理的或是其他方面的障碍。因此,在特殊教育学校中,微课的设计和制作更应关注信息无障碍,保证微课内容的可及性。

做到微课内容的可及性就需要针对学生多样化的需求,提供相应的支持,在创建与传递内容时要允许学生使用内置的具有可及性功能和辅助技术以及替代的形式。一些可能出现的情况如下:

- 目盲的学习者会使用一个读屏器,帮助阅读页面的文本内容,或使用一个

Braille 的显示器，以他们能够感知的形式来呈现页面内容。

• 视力模糊的学习者会使用一些具有放大页面显示功能的软件。

• 视力障碍的学习者，如色弱的学习者，可能会改变背景与文字的颜色，使其更易阅读。

• 具有运动障碍的学习者可能不会使用传统的物理键盘，而是使用一些转换设备、声音识别软件或眼动激活软件等来操作电脑。

• 听力损伤的学习者无法获取音频内容，需要可替代的形式来呈现同样的信息，比如文字说明或字幕等。

EdX 平台对创建可及性内容的建议包括以下几点：

• 学习的通用设计
• 内容的易读性
• PDF 的可及性
• 自定义内容类型
• 图像的描述
• 媒体的可及性
• html 标记的利用

需要注意的一点是，内容可及性程度与平台提供的功能也有一定关系，所以大家在制作微课时，需要了解相关平台能够提供哪些可及性的功能。

3.2.2 学习的通用设计

学习的通用设计是指在课程设计时，内容呈现形式与活动方式不受特定教学方法的限制，让尽可能多的学生都能很好地与课程内容和活动互动。通用设计的原则可以总结为以下三点：第一，以多种不同的方式呈现信息与内容。第二，允许学生以不同的方式来表达他们所知道的东西。第三，激发学生的学习兴趣和动机。教学人员可以通过以下方式来运用这些原则：

• 设计能够让学生以不同方式获取的资源和活动。比如提供一些能够让学习者放大或替换颜色的文字材料，在提供图表的同时对其进行文字说明，视频在提供声音的同时也提供字幕。

• 让学习者以多样的方式来处理信息与呈现知识。这在开发练习与测试时尤为重要。

• 识别需要运用特定感官和运动技能的活动，比如要求识别颜色的活动，对那些缺乏相关能力的学习者来说是很难适应的。

在这样的情况下，就需要考虑是否可以做出一些教学方法上的调整。

（1）内容的易读性

内容易读性的重要性在于清晰简明的语言风格以及组织良好的内容结构能够让

学习者，特别是对于那些来自不同地区的学习者，以及有阅读障碍等阅读能力受影响的阅读者更好地了解与吸取课程内容中述及的概念。提升内容的易读性可以从以下几点入手：

第一，在为课程的各个组成部分如课程的章节、单元或讨论的主题取名时，名称需要能够准确描述内部的内容，且让学习者在看名称第一眼的时候就能容易知道这部分会讲到什么。这些名字通常会被使用到导航栏、页面标题以及章节标题，可以作为学习者浏览课程与阅读课程内容的标识信息。前置的菜单与标题能够帮助学习者迅速建立内容上的联系。

第二，在编辑课程内容时，可以将文本分解成不同的部分并使用一些 html 元素(如标题、段落和列表)。没有分块的大段文本会为大部分的学习者带来阅读上的困难，因此片段化的内容更平易近人，同时也易于浏览与检索。

第三，避免任意使用专业术语。如果专业术语与课程的主题相关，那么在第一次用到时，一定要对其进行说明。如果在课程材料中使用多个专业术语，则需要将这些术语汇总，提供一个专业词汇表进行说明。当在使用一个简写的时候，一定要在第一次使用的时候说明全称。如 MOOC 代表"Massive Online Open Course"。

第四，使用能够提供链接的文本，比如"请参见案例模板"，点击这里就可以转向提供案例模板下载的链接。链接的文本最好与链接之间有明确的联系。比如"请在此参见案例模板"，这里的"在此"与案例模板之间没有明确的联系，所以在表述上就没有之前的一种方式好。

(2) PDF 的可及性

虽然 PDF 是一种常见的课程材料形式，但将课程材料转换成 PDF 会产生可及性上的障碍，特别是对那些有视觉障碍的学习者。所以，需要通过以下的方式来帮助提高 PDF 的可及性：

第一，如果 PDF 是从微软的 Office 文件转化而来的，在制作这些源文件时，可以对文章进行结构和格式上的编排，使其清晰易懂，尽量减小可及性的问题。

第二，在准备 Word 文档时，采用简洁、规范化的格式，使用标题、段落、列表、图表、表格以及标注使内容一目了然，而不要使用没有必要的空格和行列来增加阅读的难度。同时，尽量使用样式来规范文本，如正文以及不同的标题等级来规范格式，而不是采用粗体、空格等形式。

第三，如果是准备要转换为 PDF 的 PPT 文档，要考虑到使用读屏软件的学习者的感受。比如在完成提纲之后，要及时添加一些设计元素和图片，并为图片补充图片传达信息的描述。避免使用动画或者是切换，因为这些元素都不会被保存到 PDF 当中。同时，还要浏览与调整 PPT 的逻辑顺序，以及为每一个表格设置描述准确的合适表头。

第四，在准备 Excel 文档时，则要为每一个工作表建立独特以及能够传达出表格信息的表名，为每一张表提供具有信息量的表头，为图片提供可替代的文本，不使用空白单元格来设置格式，使用具有描述性的链接而不是直接在表格中填入 URL 地址。

以上从 Word、PPT 以及 Excel 向 PDF 转化时可以做出改善的前提是我们是材料的创建者。有些时候，我们需要使用到第三方提供的 PDF 文档，在这样的情况下，PDF 的可及性是未知的。如果可以的话可以向材料的提供者提出一些问题以获取到文章的可及性信息。如：

- 使用读屏软件的人可以阅读这些文本吗？
- 文档中的图片包含文字解释吗？
- 所有的表格、图表或数学公式都是以可及的形式呈现的吗？
- 所有的多媒体都包含了等同的文字信息吗？
- 文章提供了导航的指导吗？
- 有没有提供内容列表、标题以及标记？
- 还有一些情况下你需要使用一些特殊的软件（如 Adobe Acrobat Professional）对已有的 PDF 文章做出可及性的改进。

（3） 自定义内容类型

使用不同内容呈现类型能够显著提升学习者的学习体验。我们需要对这些内容类型进行设计，使那些有障碍的学生也能够顺利获取。在图表信息方面，尽管图像在交流概念与信息时很有帮助，但对于那些有视觉障碍的学生来说是一个挑战。比如色弱的人难以理解一张使用颜色来区分类属的图表，视力不高的人不容易看清有着很小的标题和注释的图例。同时，所有的图表对那些目盲的人来说，都是障碍。那么，可以通过什么样的方式来避免这些问题呢？首先，要避免仅仅使用颜色来区分图像中重要的特征，还可以使用其他的标记方式。其次，在可能的情况下，使用一些支持缩放的图片格式，如 SVG 格式。关键是要考虑到能够清晰地展现图像的内容及其重要的细节。最后，提供一些可替代的文本来描述图形中的信息。对于一些图表来说，可替代的方式就是数据表格。

除了在图表信息上要多加注意之外，还有一种需要考虑的自定义内容类型就是与数学相关的内容类型，比如说数学公式。教学人员通常会采用图片代替文本来表达一些公式。那些需要以高对比度方式看清内容的人无法对其修改，而读屏软件也无法将其读出，在这里，则需要关注平台是否提供了一些系统和插件来输入数学公式。

此外，教学人员还会使用模拟仿真或是一些互动的模块来提升学习者的学习体验，如动画或一些游戏性的内容。此种方式对那些单独阅读和处理文本内容有困难的学生特别有效，然而对另外有些学生来说却存在着障碍。为了尽可能地缩小障碍，教学人员需要考虑采用模拟仿真方式背后的学习意图，是用来加强学生对于文本内容或视频内容的理解，还是想要传递一些其他材料覆盖不到的新的信息？由此来选择是否需要提供一些替代性的资源帮助学习者缓和障碍造成的影响。尽管教学人员可以通过改变设计来减少障碍的问题，但是有些时候教学人员的模拟仿真工具与材料是由第三方提供的，所以一些障碍可能会因为技术或教学法方面的原因而没有得到重视。这个时候教学人员就需要对这些障碍本身多做了解，以此为那些受到影响的学习者提供变通的方案，但有一点需要记住的是，在尝试对这些模拟仿真工具和材料进行变通时，需要征得第三方的同意。以下是一些教学人员在设计模拟仿真等交互方式时需要考虑的问题。

• 这些模拟仿真是否需要视力的参与才能被理解？如果是这样的话，就需要对仿真传达的概念提供文本描述。

• 模拟仿真过程中会出现可能引起癫痫等症状的闪烁现象吗？如果是的话，就需要在模拟仿真中注意以下两点：第一，不要求学生使用模拟仿真完成测试活动。第二，在包含闪烁内容的模拟仿真中提供警告信息。

• 在线练习与测试也是自定义内容类型可及性方面需要考虑的问题。教学人员在设计测试的时候需要关注到那些存在障碍的学生，尽可能地让学生能够顺利完成活动和提交作业。比如在测试时间的设置上，就要考虑到一些学生存在视觉或行动障碍，需要花费更长的时间来完成操作。除此以外，一些测试的题型也会对其造成影响，比如说一些需要绘图或是拖动的操作。除非一些运动技能非常有必要，教学人员可以多考虑不要求有很好的运动技能也能很好完成练习与测试的替代方法。比如可以使用点击代替拖动。

• 在自定义内容类型时，通常还会包括指向第三方内容的链接，为了避免这些资源也出现之前提到的那些问题，所以研究人员在分享这些链接之前需要自己先试一下链接是否易于使用。

（4）图像的描述

图片在交流沟通时能提供很大的帮助，然而却会给有视觉障碍的学习者，或使用读屏软件的学习者造成困扰。在这样的情况下，就非常需要一些替代性的文本来表达图片所传达的意义。以下列举了一些可以采取的建议：

首先，使用简短的文本描述图片的意图。当图片展现的是一个概念，或者是所表达的信息的唯一来源时，可以使用大段的文本。需要注意的是，如果图片所表达的信息在其他文本中有所体现时，就不必再使用文本复述了。其次，使用 html 语言中图片元素的 alt 属性，给图片添加解释信息。这样，当鼠标滑过图片时，就能呈现解释信息了。再次，对于那些没有信息量的图片，就将其 alt 值设置为空，这样读屏软件就可以直接跳过这张图。此外，可以使用段落元素在图片下方添加注解。最后，当文本说明很长的时候，可以为图片设置一个指向文本的描述性链接，让学习者可以下载阅读。

(5) 媒体的可及性

基于媒体的课程材料能够生动地传达课程概念与信息。就 EdX 平台而言,它要求所有的 EdX 课程都提供可以被读屏软件获取的交互式的字幕。这种内在的通用学习设计机制能够帮助提升课程的可及性。在制作这些媒体资源时,需要安排一些时间来制作相关的字幕文件。通常字幕文件为“. srt”格式。这些字幕文件除了可以帮助那些听觉有障碍的学生理解课程内容之外,还能够为那些不是来自同一个语言地区的学习者提供帮助。比如我们在听国外课程的时候,就需要有对应的字幕来帮助我们了解其中的内容。而且,我们还可以根据字幕来快速定位课程片段,找到我们需要的信息。同时,也可以将这些字幕文件制作成文本材料,供学习者下载。不过,由于一些字幕文件在制作的时候会有时间点信息,所以需要将其去除,确保只包含文字信息。在制作视频片段的时候,教学人员需要考虑如何向视觉障碍的人传递信息。在一些情况下,需要将自己的行为或写下的文字口述出来。

(6) html 标记

html 标记能够被多种浏览器与设备支持,一些标记信息能够为一些辅助技术提供帮助,比如说读屏软件。这些标记为视觉障碍学习者提供了功能与信息。教学人员可以在编辑文本时,切换至 html 模式编辑,这样就可以插入 html 的标记了。在使用 html 语言编辑时,需要注意以下几点:

• 使用 html 语言排版时,需要关注如何准确描述内容,而非关注其外观。标题标签能用来标明主题,粗体则起到强调文字的作用,将一组元素用列表呈现则是用于呈现它们的联系。

• 合理使用 html 的不同级别的标题标签来帮助梳理内容的逻辑顺序和结构,这样学习者就能够更快速地浏览内容和找到想要的信息了。

• 将一些相关元素用列表呈现也能帮助学习者快速阅读。html 提供了三种类型的列表:一种是无序列表,每个子项都由一个统一的符号标记;第二种是有序列表,每个子项都按照数字进行排列;第三种是定义列表,用户可以使用词语或短语等自定义的标记方式,类似于字典的呈现方式。

• 还需要使用表格来呈现数据集,也就是按照行列的方式将信息组织起来,形成网格结构。

以上就是在提升微课可及性,确保特殊教育学校的学生能够顺利获取课程内容上可以做出的努力,包括学习的通用设计、内容的易读性、PDF 的可及性、自定义内容类型、图像的描述、媒体的可及性以及 html 标记的利用几个方面,希望大家在以后设计制作自己的微课内容时也能相应地考虑到这些问题。

与过去的数字化教学资源制作与开发方式相比,微课的技术门槛较低(尤其是借助于录屏软件或手机制作的微课),投入成本也不高,容易在学科教师中间很快普及。同时,也可以把教师从技术的束缚中解脱出来,从而聚焦于课程及教学的设计和实施。

3.2.3 微课制作环节

微课的实质是微型化的网络课程，而一门完整的网络课程(如MOOCs)也可以由众多与知识相关的、教学环节紧密联系的系列微课构成。因此，微课的设计与制作可以在掌握学习理论指导下，像网络课程开发那样进行系统的设计、制作。

(1) 选题

微课针对特定的主题，如核心概念、单个知识点、某教学环节、教学活动等，教学目标明确，教学内容清晰，能够在很短的时间内讲解清楚，而且易引起学习者的兴趣，容易在短时间内掌握。因此，微课的选题要在众多的知识点或教学环节中提炼出重点、难点或兴趣点予以重点解答。微课内容可以是知识讲解、题型精讲、技能演示、总结归纳、知识拓展、教材解读、方法传授、教学经验交流等。学习一般不像玩游戏那样有趣，在生活碎片时间里利用微课进行移动学习、泛在学习，就要求微课选题实用准确、内容生动有趣、形式短小精炼。微课不适合对过于复杂而又不能分割论述的学习内容进行讲解。因此，对于无关紧要、主题不明显、没有特色或对学习者没有吸引力的教学内容或活动，没有必要作为微课进行开发，那样起不到微课引导自主学习的效果，还增加微课管理系统的负担和教学内容的冗余。

(2) 教学设计

梁乐明在对国内外36门微课进行对比分析的基础上，提出了微课的设计模式。在该模式中，首先做前端分析，对微课的学习者特征、教学任务和学习内容进行分析，然后根据布鲁姆的学习目标分类理论确定合适的学习目标，根据教学内容、教学环节、教学活动和方法确定合适的微课类型和组成要素，制定符合学习者特征、学习内容和教学形式的教学策略，设计教学视频的情景、案例、教学过程，以及相关的网络教学支持材料和评价、反馈机制等。

在进行微课视频或多媒体课件设计与制作时，要尽量减少学习者的认知负荷。认知负荷理论认为，影响认知负荷的基本因素是学习材料的组织与呈现方式、学习材料的复杂性和学习者的先验知识。微课主题明确，内容短小，要求在尽可能短的时间内将教学内容组织好、讲清楚，而且要生动、有趣。尽量将复杂问题简单化，避免给学习者有限的工作记忆空间带来太大的压力，要适度安排原生性认知负荷，降低无关性认知负荷，优化相关性认知负荷。

根据掌握学习操作程序中的形成性评价原则，在微课视频学习完成后对学习者的学习效果进行形成性评价，有利于巩固、强化所学知识。所以，在微课视频的支持材料中提供适量的练习题，以巩固学习内容。微课的练习题可以是确定性的选择题，也可以是开放性的思考题，对素质教育类学习内容来说，后者更合适。练习题不宜太多，不要增加学习负担、让学习者有兴趣、有能力主动完成练习。

(3) 视频制作

视频是微课的核心内容,大多采用流媒体形式呈现教学过程。微课程的教学过程要简短完整,包括教学问题的提出、教学案例或情景导入、教学内容讲解、教学活动安排、引导和启发学生开展协作学习、探究学习等。根据记忆的信息加工理论,只有受到注意的信息才能得到人脑的进一步加工,只有注意到的感觉记忆(瞬时记忆)才能进一步加工成为工作记忆(短时记忆)。因此,在微课中吸引并保持学生的注意是成功的关键。

根据微课的不同类型,可能有不同的教学主题导入方式,但都要快速、准确,力求新颖、有趣,能够很好地吸引学习者。微课开头应开门见山地进入主题,或采用承上启下的语言引出主题,或设置疑问、悬念等引出主题;也可以从学习者熟悉的与生活相关的现象或很感兴趣的案例引出主题。但从吸引学生注意力和引起学生学习兴趣的角度,后者效果更好。比如,采用与教学主题密切相关而又有趣的案例、事件等,很容易引起学习者的学习兴趣和注意,就像好的电影片头那样一开始就抓住观众的心,吸引观众继续看下去。

微课在讲解教学内容时要清晰、明确,沿着教学主题逐步展开,突出重点。教师在整个教学过程中,应有意识地采取恰当的措施保持学生对学习内容的注意力,而不为外界噪音等与学习无关的刺激所分心。因此,在微课中呈现的学习内容需要突出显示,引导学习者顺利地将选择性注意转换为工作记忆,不要太多无意义的装饰,避免对主要学习内容产生干扰。

微课的收尾、总结要简洁明了,留出给学生思考、回味的空间。由于微课时间很短,学习内容少,往往都在学习者的短时记忆中,适当而简短的总结,可以使学习者对学习内容加深印象,减轻学生的记忆负担,但也不是每个微课教学都需要对学习内容进行小结,留出给学生思考、回味的空间更重要,教学视频外的支持材料更适合学习总结和拓展。

(4) 辅助材料

微课除教学视频外还有相关的支持材料辅助微课的视频教学,通常包括微课教学内容简介、教学设计的教案或学案、多媒体教学素材和课件、教师课后的教学反思、练习测试、学生的反馈及学科专家的点评等。但不是样样都要有,应根据教学目标、教学内容和教学活动等选择必要而又简明的支持材料,避免冗余、过多过乱、不是很紧密的辅助或拓展材料。

值得注意的是,各类微课比赛的微课评价指标有不同的要求。比如,文字材料中要求有教师简介、教学内容说明等,在视频片头要求有标题、作者、单位,在教学过程中要求有教师与学生镜头,体现教师风采、师生交互等。这些在微课的实际教学应用中不是必需的。因此,制作微课不应受微课比赛评价指标影响(为比赛而制作的微课另当别论)。

(5) 上传与反馈

微课视频和相关材料制作完成后,要上传到相应的网络环境中。如果是参加微课比赛,应传到指定的网络平台,并且按规定的技术要求和规范调整视频分辨率和速率参数以及填报要求的参赛信息等。

如果是为某课程或相关主题、领域的网络教学而制作的微课,应传到相应的网络平台,并按平台要求对用户点评、疑问等进行答疑、反思、更新等。

目前,有关微课的网络平台还不是很多,有些是为微课竞赛制作并建立的网络平台,带有明显的评比色彩,有些是借助已有的网络学习平台支持微课的网络学习应用,而针对微课教育特点的网络学习环境,还需要进一步研究、开发和完善。

(6) 评价与修改

我们认为,微课的评价应从教育性、技术性和应用效果三方面通盘考虑。

微课的教育性包括教学目标、教学内容组织、教学策略和教学评价等。教学目标应明确,教学主题应突出,针对的学习对象应明确。教学内容组织有序,教学环节承接自然,安排合理恰当,知识单元相对完整,课程说明清晰。教学内容表现方式恰当,形式新颖。视频讲解深入浅出,生动有趣,画面美观,语言亲和,节奏恰当。配套的学习资源适量,不宜太多,与教学主题紧密结合,练习和思考题富有趣味性和启发性,能吸引学习者主动完成。

微课的技术性包括微课本身的技术性与艺术性以及平台环境的技术性与共享性。视频制作应符合技术规范,如分辨率、码流速度等。视频、课件画面布局美观协调,文字、色彩搭配合理,符合学习者认知风格。微课的支持材料也要符合相应的技术规范,相对完整,形式尽量多样化。微课平台的技术性包括系列微课的有效组织、检索、访问、浏览、上传、评论等,并能提供学习指导、信息提示、学习者之间和师生之间的在线或离线交互以及学习者与媒体之间的交互,能够追踪记录学习者个人学习过程,提供相关主题资源的推荐和推送等。

微课的应用效果受微课的教育性和技术性影响很大。微课的教育性好、技术性强,微课的应用效果一般会比较好,表现在微课的点击率、点赞率、用户评价、作者与用户互动情况、收藏次数、分享次数、讨论热度等综合评价。

3.2.4 微课视频的制作方法

目前的微课以微视频为核心,因而微课视频的制作尤为重要,可以说微课视频的制作质量反映了微课的制作水平。有关微课视频的制作方法主要有五类:

(1) 教学录像型

它将教师的讲课、演示、示范等教学活动利用摄像机或录播系统拍摄下来,制成教学微视频。教师的教学活动可以在教室、实验室、演播室、微格教室、实习场地、室外操场等。

可以有学生听课或观摩，也可以没有学生。可以使用黑板、白板、投影、触摸屏、演示设备、器械、道具、模型等。视频镜头里的教师要求形象好，口齿伶俐。这种微课视频制作简单，但要求主讲教师备课充分，教学环境安排恰当，学生配合自然。有些视频公开课工作量较大，如《百家讲坛》等教学视频均由国内著名专家、学者讲授，制作精良。

(2) 屏幕录制型

教师对着计算机显示的教学材料讲解教学内容，或者教师直接利用鼠标、手绘板或触摸屏等在计算机显示器中书写教学内容，利用计算机录屏软件将屏幕显示的教学内容、教师的书写和点评、教师讲解的声音录制下来，实现微课教学过程的视频录制。

屏幕录制型微视频制作方法简单、方便，几乎没有技术门槛，很容易在普通教师中推广，但微课质量参差不齐，难以保证。为了提高这类微课视频的制作质量，视频录制最好在学校的录音室、电教室或家中比较安静的房间内，选择合适的时间，避免环境嘈杂。教师的讲解要流畅、亲切、自然，避免咳嗽、过多停顿、读错别字、方言或口音过重、翻书杂声等。最好能写出讲解词，请人或自己在幽静的环境中播读录音，然后在计算机中播放，配合精制的 PPT、多媒体课件或熟练的计算机软件、工具操作等，将计算机屏幕显示的教学内容、教师的书写、点评操作和播放的录音一并录制下来，制成微课视频。

(3) 多媒体讲解型

它利用 PowerPoint2010、Authorware、方正奥思等多媒体工具将文本、图形、图像、声音、动画、视频等多媒体元素同步讲解、展示教学内容，再直接转换或利用录屏软件录制成多媒体课件自动讲解的微课视频。这类微课视频的质量由多媒体课件的质量决定，通常画面清晰，讲解流畅，声画同步，效果良好。解说词可以事先写好，自己或请人提前录制，再经过编辑去除噪声、错误等，避免实时录像或录音时解说紧张、干咳、不连贯、发音错误等现象。这类微课视频画面清晰、美观，制作有一定的难度，可用于制作较高质量的微课。

(4) 动画讲解型

动画是按时间排列的序列图像。教学的讲解声音就是教学过程的时间轴。根据教师讲解的声音在时间轴恰当的位置呈现教学内容的文本、图像、表格、数据或连续变化的序列图像，形成的一段教学动画。制作知识讲解型微课可利用二维动画制作软件。事实上，任何有趣、过程性的讲话录音都可以制作成生动有趣的动画片，例如 Flash 动画。同样，将一段有意义的教学讲解录音做成动画型微课教学视频，配以必要的教学文字，更能生动形象地讲解教学内容，教学效果更好。这类微课视频画面清晰、生动、漂亮，但制作难度较大，需要的绘画素材较多。

(5) 视频剪辑型

优秀的微课视频一般包括教师或主讲人的讲解、示范或演示活动,体现了教师的教学风采和主持、引领性的教学活动,也常常包括师生互动、实验操作、实训实践等教学活动。更多的是显示教学内容的PPT、多媒体课件、演示动画、计算机操作截屏等,通常添加字幕、特技效果等,综合利用远近景别、多机位拍摄等手段。这类微课视频效果好,但制作难度大,制作成本高,通常需要专业的策划、拍摄、动画制作、后期编辑,甚至配音、配乐等。如果从制作精品微课的角度考虑,不仅需要一流的教学设计,还应有一流的微课视频制作水平。

此外,还可用手机视频拍摄教师在白纸上书写与讲解教学内容、用课堂录播系统录制教师授课与计算机屏幕等方法制作微课视频,但做出来的微课视频质量不高。在微课开始推广阶段不妨推行,但当微课建设达到一定规模、微课制作达到一定水平后,应提倡制作高水平、高质量的微课,以便获得学习者的认可和兴趣。如果海量的微课由于制作水平不高,应用效果不佳,管理不到位,势必吸引不了广大的学习者,将丧失微课在网络教育中应用的优势。那样,微课将成为网络资源垃圾。

3.2.5 微课、慕课的应用

3.2.5.1 微课和慕课应用群体

慕课除了高等教育领域外,是否能应用于基础教育领域,是值得实践和探索的问题。比较基础教育的中小学生和成人学习者,慕课更适合成人学习。成人学习者具有明确的学习目的,能够克服在线学习的种种干扰和障碍来完成学习。慕课课程大部分学习活动都是异步完成的,具有一定的时间灵活性,而微课视频可以方便学习者利用移动设备随时随地进行观看,能够充分利用碎片时间,在一定程度上缓解成人学习者工作和学习矛盾、家庭和学习矛盾突出的特点。因此,在基础教育领域,慕课首先适合应用在中小学教师的学习和提升中。

我国高校对慕课的研究和实践也给基础教育的领域带来了机遇和挑战。2013年,华东师范大学慕课研究中心成立,随后联合清华大学附中等知名学校分别成立了高中、初中、小学的C20慕课联盟。“C20慕课联盟”由高校学府牵头,集中我国基础教育界知名学校共同开发教育教学微视频,打造基础教育“慕课”平台,促进“翻转课堂”的实现。

3.2.5.2 微课和慕课应用方式

微课在中国起源于基础教育,也更适合在基础教育领域发展。微课和翻转课堂联合起来可以很好地颠覆传统的教学方式。学生在家看微课视频学习,到课堂之后主要和教师以及同学进行讨论。教师可以节省讲授的教学时间,把更多时间留给学生,这样以教为主的教学才会逐渐转变为以学为主的教学。现在有些地区试行的电子书包进课堂也极大地促进了微课的发展。慕课可以借助微课的视频，但是慕课设计者更多的精力应该放在如何使课程能引起学生深层次的讨论，如何在讨论过程中更好地引导讨论和适时总结。

3.2.5.3 微课、慕课的设计和应用

(1) 重点突出

微课中的课程一般较短，和线下的课程相比，教师不会一遍遍重复知识点，学生自学的时候容易错过细节。制作者可利用后期剪辑，将相关的指令和易错的点单独用红笔特别标示出来。

除了视频之外，根据命令的需要，部分章节的结束可以伴有一个小结。例如MAYA中的约束指令，无论是父子约束、方向约束、家庭约束等等，操作的步骤十分相似，学生容易混淆。可以借助简单的笔记作为辅助复习的资料，便于学生复习时快速找到每个指令的位置，并回忆出对应的作用。

(2) 分模块

根据课程需要分模块建立微课。拿动画课来讲，仿照真实动画的制作过程，将课程分为建模—动画—渲染—特效四个部分，同时根据知识点名称命名，便于学生寻找。各个模块之间除了单独的指令外，应该相互融合而非相互独立。

(3) 分梯度

由于有些学生接受得快，有的学生接受得慢，班级中很容易出现断层的现象，随着课程的难度加深，差距愈发明显。为了让更多的同学了解知识点，教师会花费大量的时间重复讲解指令，但是进度快的学生很容易在重复的课程中失去兴趣，如果反过来，一味地讲解知识点，进度慢的同学也会因为愈加跟不上课程带来的挫败感而放弃学习。

(4) 线上线下相结合

以目前的发展形势看，线上课程并不能完全取代线下课程，学生在自学的同时往往需要老师的指导，尤其是初期，学生在刚刚接触软件的时候容易遇到很多操作问题，当学生自己操作的时候，往往会认为是自己的哪一步操作出现问题，继而重做，严重影响学习进度，同时一遍遍的修改容易让学生产生倦怠感。当教师建立课程的时候还应该分时间分阶段分难度地给学生发放课程，例如学习通是可以设置课程的发放日期的。还有部分学生会忽略前期简单的指令，认为自己的知识储备量足够，直接选择高难度的教程进行学习。这样其实是弊大于利的，当学生学会了容易产生自满情绪，从而在接下来的学习中容易略过小的知识点，导致学习基础不够扎实。

(5) 及时更新

时代在变，科技在飞速发展，一方面制作动画的手段越来越方便，但是另一方面，软件更新的速度也越来越快。和理论课不同，软件每一年的更新都会伴随着新的功能，界面的命令可能会随着软件的更改而变化，类似这种例子在软件里面数不胜数，这就意味着课程需要根据实时的情况及时进行更新。

对于学生来说，微课、慕课可以有效提高学生的学习效率、学习积极性并有助于培养学生自我学习、自我反思的习惯和能力；对于老师来说，通过建立、设计微课和慕课可以达到自我复习、自我提高的效果。

第四节　新兴技术与特殊儿童英语教学

随着现代科学技术的迅猛发展和应用领域的增加，很多新兴技术逐渐与特殊教育相结合，例如虚拟仿真技术、语音识别技术、3D 打印技术等，为特殊教育提供了全新的应用手段。这些新技术也为英语教学提供了改革创新的思路，可以帮助特殊儿童提高词汇积累、纠正单词发音、培养语感、促进对世界的感知。

4.1　虚拟仿真技术与特殊儿童英语教学

虚拟仿真又称虚拟现实技术或模拟技术，就是用一个虚拟的系统模仿另一个真实系统的技术，从狭义上讲，虚拟仿真是指 20 世纪 40 年代伴随着计算机技术的发展而逐步形成的一类试验研究的新技术；从广义上来说，虚拟仿真则是在人类认识自然界客观规律的历程中一直被有效使用着的技术。

虚拟现实（Virtual Reality）技术，简称 VR，是 20 世纪 80 年代新崛起的一种综合集成技术，涉及计算机图形学、人机交互技术、传感技术、人工智能等。它是计算机硬件、软件以及各种传感器构成三维信息的人工环境——虚拟环境，可以逼真地模拟现实世界的（甚至是不存在的）事物和环境，人投入到这种环境中，立即有“亲临其境”的感觉，并可亲自操作，自然地与虚拟环境进行交互。

虚拟仿真技术，则是在多媒体技术、虚拟现实技术与网络通信技术等信息科技迅猛发展的基础上，将仿真技术与虚拟现实技术相结合的产物，是一种更高级的仿真技术。虚拟仿真技术以构建全系统统一、完整的虚拟环境为典型特征，并通过虚拟环境集成控制为数众多的实体。实体可以是模拟器，也可以是其他的虚拟仿真系统，也可用一些简单的数学模型表示。实体在虚拟环境中相互作用，或与虚拟环境作用，以表现客观世界的真实特征。虚拟仿真技术的这种集成化、虚拟化与网络化的特征，充分满足了现代仿真技术的发展需求。

虚拟仿真技术具有以下四个基本特性：

• 沉浸性（Immersion）：虚拟仿真系统中，使用者可获得视觉、听觉、嗅觉、触觉、运动感觉等多种感知，从而获得身临其境的感受。理想的虚拟仿真系统应该具有能够给人所有感知信息的功能。

• 交互性(Interaction):虚拟仿真系统中,不仅环境能够作用于人,人也可以对环境进行控制,而且人是以近乎自然的行为(自身的语言、肢体的动作等)进行控制的,虚拟环境还能够对人的操作予以实时的反应。例如,当飞行员按动导弹发射按钮时,会看见虚拟的导弹发射出去并跟踪虚拟的目标;当导弹碰到目标时会发生爆炸,能够看到爆炸的碎片和火光。

• 虚幻性(Imagination):系统中的环境是虚幻的,是由人利用计算机等工具模拟出来的,既可以模拟客观世界中以前存在过的或是现在真实存在的环境,也可模拟出客观世界中当前并不存在的但将来可能出现的环境,还可模拟客观世界中并不会存在的而仅仅属于人们幻想的环境。

• 逼真性(Reality):虚拟仿真系统的逼真性表现在两个方面。一方面,虚拟环境给人的各种感觉与所模拟的客观世界非常相像,一切感觉都是那么逼真,如同在真实世界一样;另一方面,当人以自然的行为作用于虚拟环境时,环境做出的反应也符合客观世界的有关规律。如当给虚幻物体一个作用力,该物体的运动就会符合力学定律,会沿着力的方向产生相应的加速度;当它遇到障碍物时,会被阻挡。

4.1.1 虚拟仿真技术在英语教学中的应用

目前已有少数高校将虚拟仿真技术融入语言教学的实践。杭州师范大学外国语学院于 2018 年建成 VR 虚拟仿真外语实训中心,是国内最早建成的 VR 外语虚拟现实实验室。该实训中心以英语演讲、跨境电商新零售、商务谈判、语音训练、国际会展交流等学习场景为特色,融合智慧教学与自主学习为一体。北京语言大学高级翻译学院开发了"全球语言文化 VR 实验室",建立以学生为中心、以身临其境的文化体验和以产出性语言活动为核心的教学模式。大连外国语大学通过 VR 虚拟现实语言实训中心的建设,为学生提供一个工作与学习结合、理论与实践一体化、国际活动引进入校的仿真业务操作平台。湖南师范大学在"一带一路"背景下开设跨文化障碍语言交际虚拟仿真实验课程,为学生构建不出国门也能置身国外现场的跨文化语言交际场景。这些学校已经将虚拟仿真实验室投入英语教学,革新了教学方式,改善了教学效果。

4.1.2 虚拟仿真技术在特殊教育领域中的应用

虚拟仿真技术可以为特殊学生群体在学习过程中的各种假设进行虚拟,创设线上情境教学或者线上线下混合式情境教学模式。情境教学法通常可以创设生活展现情境、图画再现情境、音乐渲染情境以及表演体会情境等。

运用虚拟仿真技术创设的情境教学,对于视障生来说,可以帮助他们用视觉之外的感觉感受学习对象,理解学习内容,加深学习的印象,提高学习效率;对于听障生来说，可以给予视觉更多的刺激，加深听障生对学习内容的理解和印象。使用虚拟仿真技术模拟手语姿势，可以实现从语音或者文字到手语之间的相互转换，使听障生更好地使用健听者的学习资源。

虚拟仿真技术也可以用来对孤独症学习者进行教学干预和康复训练。孤独症儿童的社会交往障碍具体体现在社会交流、情感表达、自我认知等方面，基于虚拟现实技术的体感游戏(Motion Sensing Game)是孤独症教育康复中的一大创新应用。

4.1.3 虚拟仿真技术在特殊儿童英语教学中的应用

虚拟仿真技术应用于语言类教学有其理论依据：行为主义理论的"刺激—反应论(stimulus-response theory)"，认知主义理论的体验式学习以及建构主义理论等。虚拟仿真技术的应用程度将对学习者的心流体验产生影响，而心流体验将会影响其自我效能感，即心流体验发挥了中介效应，自我效能感与老师参与共同影响学习者语言综合能力的提升。

教师使用虚拟仿真技术，构建针对不同教材和不同残疾类型的特殊儿童相应的主题和情境，为特殊学生提供较为真实有效的语言使用情境，实现"浸入式"教学。针对特殊儿童的英语教学，虚拟仿真技术主要应用于词汇学习和听说训练、演讲训练等。

以为盲生开设的英语听说课为例：首先教师构建典型的语言情境，如海外留学、课堂研讨、志愿服务、景点旅游等，然后教师引导学生进入教师构建的情境中进行角色扮演，使用英语与情境中不同的虚拟人物进行沟通交流，完成教师设置的各种交互及测试任务。为了保证顺利沟通交流，完成语言交际任务，盲生在任务过程中受挫时就会不断地修正改变自己存在的问题，如词汇量匮乏、发音不标准、中式化英语表达、吞音等。在虚拟情境中，盲生能够打破课本上的词汇限制和单纯的死记硬背的学习方法，在类似游戏的轻松气氛中扩大词汇量。在虚拟情境中，盲生能够很方便地进行阶段化的多次试听训练实操，改变机械地听音频后回答问题的模式，在沉浸式的虚拟情境中聆听纯正的发音并模拟不同情境的对话，弥补视觉上的不足，增加趣味性的同时既提高了听力又操练了口语。

因此，将虚拟仿真技术应用于残疾儿童的英语教学中，可以摆脱传统教学模式下枯燥单调的学习氛围和学习方法，创设逼真的交际环境，有效拓展学生学习的平台，延伸学习空间；通过模拟真实场景，学生可以有一种身临其境的感觉，更加直观地参与交流和互动，提高任务产出的积极性；书本知识到实践的转化有助于学生习得地道的词汇、纯正的英美发音和短语表达，有效地激发学生学习英语的兴趣并提高学习效率。

4.1.4 虚拟仿真技术应用于听障儿童英语教学的案例

教学案例

课题名称:到麦当劳就餐——人机模拟对话

教学对象:近年来,普通学校初中随班就读学生考入南京市聋校的人数逐年增多,2021 年有 11 名学生。因此,自 2021 年起聋校便成立了第一个口语实验班,就读学生主要为来自普校随班就读学生以及聋校中具备一定口语能力和学习能力的学生。根据学生的学习能力、基础水平和听说能力,分 A 层、B 层和 C 层三层进行教学。

教材分析:南京聋校高中预科至高三英语教学用书是人教版《新目标初中英语》(2012 年版)。七年级下册的 Unit 10　I'd like some noodles 中介绍了如何用英语点餐来表达自己的饮食需求。本节课将利用人工智能软件 SpeakG App 进行口语场景对话练习。该软件应用到了人工智能技术,学生可以根据自己喜好来选择不同角色,在不同的生活场景下进行口语对话练习,提高英语口语能力。

教学目标:

本单元知识目标:

1. 学习并掌握 cabbage、potato、special、onion、carrot、beef、mutton、chicken、fish 等单词。

2. 听懂会说"What would you like?""What kind of noodles would you like?""What size would you like?",并能在实际情景中运用相关句型。

3. 能用本单元的句型创造性地自编对话,锻炼听说能力、交际能力以及在实际场景中应用的能力。

4. 了解不同场合下的英语表达方式和交际技巧,提高语言运用能力和跨文化交流能力。

本节课教学目标:

1. 能够使用"What would you like?"和"I'd like..."句型来询问和回答对食物的喜好,完成在麦当劳中的点餐及其他服务活动。

2. 学会使用有关食物的基本词汇,并理解和正确使用与食物有关的可数名词和不可数名词,如:hamburgers、fries、drink 等。

3. 能在人工智能口语软件创设的生活情景对话中,按照目标语的结构和语调模仿教材上的对话,进行初步表达(会话),如:"Welcome to McDonald's""Hello! I

want to order some...”等，模仿录音，正确朗读。

4. 能够理解人工智能口语软件实时对话内容，并用自己掌握的词汇及句式，进行在线回答或提问。

5. 能够分析人工智能口语软件给出的评分与解析、语法纠错及回复建议，自行纠正单词拼写、发音、语法错误，并反复练习，培养良好的学习品质。

6. 在人工智能口语软件的帮助下，逐步提升口语表达的能力，增强英语学习的自信心。

教学片段：

师：同学们都很喜欢麦当劳，一到放假，便会看到同学们到麦当劳点餐。那你们了解麦当劳吗？知道其中哪些常见的食物呢？

生：（自由回答）

师：同学们回答得都很不错，看样子，平时都很喜欢吃快餐。麦当劳是大型跨国连锁餐厅，1955 年创立于美国芝加哥，在世界上大约拥有 3 万间分店。主要售卖汉堡包、薯条、炸鸡、汽水、冰品、沙拉等快餐食品。我们今天这节课，就是要学会用英语在麦当劳点餐。

师：首先我们来学习汉堡包、薯条、鸡肉、鸡翅、牛奶、咖啡、可口可乐、沙拉、水果等英文词汇。

（词汇教学环节略）

师：大家还记得上节课，我们学习了如何在饭店点餐。需要用到什么样的句式呢？

生：（三人一组模仿在饭店点餐的情景进行对话练习）

（师巡视并纠正，请一组学生上台演示，并现场点评）

师：从大家的对话中看出，同学们已经初步掌握了点餐对话的基本句式，如“What would you like?”和“I'd like a hamburger and a cup of milk”。那现在我们打开英语对话 AI 软件，和人工智能口语外教一起对话吧。看看哪些同学的对话得分最高。

（生用 AI 软件开始对话练习，师巡视并指导，通过投屏软件展示其中一位同学的对话界面，进行点评。）

图 8－3

师点评：从该生与人工智能口语陪练的对话界面，我们看看这位同学喜欢吃什么？

生：Hamburger、fries、coco 等。

师：从对话中看出，他还喜欢什么？

生：Music。

师：这是一位热爱音乐、热爱生活的学生。那同学们，你们自己在对话的过程中，遇到了什么困难？你又是如何解决的呢？

生：口语外教的话我不一定听得很清楚，或者不知道自己听得对不对，那我可以点击“T”按钮，看它的文字内容，但如果文字也看不太懂，还可以点击“翻”按钮，看它的中文翻译。这样我们在对话时，就简单了许多。

师：说得很好。在学习的过程中，我们要学会找方法，循序渐进。同时，我们可以看到这位同学用了其他句式来进行点餐，这说明点餐的问句不止教材中所教的一种句式。同学们在进行对话时，可以灵活使用自己学过的句式来表达。

师：口语外教给他的评分很高，同时也给出了详细的建议，我们可以打开评分右侧的箭头，看到对你们每一句对话内容更加详细的解释、分析和建议。现在请每位同学打开这个箭头，看看口语老师给了你们什么样的建议，欢迎同学们上台进行分享。

（生分享环节略）

师：通过今天的学习，同学们收获非常大，当然我们也可以在 AI 软件中切换不同的生活场景进行对话，例如认识新同学、在商场购物、旅游参观等等，我们可以参考书中的教学内容，和口语外教一起，锻炼自己的口语能力、跨文化交际能力。

课后作业：

1. A层同学，创新完成1—2个场景的对话练习，下节课进行展示交流；B层同学复习并订正本节课的对话并进行口语练习；C层同学抄写教材上的对话，纠正发音。

2. 根据AI口语老师给出的建议，订正自己在对话时的错误，并抄写在作业本上。

教学反思：

1. 打破常规，创新思路：多年来聋校的英语教学一直以书面语、阅读教学为主，常常会忽略口语练习。但在普通中小学生学习英语的过程中，口语和听力练习是非常重要的内容，而自口语实验班成立以来，为了提高学生的英语口语能力，老师们会定期研讨如何紧紧围绕学生听力及口语发展水平，密切关注教学的有效性，追求课堂的实效性，探寻新颖、合理的口语实验班教学模式与学习方式。

2. 丰富形式，变革教法：口语班的学生普遍有着较强的口语表达愿望，他们希望通过不同的方式交流和学习英语。学校应该创造丰富的学习环境和手段，除鼓励他们在课上进行对话练习外，更多的是让他们在课后多听、多读、多交流。学生甚至还可以组成英语社团，定期开展英语角活动。丰富的交流形式让聋校的英语学习途径变得更加丰富多彩。

3. 利用技术，突破枷锁：口语班的学生虽然听力损失小，口语表达能力强，在学习英语时，有着更大的优势，但是他们依然会存在发音不清晰、辨音不准确的问题，于是我们利用人工智能技术，基于英语对话AI软件，更好地帮助学生利用课内外时间进行口语训练，纠正发音，提高自信，强化英文表达能力及水平并提高自信心。

4. 创设情境，真实体验：本节课旨在通过人机对话的方式，教授学生如何在麦当劳就餐时使用英语进行点餐和交流。通过模拟真实的场景，让学生更好地理解和应用英语语言，让AI口语老师提高他们的口语表达能力和交际能力。同时，该课题还可以帮助学生了解麦当劳等快餐店的文化和礼仪，提高他们的跨文化交流能力，提升学生的英语学科核心素养。

总之，英语教学应强调使学生形成以交际能力为核心的英语语言运用素质。教师应注意调动学生的非智力因素，努力扩大学生的知识面，营造一个能进行交际实践的学习环境。在人工智能口语软件的帮助下，让学生通过听、说、读、写等方面的语言实践活动去发展英语语言能力，培养良好的心理品质和思想道德品质。并充分利用现代教育技术手段，帮助学生建构自己的自主学习模式，建立评价体系。充分体现了《义务教育英语新课程标准》(2022年版)提出的以下几点教学建议，即面向全体学生，营造良好的语言学习环境、注重语言实践，培养学生语言运用能力、加强学习策略的指导，提高学生自主学习能力、培养学生的跨文化意识，发展跨文化交际能力，结合实际教学需要，创造性地使用教材。

4.2 语音识别技术与特殊儿童英语教学

语音识别技术，也被称为自动语音识别（Automatic Speech Recognition，ASR），其目标是将人类语音中的词汇内容转换为计算机可读的输入，例如按键、二进制编码或者字符序列。语音识别技术的应用包括语音拨号、语音导航、室内设备控制、语音文档检索、简单的听写数据录入等。语音识别技术与其他自然语言处理技术如机器翻译及语音合成技术相结合，可以构建出更加复杂的应用，例如语音到语音的翻译。

4.2.1 语音识别技术在各领域的应用

在电话与通信系统中，智能语音接口正在把电话机从一个单纯的服务工具变成一个服务的"提供者"和生活"伙伴"；使用电话与通信网络，人们可以通过语音命令从远端的数据库系统中查询与提取有关的信息。语音识别正逐步成为信息技术中人机接口的关键技术，语音识别技术与语音合成技术结合使人们能够甩掉键盘，通过语音命令进行操作。语音技术的应用已经成为一个具有竞争性的新兴高科技产业。

4.2.2 语音识别技术在特殊儿童英语教学中的应用

基于语音识别技术的英语口语学习系统主要利用语音识别技术计算学习者读音的评分，检测其中的发音错误，进行发音评分，并提供基于音素关联和音素识别的错误检测功能。上海交通大学赵博团队描述了一个采用语音识别技术的英语口语学习系统，见图 8-4。这个系统除了发音评分之外，还提供基于 SPHinx 音素关联和音素识别的错误检测功能。系统中学习者跟读例句，其音素文本是预知的，因此采用强制关联的方法。系统的主要模块有音素识别、音素关联、错误检测和韵律修正四个部分，向学习者提供的反馈结果包括音素评分、纠正意见和韵律修正的反馈语音。结合纠正知识库的改进建议和韵律修正语音，这个系统可以及时地给学习者以帮助。这些新的语音学习方式可以应用于特殊儿童的英语教学，纠正有一定英语基础的特殊儿童口语中出现的多数非故意错误，提高儿童的英语音素水平和发音准确度。此类软件的开发和应用具有传统语音课堂教学不可比拟的优势。

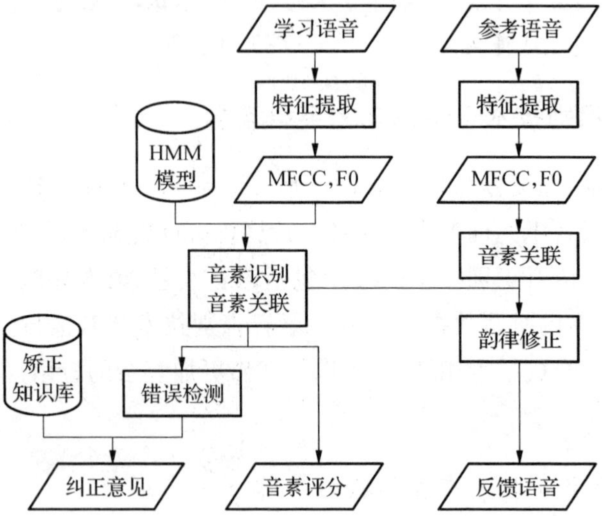

图 8-4　英语口语反馈纠正系统框架

语音识别技术可以提高听障学生的沟通效率。随着信息技术的发展，人们进入了"互联网+"的信息化时代，交流沟通的手段越来越丰富。其中，新技术的应用给予听障人士沟通交流带来很大的方便。语音转文本技术的识别率不断提高，如科大讯飞的语音转写率可达95%以上，此外还有音书等由听障人士自己开发的语音识别软件也非常实用。在聋校的课堂教学中，智慧黑板的使用也逐步代替了普通黑板，目前很多老师将这两种新的技术结合起来，课堂上既有课件的演示，还可以实时将语音识别转换的英文文本投屏到智慧黑板上，不仅可提高课堂效率，减少师生沟通障碍，还可以提高聋生英文文本阅读的能力。有了语音识别技术后，老师单纯靠手指语表达英文单词、短语及句子的压力就会减少很多，学生不会因为老师手语翻译不准确或者速度较慢而影响学习的进度和效果。而教师在教学时，也可以尽可能用英语来进行表达，让更多的学生有更多的机会接触到英语口语，为将来的学习打下较好的基础，增强信心。

语音识别技术为视力缺陷者带来帮助，盲生不再局限于使用盲文，可以利用语音输入法把声音转换成文字，完成语言输出的任务，比如写英语作文、英语演讲稿等。视力缺陷者也可以通过语音识别技术用语音发命令，使用QQ聊天功能、控制聊天机器人等，前提是设备需要具备语音识别功能，能够"听"出、"听"懂人在说什么。

语音识别技术也可用于孤独症儿童的教育治疗。英国学者K. Dautenhahn教授带领他的科研团队于1998年开始进行一项利用人性化机器人作为媒介和手段，发展孤独症儿童社会交往能力的专门研究，称为"曙光计划"(The AURORA Project)，其目标是研究机器人作为一种"玩具"如何发挥对孤独症儿童教育治疗的作用。我们可以把这一研究从英国平移到中国，指导孤独症儿童使用英语与机器人互动，在游戏过程中，孤独症儿童不仅能够习得基本的社会交往技能，而且还可以增加接触和使用英语的机会，在交互式学习环境下提高英语学习兴趣和学习效率。

语音识别技术也可以应用于听障学生的课堂教学、学校公开课、讲座、大型活动等场合。语音识别技术在使用过程中可能出现课程应用范围狭窄、使用频率低、低频次转换错误等技术问题，尽管如此，我们不能否认语音识别技术会进一步拓展我们的交流空间，使我们获得更大的自由，也为教学方式提供更多可能。

4.3 语音合成技术与特殊儿童英语教学

4.3.1 语音合成技术在英语教学中的应用

语音合成是通过机械的、电子的方法产生人造语音的技术。语音合成，又称文语转换(Text to Speech)技术，能将任意文字信息实时转化为标准流畅的语音，相当于给机器装上了人工嘴巴。它涉及声学、语言学、数字信号处理、计算机科学等多个学科技术，解决的主要问题就是如何将文字信息转化为可听的声音信息，也即让机器像人一样开口说话。我们所说的"让机器像人一样开口说话"与传统的声音回放设备(系统)有着本质的区别。传统的声音回放设备(系统)，如磁带录音机，是通过预先录制声音然后回放来实现"让机器说话"的。而通过计算机语音合成则可以在任何时候将任意文本转换成具有高自然度的语音，从而真正实现让机器"像人一样开口说话"。

文语转换系统包括语言处理、韵律处理和声学处理。语言处理主要模拟人对自然语言的理解过程——文本规整、词的切分、语法分析和语义分析，使计算机完全理解输入的文本，并给出后两部分所需要的各种发音提示。韵律处理为合成语音规划出音段特征，如音高、音长和音强等，使合成语音能正确表达语意，听起来更加自然。根据前两部分处理结果的要求，系统通过声学处理输出语音，即合成语音。

英语教学中语音合成技术常用于听力教学和测试中。教学过程中教师借助软件或在线平台可以完美地完成语音合成工作，这种随时随地根据教学内容和教学难度合成的听力材料，有助于提升学生听力兴趣、促使学生主动练习、提高学生听力效率。

4.3.2 语音合成技术应用于视障儿童英语教学的案例

视障儿童教学常常面临教学资源匮乏问题。虽然在信息时代，网上的英语学习资源十分丰富，但是视障学生使用起来却十分不便。网上学习资源是视觉—听觉两种通路的结合，而视障学生英语学习需要触觉—听觉两种通路的结合。也就是说，将可触摸的盲文与对应听力材料相结合，盲生边摸读可边听材料。课堂教学中，教师利用语音合成技术将输入的文本内容转换成对应的语音，满足学生的学习需要。

教学案例

"一起学习吧"网站可以免费进行语音合成,并可以根据需要选择说话人的性别、年龄、性格,调整语速等。比如,在学习过程中,教师整理单元中的重点词组后,可将词组转换成语音,并制作成男音和女音两版,方便学生选择跟读。

在课堂上,可以运用语音合成技术生成互动性较强的听力内容。如人教版盲校义务教育实验教科书《英语》七年级上册第三单元,单元话题为"活动日期"。阅读部分以校长较正式的口吻展示了一个学校一学期内重大活动的通知,写作部分以朋友口吻展示了较为随意的校园活动邀请信。教师可以利用"学校活动"这一话题,结合自己学校的真实活动,如秋游(school trip)、运动会(Sports Day)、开放日(Open Day)、新年晚会(New Year Festival)、宿舍艺术节(Dormitory Art Festival)、歌唱比赛(Singing Contest)等,使用语音合成技术,创设真实语言使用情境,将英语融入学生的日常生活之中,做到学以致用。

又如,在人教版盲校义务教育实验教科书《英语》七年级上册第八单元,单元主题为"喜爱的科目"。教师事先收集学生喜欢的科目、擅长的科目和不擅长的科目,生成语音如:"I like history. I am good at Chinese and history. But I am bad at English. I find English difficult." "I like English. I like English songs. I am good at PE. I am good at rope jumping. I am bad at history."等具有学生特色的个性化内容,在课堂播放,让学生猜是哪位同学。这样既练习了听力又增加了彼此的了解,增进学生之间的友谊。学生在课堂上表现活跃,参与度明显提高。

在学业评价环节,语音合成技术也发挥了重要作用。可以随时根据学情和学生生活的变化,灵活变更测试内容。还可以结合 iPad 教学,将不同难度的听力内容分发给不同的学生,实现学业评价过程的个性化。

4.4 3D 打印技术与特殊儿童英语教学

3D 打印技术(3D printing),即快速成形技术的一种,它是一种以数字模型文件为基础,运用粉末状金属或塑料等可黏合材料,通过逐层打印的方式来构造物体的技术。过去常在模具制造、工业设计等领域被用于制造模型,现正逐渐用于一些产品的直接制造。有别于传统的机械制造技术和加工方法,3D 打印技术可以快速塑造出实体模型,能打印出精度与复杂度较高的产品,能直接把计算机内任何形状的三维图形打印成实物产品,并且具有现场制造、分布式生产、直观化、可定制化等优点。

人们已经使用该技术打印出了灯罩、身体器官、珠宝、根据球员脚型定制的足球靴、赛车零件、固态电池以及为个人定制的手机、小提琴等,有些人甚至使用该技术制造出了机械设备。

三维打印机的应用领域也在随着技术进步而不断扩展。美国科学家已经研发出了能打印皮肤、软骨、骨头和身体其他器官的三维生物打印机。人们还使用三维打印机来制造雕塑并修复雕塑，制造由塑料和聚合物制成的三维物体，并打印出了食品。

4.4.1 3D 打印技术在教育领域中的应用

3D 打印的过程可以分成两个步骤：三维设计和打印过程。第一步是通过电脑上的绘图软件来绘制出一个模型，通过计算机辅助设计（CAD）或计算机动画软件建模，再将建成的三维模型“分区”成逐层的截面，从而指导打印机逐层打印。第二步是打印机通过读取文件中的横截面信息，用液体状、粉状或片状的材料将这些截面逐层打印出来，再将各层截面以各种方式粘合起来从而制造出一个实体。

当前在教育领域探索使用 3D 打印技术的应用研究越来越多，通过中国知网的文献搜索，可以发现该技术被广泛应用于工艺品课程、武器设备教学、医学教学、机器人教学等实践应用。国内职业教育行业中常用的 3D 打印技术有：数字光学处理、分层实体制造、选择性激光烧结、立体光固化等。

教师可以根据不同教学内容的要求，非常方便地设计所需要的 3D 打印模型来辅助线上线下混合式教学或差异化的教学任务。例如某高职院校将 3D 打印技术用于机械制图课程，提升了学生的参与感和上课兴趣，对于提高机械制图课程的教学效果起到了积极的促进作用。

4.4.2 3D 打印技术在特殊教育领域中的应用

一些特殊学校已开展关于 3D 打印的实践活动。如在 3D 打印技术时间工坊里，深圳元平特殊教育学校的几十名聋哑学生在技术人员的指导下认真地完成 3D 打印机技术创作。3D 打印技术能够将抽象的专业知识转换为具象的实物模型，增强信息的可视化和可读性，符合听障学生“以目代耳”接收信息的特点。如在教学设计环节融入 3D 打印技术将虚拟三维模型转化为实物模型，便于听障学生理解空间关系、透视原理等抽象的知识。

3D 打印技术对于盲校学生和教师来说也是一种福音。盲校教师可以结合视障学生的特点，利用 3D 打印技术按照教学的需要打印出适合的简易教具，通过 3D 制图软件和 3D 打印机可以打印触觉凹版印刷图、触觉模型等产品。这样不仅可以补偿视障学生的视觉限制，刺激其触觉感官，增加视障学生的认知和空间概念范围，而且可以克服模具制作造价成本高、效率低、更改较为困难以及需要找专业的公司制作等劣势。

4.4.3 3D 打印技术应用于特殊儿童英语教学的案例

在我们耳熟能详的文学著作《假如给我三天光明》中，海伦·凯勒讲述了她学习

"water"这个单词时用手触摸水给她带来的灵感。她和莎莉文老师来到花园的井边，水从水管里哗啦啦地往外流着。莎莉文老师让海伦的小手放在水龙头下，让水从她的手上流过，同时在她的手上拼写"water"这个单词。海伦用力挣扎着，莎莉文老师就是不放开，不停地重复拼写着。海伦忽然停止了挣扎，她好像明白了莎莉文老师到底在干什么。海伦非常高兴，她又摸摸水，然后要求莎莉文老师在她手上拼写。几分钟后，海伦就记住了"water"这个词。她终于明白，原来万事万物都是有名称的。

同样的道理，3D 打印技术作为教学中的学习设备，能够让老师和同学们经过 3D 打印在玩中做，在做中学，在学中做，深刻理解并记忆英语教材中出现的建筑物、动物等可以建模的单词。

教学案例

合肥特殊教育中心的武丽侠团队(2022)在研究中通过分析触觉的重要性、触觉教具的应用价值和 3D 打印技术的优势及其在视障学生教学中的应用案例进行阐述，探索了利用 3D 打印技术制作的触觉教具在视障学生教学中的有效性及思考。我们以《科学》三年级下册第二单元第二节《蚕的生长变化》的教学为例，教师利用 3D 打印技术制作蚕幼虫。在课堂教学中，不少孩子第一次触摸了"虫(worm)"，并且知道这种幼虫叫作"蚕(silkworm)"，孩子们又因为知道是"假的(fake)"，也敢于触摸。教师还可以根据需要使用 3D 技术打印"蝴蝶(butterfly)"，帮助视障学生了解蚕的生长变化，感受生命的神奇。这些模具还可以重复利用，孩子们既学习了英语又学习了科学，达到了课程思政的目标。

3D 打印技术在本质上是多媒体技术的延伸，是虚拟现实技术的延伸，它拓展了人的感觉和知觉，有助于提高特殊儿童的认知水平，激发特殊儿童对这个世界的好奇心，使他们获得和正常儿童平等地接受教育的权利。

本章小结

信息技术的迅速兴起和蓬勃发展，为我们探索新型教学模式提供了更多可能。因为特殊儿童的身体状况不同，教学面临着诸多挑战，新兴技术作为辅助措施，有助于弥补特殊儿童身体上某方面的不足。学校应根据具体情况进行不断地尝试和创新，结合英语学科特征及学生自身特征，提供必要的技术和充足的硬件设施，给予特殊儿童温暖以及希望，帮助学生在愉悦的氛围中更高效更有趣地进行英语学习。

思考题

1. 什么是多媒体课件？多媒体课件有哪些特点？

2. 什么是微课？微课由哪几个部分构成？

3. 日新月异的新兴技术对特殊儿童的英语学习有哪些价值和贡献，请谈谈你的理解。

参考文献

[1] 毕向衡. 浅谈聋生学习英语的困难及对策[J]. 安徽教育科研，2021(33)：74－75.

[2] 常欣，刘雨婷，王沛，张佳玮. 音乐干预对孤独症儿童语言障碍的影响[J]. 心理科学进展，2016，24(09)：1391－1397.

[3] 陈云英. 儿童汉语语言学习障碍的概念与评估框架[J]. 心理发展与教育，1995(1).

[4] 崔欣华，张娜，邵艳娟等. 2 岁儿童词汇发育研究[J]. 中国妇幼保健，2017，2(4)：723－726.

[5] 葛修娟，胡作进. 现代特殊教育技术[M]. 南京：南京大学出版社，2019.

[6] 郭思荃，唐冬梅，李华伟，等. 语前聋儿童人工耳蜗植入后听觉言语能力发展水平评估[J]. 听力学及言语疾病杂志，2015，23(1)：61－65.

[7] 国华. 手语在聋生英语课堂教学中的使用探究——聋校英语教学案例研究[J]. 北京联合大学学报，2017(1)：25－28.

[8] 贺荟中，方俊明. 视障儿童的认知特点与教育对策[J]. 中国特殊教育，2003 (2)：41－44.

[9] 贺荟中. 聋生与听力正常学生语篇理解过程的认知比较[D]. 上海：华东师范大学，2003：85－89.

[10] 胡壮麟. 语言学教程 [M]. 第 5 版. 北京：北京大学出版社，2017.

[11] 金野. 谈特教教师在教学中的多媒体应用问题[J]. 中国特殊教育，2005(6)：84－87.

[12] 乐眉云. 应用语言学[M]. 南京：南京师范大学出版社，2006.

[13] 李欢. 智力落后儿童语用干预研究[M]. 北京：科学出版社，2014.

[14] 梁丹丹. 儿童语言障碍引论[M]. 北京：商务印书馆，2017.

[15] 梁丹丹. 语言障碍儿童的教育问题[J]. 中国社会科学报，2022 (5)：56－60.

[16] 梁庆杰. 3D 打印技术的教学设计[J]. 集成电路应用，2023(40)：333－335.

[17] 刘琳. 自动语音识别技术在非英语专业大学生英语因素教学中的应用研究[J]. 开封教育学院学报，2018(04)：68－69.

[18] 刘翔平，牛端. 儿童语言学习能力的评估模式[J]. 宁波大学学报，2000(2).

[19] 刘翔平，牛端，刘希庆. 儿童语言学习困难诊断量表的编制及其应用[J]. 中国特殊教育，2002(3)：12－17.

[20] 彭辉，郑荔. 5—6 岁汉语孤独症儿童词汇水平的实验研究[J]. 中国特殊教育，2017(01)：65－72.

[21] 锜宝香. 儿童语言与沟通发展[M]. 台北：心理出版社，2009.

[22] 锜宝香. 儿童语言障碍[M]. 北京：首都师范大学出版社，2006.

[23] 苏雪云，郭家俊.上海市自闭谱系障碍儿童早期干预现状调查[J]. 幼儿教育教育科学，2011(06).

[24] 孙喜斌.听力障碍儿童语言能力评估标准及方法[M].北京：三辰影库音像出版社，2009.

[25] 童琳，黄志军.国外近二十年视力障碍儿童融合教育研究综述[J].中国特殊教育，2020(12)：34－40.

[26] 屠芸芸. 初中视障儿童英语教学中的全人教育研究与实践[D]. 聊城：聊城大学，2021：36－37.

[27] 王焕等. 语音识别技术在听障大学生课堂教学中的应用研究[J]. 科技视界，2020(03)：29－31.

[28] 王辉. 特殊儿童教育评估[M]. 南京：南京师范大学出版社，2015.

[29] 王吉星. 浅谈如何提高视障儿童英语书面表达的能力[J]. 校园英语，2014(12)：204.

[30] 王丽燕. 听障儿童语言能力评估内容及常用工具[J]. 中国听力语言科学康复杂志，2019(3).

[31] 王青青，向天成，赵娅琪. 社会支持视角下学习障碍儿童的教育个案分析[J]. 绥化学院学报，2016，36(04)：156－160.

[32] 韦昀. 视障儿童英语阅读教学模式初探[J]. 现代特殊教育，2012(8)：65－66.

[33] 韦昀. 听说法在视障儿童英语教学中的运用[J]. 中国特殊教育，2004(6)：54－56.

[34] 吴缨. 浅谈英语词汇、语法教学策略[J]. 卫生职业教育，2008，26(13).

[35] 吴月芹. 浅谈孤独症儿童的语言问题[J]. 南京特教学院学报，2007(12)：67－69.

[36] 武丽侠等. 3D打印技术赋能视障学生直观教学[J]. 安徽教育科研，2022(24)：113－115.

[37] 肖阳梅. 听障大学生学习和交往归因的调查研究[J]. 中国特殊教育，2005(11)：26.

[38] 肖振东. 情境体验式教学在聋校英语词汇教学中的应用[J]. 现代特殊教育，2022(5)：52－54.

[39] 徐蔚青. 基于儿童视角的小学英语语法教学方法探究[J]. 新教育，2020(09)：66－67.

[40] 杨明玲，张开军. 合理运用多媒体信息技术 优化聋校语文课堂教学[J]. 中国教育技术装备，2012(4)：36.

[41] 杨秋芝. 小学英语语音教学：自然拼读教学与字母教学的实证性研究[J]. 哈尔滨学院学报，2011(08).

[42] 杨小玉. 提高聋高中英语词汇教学有效性的探究[J]. 中国特殊教育，2010(2)：16－18.

[43] 杨永丽.试论多媒体课件对聋生生理缺陷的补偿功能[J]. 中国校外教育，2014(23)：172.

[44] 于慧珠. 从“特殊”到“特色”：聋校英语教学之探索[J]. 现代特殊教育，2016(7)：50－52.

[45] 余婧. 聋生英语典型错误分析及对策[J]. 现代特殊教育，2008(6)：32－33.

[46] 张茂林. 听障学生阅读理解中的策略运用及其眼动特点研究[D]. 上海：华东师范大学，2010：24－28.

[47] 张宁芯. 基于认知心理学的视障儿童书籍设计研究[D]. 桂林：广西师范大学，2018：24.

[48] 张清丽. 儿童语言发育迟缓的康复评定与治疗[J]. 中国康复理论与实践，1996(2)：28－32.

[49] 张人. 英语发展性阅读障碍的成因与干预[J]. 当代教育理论与实践，2014，6(6).

[50] 赵博等. 基于语音识别技术的英语口语教学系统[J]. 计算机应用，2009(03)：761 -763.

[51] 赵兴业.多媒体技术在聋校中年级语文教学中的运用[J].中国教育技术装备，2010(16)：180.

[52] BUARATTANA A，PRAGASIT S. The lived experiences in English language learning of the Thai visually impaired students in the inclusive classroom [J]. English Language Teaching，2021，14(1)：86 - 98.

[53] BUSCHMANN A，JOOSS B，RUPP A，et al. Children with developmental language delay at 24 months of age：Results of a diagnostic work-up[J].Developmental Medicine and Child Nuerology，2008，50(3)：223 - 224.

[54] CARPENTER J. EFL Education for the visually impaired in Japan：Data from five interviews[J]. Latin American Journal of Content & Language Integrated Learning，2020，13(1)：57 - 78.

[55] CATTS H W，FEY M E，TOMBLIN J B，ZHANG X. A longitudinal investigation of reading outcomes in children with language impairments [J]. Journal of Speech，and Hearing Research，2002，45：1142 - 1157.

[56] CÁRDENAS J，INGA E. Methodological experience in the teaching-learning of the English language for students with visual impairment[J]. Education Sciences，2021，11：515.

[57] DAVID C，SHIRLEY D. Phonological awareness：Instructional and assessment guidelines [J]. Intervention in School and Clinic，1999，34：261 - 270.

[58] DÖRNYEI Z. Teaching and researching motivation [M]. Beijing：Foreign Language Teaching and Research Press，2001.

[59] DÖRNYEI Z. The Psychology of the language learner individual differences in second language acquisition [M]. Mahwah：Lawrence Erlbaum Associates，Inc.，2005.

[60] DUNN R，DUNN K. Teaching students through their individual learning styles：A practical approach [M]. Reston：Reston Publishing，1978.

[61] ELLIS R. The study of second language acquisition [M]. 2nd ed. Shanghai：Shanghai Foreign Language Education Press，2013.

[62] ELLIS R. Understanding second language acquisition [M]. 上海：上海外语教育出版社，1999.

[63] EYSENCK H J. The structure of human personality [M]. London：Routledge，2013.

[64] GOLDBERG L R. The development of markers for the big-five factor structure [J]. Psychological Assessment，1992，4(1)：26 - 42.

[65] HAMBLY C，FOMBONNE E. Factors influencing bilingual expressive vocabulary size in children with autism spectrum disorders[J]. Research in Autism Spectrum Disorders，2014(9)：1079 - 1089.

[66] JOHNSON C J，BEITCHMAN J H，YOUNG A，et al. Fourteen-year follow-up of children with and without speech language impairments：Speech language stability and outcomes [J]. Journal of Speech Language & Hearing Research，1999，42(3)：741 - 744.

[67] KENNETH G, et al. 语言障碍评估资源手册 [M]. 王南梅,译. 台北:心理出版社,2010:272 - 274.

[68] LARSEN-FREEMAN D, LONG M H. An introduction to second language acquisition research [M]. London: Longman, 1991.

[69] LERNER J. Learning disabilities: Theories, diagnosis, and teaching strategies [M]. New York: Houghton Mifflin Company, 2003.

[70] LLAX J F, REALPE-BONILLA T, HIRSCH L S, et al. Specific language impairment in families: Evidence for co-occurrence with reading impairments[J]. Journal of Speech, Language, and Hearing Research, 2002, 46: 530 - 543.

[71] LU X, WONG L L, WONG A M, et al. Research in developmental disabilities development of a Mandarin Expressive and Receptive Vocabulary Test for children using cochlear implants[J]. Research in Developmental Disabilities, 2013, 34(10): 3526 - 3535.

[72] OHASHI J, MIRENDAP, MARINOVA-TODDS, et al. Comparing early language development in monolingual- and bilingual-exposed young children with autism spectrum disorders [J]. Research in Autism Spectrum Disorders, 2012(2): 890 - 897.

[73] OLKMAR F R. Encyclopedia of autism spectrum disorders [M]. New York: Springer, 2013: 2342 - 2343.

[74] WITKIN H A. Cognitive style in academic performance and in teacher-student relations [C]//MESSICK S, et al. Individuality in learning. San Francisco: Jossey-Bass, 1976: 38 - 72.

[75] XU Q, TAO S, LI S, WANG W, LI B, JOSHI R M. Who are the nonresponders to intervention among Chinese children learning English as a second language? [J]. Journal of Educational Psychology, 2021,113(2): 213 - 229.

[76] YEUNG S, SIEGEL L S, CHAN C. Effects of a phonological awareness program on English reading and spelling among Hong Kong Chinese ESL children [J]. Reading & Writing, 2013, 26(5):681 - 704.

[77] ÖZER H Z, CABAROǦLU N. Teaching vocabulary to visually impaired EFL learners: A small-scale study[J]. Cukurova University Faculty of Education Journal, 2018, 47(1):151 - 163.